Galsan Tschinag

Kennst du den Berg

Galsan Tschinag

Kennst du den Berg

Mongolische Wanderjahre

Unionsverlag

Erstausgabe
Zweiter Band im Zyklus der autobiografischen Romane:
Kennst du das Land; Kennst du den Berg; Kennst du das Haus.

Im Internet
Aktuelle Informationen, Dokumente und Materialien
zu Galsan Tschinag und diesem Buch
www.unionsverlag.com

Neptunstrasse 20, CH-8032 Zürich
Telefon +41 44 283 20 00
mail@unionsverlag.ch

Umschlagbild: Ilona Kryzhanivska (Alamy Stock Foto)
Umschlaggestaltung: Sven Schrape
Lektorat: Maria Kaluza
Satz: Greiner & Reichel, Köln
Druck und Bindung: GGP Media GmbH, Pößneck
ISBN 978-3-293-00583-9

Der Unionsverlag wird vom Bundesamt für Kultur mit einem
Verlagsförderungs-Strukturbeitrag für die Jahre 2021–2024 unterstützt.

Auch als E-Book erhältlich

I

Meine Brust ist voll von Freude, aber auch Bangigkeit. Freude, weil ich nach so langer Zeit in der Fremde nun wieder den Halt bietenden Boden des eigenen Landes unter mir spüre, angekommen in Ulan-Bator im Oktober 1968. Bangigkeit, weil mir die Stadt fremd ist, mich niemand erwartet und ich nicht einmal weiß, wo ich die kommende Nacht verbringe.

Ich suche die Bushaltestelle. Dort angekommen, sehe ich: Es wird schwer werden, mit zwei großen Koffern und einem Rucksack einzusteigen, denn eine lange Schlange steht vor mir, und noch ist kein Bus in Sicht. Nach geraumer Zeit kommt ein kleiner Bus angefahren. Die Menschen quetschen sich hinein, doch es gelingt bei Weitem nicht allen. Einige vor und alle hinter mir bleiben zurück. Sosehr ich ob meines sperrigen Gepäcks weiter bangen muss, spüre ich in mir doch auch einen gewissen Hoffnungsfunken glimmen und eine Bewunderung für die Disziplin des Volkes, sich in die Schlange zu stellen und die Reihenfolge einzuhalten.

Der nächste Bus kommt. Hastig steigen die Leute vor mir ein. Ich bemühe mich, mit dem gesamten Gepäck schwerfällig, aber genauso hastig, voranzukommen, dabei nicht wissend, wie ich durch die schmale Tür in den Bus gelangen soll. Da höre ich hinter mir die Stimme eines Mannes: »Versuche, mit dem Rucksack durchzukommen, Junge. Den Rest nehmen wir mit rein.« Erleichtert lasse ich die Koffer stehen, klettere die steile Stufe hoch und nehme im nächsten Augenblick wahr, dass zwei erwachsene Männer hinter mir die Koffer hochwuchten. Das ist das allererste, allerschönste Erlebnis, das mir auf dem heimatlichen Boden widerfährt! Mehr von hinten geschoben als selber gehend, rutsche ich immer weiter nach vorne. Dabei versuche ich, hin und wieder einen verstohlenen Blick nach meinen Koffern zu werfen, und meine, hinter einer Wand aus Menschen da und dort die eine oder andere Ecke von ihnen zu erspähen. Die Schaffnerin, eine rundliche Frau in mittleren Jahren, zwingt die Passagiere, einen nach dem anderen, sogleich mit einer barschen Stimme zur schnellen Lösung des Fahrscheins. Ihre Hand, einen der dünnen hellen Wische haltend, zielt auf mich. Mit einem Ton, den man mindestens als spöttisch bezeichnen könnte, wenn nicht gar als feindselig, sagt sie: »Und was ist mit dir, junger Mann?«

Ich bekomme einen Schreck, vermengt mit Scham, und sage mit zittriger Stimme: »Große Schwester! Ich komme gerade vom Ausland, nach beendetem Studium, und habe noch kein Geld.«

Sogleich ändert sich der Ausdruck auf ihrem recht rauen Gesicht, und sie sagt in einem völlig veränderten Ton: »Leute! Lasst doch den Jungen durch, ganz nach vorne, damit er wenigstens seinen sperrigen Rucksack weglegen kann!«

Ich spüre meine Augenränder heiß anlaufen vor Dankbarkeit. Versuche aber mit zittriger Stimme, ihr zu erklären, dass ich nicht nach ganz vorne gehen will: »Vielen Dank, große Schwester. Aber mein Gepäck ist dahinten.«

Sie fragt mich, immer noch freundlich: »Wie groß ist es denn? Und wieso hast du dich davon getrennt?«

Ich, nun etwas mutiger: »Zwei Koffer sind es. Beim Einsteigen haben mir liebe Leute geholfen.«

Sie klingt nun wieder gebieterisch: »Noch zwei Koffer, meine Güte! Sie dürfen nicht hinten bleiben, den Einsteigenden im Weg! Ihr dahinten, schaut, dass die beiden Koffer nach vorne kommen! Na, du begüterter Auslandsstudent, geh nach vorne! Dein Gepäck wird dir schon folgen!«

Ich zwänge mich an Leuten vorbei, die versuchen, mir Platz zu machen. Bald sind auch die Koffer in meiner Nähe. Ich bin fassungslos. Wie mühselig wäre es gewesen, mit solchem Gepäck durch das von mir so oft und überschwänglich gelobte Germanien zu reisen. Habe ich mich all die Jahre deswegen so nach der Heimat gesehnt, obwohl dieses Land viel weniger entwickelt ist?

Nun beginnt der Fahrer ein Gespräch mit mir. Aus welchem Ausland ich denn zurückkomme, wie lange und was ich dort studiert habe, wie die Leute dort leben? Wir fahren lange, halten viele Male, ständig gibt es Aus- und Einsteigende. Der Bus bleibt bis zuletzt so voll wie am Anfang. Ich antworte auf jede Frage geduldig und treuherzig. Dann fragt er, wo ich denn aussteigen wolle. Ich überlege eine ganze Weile und sage dann: »An der Mongolischen Staatsuniversität.«

Nun gerät er ins Schweigen, und ich sehe, er überlegt auch. Schließlich schaltet er das Mikrofon an, spricht laut: »Zur Aufmerksamkeit der Passagiere! Heute fahren wir auf folgenden Strecken anders: Vom Dramentheater biegen wir, anstatt nach links, nach rechts ab und halten am Lenin-Klub, von dort weiter zur Universität und dann wieder auf der alten Route am Lebensmittelkaufhaus Nr. 4 vorbei.«

Erneut bin ich sprach- und fassungslos vor Dankbarkeit. Schaue von der Seite, wie gebannt, auf den älteren Menschen mit dem hageren, dunklen Gesicht. Hätte so gern gesagt: Vielen, vielen Dank, großer Bruder! Ich kann aber keinen Laut herausbringen, ohne in Tränen auszubrechen. So starre ich nur auf die paar deutlich herausragenden, immer noch tiefschwarzen Bartstoppeln auf der ziemlich herabhängenden Haut unterhalb des Kinns, hinter dem deutlich verschmutzten Rand des Hemdkragens. Und presse dabei meine zitternden Lippen gegeneinander, und da es mir nicht gelingen will, beiße ich auch noch auf die untere Lippe. Der Fahrer schweigt und schaut starr vor sich hin. Möglich, dass der lebenserfahrene Mann meine Seelennot längst wahrgenommen hat und mir jetzt nicht mehr zusetzen will. Ich denke: Bestimmt hat er selber Kinder in meinem Alter, und wer weiß, vielleicht ist eines von ihnen auch weit weg von zu Hause.

In diesem seltsam sich dehnenden Augenblick erwacht vor meinen Augen wieder einmal jenes Bild, das mich schon so lange begleitet: mitten in einer Winterlandschaft … Ich klebe auf einem schmalen zusammengerollten Sitzpolster am Rücken meines Vaters. Er nötigt mich, herunterzuklettern, weil da unten irgendeinem Hütekind einer Herde, die wohl zu einer der Kasachenjurten am anderen Rand der Steppe gehört, die Nase läuft. Dann steigt er selber vom Sattel herab und putzt dem kleinen Hirten die Nase, hält ihm eine Weile auch die gefrorenen Hände und Backen warm. Während wir dann unseren Ritt fortsetzen, erzählt er, dass er bei jedem Kind, das ihm begegnet, an uns, seine Kinder, denkt. Wenig später fügt er hinzu, wir sollten lernen, bei allen älteren Menschen, die uns begegnen, an unsere Eltern zu denken.

Diese Busbesatzung bewohnt seither meine Innenwelt. Später werde ich zur Einsicht gelangen, dass sie der Beweis für die unausrottbare Fortsetzung des Nomadengeschlechts ist – selbst dann, wenn der Fahrer und die Schaffnerin nicht unter Gelärm und Staubwolken von Tierherden geboren und herangewachsen sein sollten. Aber ihre Eltern oder Großeltern müssen gewiss Nomaden gewesen sein und ihnen ihre Gene mit all dem eingespeicherten Gedächtnis weitervererbt haben: an das weite mongolische Land, diese unvergängliche Wiege, in welcher unzählige Geschlechter gediehen sind und dabei ihre Abdrücke als Farben, Gerüche, Töne, Freuden, Leid, Träume und Sehnsüchte zurückgelassen haben. Als ein Strom, der zu einem Ganzen mit einem gewaltigen Kraftfeld zusammenfließt. So bricht die nomadische Prägung immer wieder durch, mit der Fähigkeit, alles im Zusammenhang zu wissen und im Vergleich zu erwägen, in jedem von uns, den Nachkommen des zur Rundheit geklopften, blausteißigen Geschlechts.

Die Universität taucht auf. Ich erkenne sie an der Glaskuppel und den vielen Säulen wieder. Noch hundert Meter sind es bis zur Haltestelle, erkennbar an der Menschenschlange. Der Bus hält aber direkt vor dem Eingang des gewaltigen Gebäudes, am Denkmal des Marschalls Tschoibalsan. Ich steige mit dem Rucksack aus, die Koffer werden mir von Passagieren nachgereicht. Ich bleibe stehen, mit beiden Händen winkend, bis der Bus sich wieder in Bewegung setzt und dann gänzlich an mir vorbeigezogen ist. Daraufhin verneige ich mich mit zusammengelegten und an die Brust gepressten Händen, in der Art betender Buddhisten, richte mich wieder auf, führe beide Hände an die Lippen, strecke dann die Arme aus und schüttle die gespreizten Finger dem Bus hinterher, der in diesem Augenblick die eigentliche Haltestelle erreicht. In diesem Augenblick war ich von einem so großen, ja betörenden Dankesgefühl erfüllt und wollte ganz einfach auf irgendeine Weise meinen Dank ausdrücken, den beiden hilfsbereiten Männern, der Schaffnerin, dem Fahrer, jedem und allen gegenüber.

Nun versuche ich, mich zu beruhigen und zu sammeln.

Schaue empor zum aschgrauen Steindenkmal des Marschalls in der Uniform und empfinde eine Mischung von Ehrfurcht und Grausen. Als Grundschüler stand ich einst in gleicher Entfernung vor Stalin. Der eine wie der andere sollte uns Vater sein, also besangen wir in den Pausen aus vollem Hals und im Marsch-Schritt abwechselnd die beiden. Dabei schwellten unsere schmalen Kinderbrüste vor patriotischer Kampfbereitschaft. Wir fühlten in unseren kleinen Kinderherzen echte Dankbarkeit, denn die Erde des Schulhofes mit aller Kraft und Gedröhn tretend, konnten wir unsere eiskalten Füße ein wenig warm bekommen. Außerdem fiel die ganze angestaute Ermattung durch das erzwungene Stillsitzen weg – brüllend und Beine und Arme hinüber- und herüberwerfend, schleuderte man alles, was einem nicht behagte, aus sich heraus. Später hieß es dann von diesen beiden fernen Aller-Menschen-Vätern, sie hätten neben ihren unschätzbaren Verdiensten auch einige Fehler begangen – hätten viele unschuldige Menschen erschießen lassen. Zu ihren Verdiensten kann ich nichts sagen als das, was in den Lehrbüchern steht. Zu den Fehlern allerdings mehr, denn unter den Erschossenen waren auch zwei Onkel mütterlicherseits, und auch am frühen Tod des Vaters von meinem Vater haben die Massenerschießungen unmittelbar mitgewirkt.

Doch noch bin ich nicht gewillt, diese traurige Seite der Geschichte aufzurollen. Heute bin ich einfach von Dank erfüllt, da ist kein Platz für anderes. Ich danke meinem Vaterland, bin stolz auf das mongolische Volk. Bin bereit, dem mongolischen Staat nach meinen Kräften zu dienen, und in diesem Augenblick entschlossener denn je.

Ich gehe zur Kaderabteilung der Universität, die mich vor sechs Jahren zum Studium in Leipzig vorgeschlagen hat.

Erdgeschoss, Zimmer 118. Ich stelle mein sämtliches Gepäck neben die Tür, klopfe leise und vernehme ein herrisches Ja. Derselbe Mann, der mich damals mit meinen Papieren an das Hochschulkomitee weitergeleitet hat, sitzt noch an demselben Platz. In der Zimmerecke gegenüber, wo damals seine Sachbearbeiterin, die mütterliche Frau Ajusch saß, sehe ich jetzt eine wesentlich Jüngere sitzen. Der Mann ist freundlich und großzügig. Als er hört, dass ich nach meinem beendeten Studium in Germanien gerade vom Flugplatz komme, sagt er, ich soll mich erst ein paar Tage ausruhen und gegen Ende der nächsten Woche wieder vorbeikommen.

Ich sage: »Das brauche ich nicht, ich weiß ja gar nicht, wohin ich gehen soll. Deswegen möchte ich gleich erfahren, wo ich angestellt und auch, wo ich unterkommen werde.«

Beide schauen mich an, als hätte ich einen ganz und gar unmöglichen Wunsch geäußert. Der Leiter mustert mich: »Aber Genosse!« Wenn Chefs ihr Gegenüber so anreden, wird dienstliche Strenge gezeigt. Dann fährt er fort: »So einfach geht das nicht mit deiner Anstellung. Wir müssen vorher wenigstens dein Zeugnis prüfen, dann dich durch die Sitzung des Rektorats bringen. Nun zum zweiten Teil deines Wunsches: Die Universität hat keinerlei Möglichkeit, dir eine Wohnung zu geben – das kannst du vergessen!«

Ich erschrecke zutiefst. Denke traurig: Will denn der so schön begonnene erste Tag in der Heimat nun doch ungut enden?

Die Sachbearbeiterin hat mir meine Gedanken wohl vom Gesicht abgelesen und fragt mit deutlich wärmerer Stimme: »Dich wird doch jemand vom Flugplatz abgeholt und zu sich nach Hause mitgenommen haben?«

Ich sage gedämpft: »Niemand hat mich abgeholt. Ich bin mit dem Bus vom Flugplatz gekommen.«

»Wenn du für immer gekommen bist, musst du eine Menge Gepäck mitgeschleppt haben?«, fragt sie argwöhnisch.

»Die Bücher und einen Teil meiner übrigen Sachen habe ich vorher zur Eisenbahn gebracht. Der Rest steht draußen vor der Tür«, gebe ich Auskunft.

»Du hast deine Sachen einfach draußen stehen lassen?«, fragt sie fast wütend. »Und was ist, wenn etwas wegkommt?!« Sie steht schleunigst auf, eilt zur Tür und öffnet sie. Weicht daraufhin einen halben Schritt zurück und stößt einen leisen Ruf aus: »So viel, meine Güte!«

Sie befiehlt mir, sofort die Koffer ins Zimmer zu tragen. Sie greift selber einen der Koffer, ich den anderen. »So feine Stücke! Sie einfach unbeaufsichtigt draußen stehen zu lassen – das geht doch nicht, Junge!«, tadelt sie mich.

Da meldet sich der Chef wieder zu Wort: »Du hast das alles wirklich mit dem Linienbus hergebracht?« Nun klingt seine Stimme freundlicher.

Ich erstatte treuherzig Bericht: »Ja, und der Bus war sehr voll. Aber die Menschen waren so lieb zu mir. Zuerst haben zwei Männer hinter mir in der Schlange, ohne dass ich sie darum bitten musste, von selber die beiden Koffer in den Bus hineingetragen. Dann hat die Schaffnerin mich nicht nur kostenlos fahren lassen, weil ich doch noch kein Geld hatte, sondern auch mich ganz nach vorne gesetzt und meine Koffer nachschieben lassen. Auch der Fahrer hat sich sehr lieb mit mir unterhalten, zu guter Letzt auch noch meinetwegen die Fahrstrecke geändert und mich bis vor das Tor gebracht.«

Aber vertraue den beiden auch an, was ich daraufhin dachte: »Germanien ist ein schönes Land, mit einem hoch kultivierten und auch lieben Volk. Doch dort wäre das, was mir heute im öffentlichen Bus widerfahren, nicht möglich gewesen. Über die

Hilfe von allen Seiten habe ich mich so sehr gefreut, dass ich meinen Dank gar nicht aussprechen konnte, weil ich den Tränen nah war. War einfach so dankbar, dass ich mir angesichts des Denkmals da vorne etwas geschworen habe.«

Im Zimmer herrscht Stille, beide schauen an mir vorbei. Ich werde unsicher. Vielleicht habe ich im Büro einer öffentlichen Institution, zu Staatsangestellten etwas ausgeplaudert, was zu unserer Ideologie nicht passt?

Der Chef fragt: »Was hast du dir geschworen?«

»Ich werde dem mongolischen Staat dienen, mit der Ausdauer eines Pferdes und mit der Treue eines Hundes!«, antworte ich. Und füge einen Herzschlag später leise hinzu: »Wie es doch bei den Recken in den Epen heißt.«

Die Blicke der beiden meiden mich weiterhin. Wieder beschleicht mich Unruhe. Vielleicht denken sie, ich sei nicht normal? Ich grüble: vielleicht nicht ganz ohne Grund? Wieso habe ich das alles diesen beiden Unbekannten so einfach anvertraut? Das ist doch höchst anormal!

Ein Gedanke – Erklärung? Entschuldigung? – zuckt mir durch das Hirn: Die Heimat muss mich durcheinandergebracht haben. Die Vorstellung: Nun bin ich wieder in meiner eigenen Familie, und alle, die dieses Land bewohnen, sind meine Verwandten …

Der Chef fragt, ob er mein Hochschuldiplom sehen kann.

Schnell schnüre ich meinen Rucksack auf und ziehe die steife Mappe heraus, der ich mein Diplom anvertraut habe. Die Frau eilt herüber, und beide bestaunen voller Neugier mein Diplom. So etwas haben sie noch nie gesehen.

»Es sieht schon beeindruckend aus. Kannst du uns das Wichtigste dort kurz übersetzen?«, fragt der Chef schließlich.

»Das Wichtigste wäre«, sage ich, meinen Blick auf den Text

des Diploms gerichtet, »ich habe das Studium mit summa cum laude abgeschlossen und den akademischen Titel eines diplomierten Germanisten erlangt.«

»Steht das wirklich da geschrieben?«, fragt er etwas verunsichert.

Etwas gereizt antworte ich: »Ich bin zwar der erste Diplomgermanist der Mongolei, aber mittlerweile gibt es ja bei uns Leute genug, die Deutsch verstehen. Sie können es jederzeit nachprüfen lassen!«

»Aber Junge, ich sage das nicht, weil ich es bezweifle, sondern weil sich das wirklich nach einer unglaublichen Leistung anhört. Also gratuliere ich dir wohl als Erster in deinem Heimatland, das dich, wie du sagtest, so lieb empfangen hat.«

Er streckt mir seine Rechte entgegen. Ich schaue einen Pulsschlag lang verwirrt auf die ausgestreckte Hand und schicke ihr dann, ein wenig beschämt, die meinige entgegen. Seine Hand fühlt sich knochig und ein wenig feucht an. Aber es geht von ihr ein kräftiger, überzeugender Druck aus. Sogleich schließt sich ihm die Sachbearbeiterin an, kommt mit ebenso ausgestreckter Hand auf mich zu. Die ihrige ist klein und weich und warm, dennoch auch ziemlich feucht. Unter dem Druck meiner Hand schießt eine feine Röte in die Wangen ihres runden, vollen Gesichts, obwohl ihre Augen mich gar nicht anschauen.

Da meldet sich der Chef wieder: »Mein Freund, hör zu. Ich werde einen Beschluss fassen, der eigentlich der Ordnung hier widerspricht. Und dies aus dreifachem Grund: erstens, weil du ein außerordentlich gutes Zeugnis vorlegst. Zweitens, weil du, wie ich an deiner Aussprache höre, aus der fernen westlichen Ecke des Landes stammst und daher in der Hauptstadt offensichtlich keine Verwandten hast. Und drittens, weil du ein sehr offenherziger Mensch zu sein scheinst. Du bist vom heutigen

Tag an als Lehrer für Germanisch an der Mongolischen Staatsuniversität angestellt!«

Ich vermag nur leise und kurz meinen Dank zu äußern. Hätte ich es mit kräftigeren und persönlicheren Worten getan, wäre ich wohl wieder an den Rand der Tränen gekommen, denn ich fühle in mir eine gewaltige Aufwallung. Vor allem deshalb, weil der unerwartete Misston von vorhin verschwunden ist, sodass dieser schönste erste Tag im eigenen Land ungefährdet fortdauern darf und die Spuren meiner ersten Schritte in das so lang ersehnte Berufsleben frei von jeglichem Fleck bleiben.

Der Chef sagt noch: »Heute schaffen wir es zeitlich nicht mehr, aber morgen wirst du einen Vorschuss von deinem ersten Gehalt bekommen.«

Die Frau fragt mich, ob ich was zum Essen und Trinken mithabe. Ich sage: »Ja, Kekse vom Flugzeug, zum Trinken nichts mehr. Aber ich werde es bis morgen schon aushalten, das bin ich noch aus meiner Jäger- und Nomadenzeit gewohnt.«

Worauf die beiden ein kleines, wohl mitleidiges, aber nicht spöttisches Lächeln miteinander tauschen. Er sagt zu ihr: »Ich habe heute beim Entrichten der Parteibeiträge mein Portemonnaie so gut wie geleert. Hast du einen Schein für unseren frischgebackenen Fremdsprachenlehrer, damit er bis morgen, bis zu seinem unvergesslichen Erstlingsgehalt, keinen Hunger und Durst leiden muss?«

Sie sucht in ihrer Handtasche und streckt mir einen Geldschein entgegen: »Hier ist ein Dreier. Das reicht für eine Vorspeise, eine Suppe, ein Hauptgericht und eine Schale Milchtee. Dann bekommst du immerhin 20 Möngö als Restgeld zurück.«

Ich zögere zuerst, die Gabe anzunehmen, aber dann strecke ich den Arm doch hinüber, damit keiner gekränkt sei, und sage artig, den Schein in der Hand: »Danke sehr. Ich werde es zurückbringen, sobald ich zu Geld komme.«

Sie lacht fröhlich: »Ich habe sagen hören, dass die Germanen sehr genaue Menschen sind. Meinetwegen kannst du das gern tun, wenn du es bis morgen nicht vergessen hast. Aber solltest du es wegen deiner vielen Verpflichtungen als Neuling nicht schaffen, hier reinzuschauen, dann darfst du mich demnächst zu einem Essen in einem vornehmeren Lokal als unsere Lehrer- und Studentengaststätte Nummer 18 einladen. Ich werde es genießen, an der Seite eines bestverdienenden Universitätslehrers und eines gut aussehenden jungen Mannes auszugehen!«

Er lacht mit, sodass auch ich dazu wenigstens mitschmunzeln muss. Da fragt er mich, ob die Germanen ein lustiges Volk seien und auch so viel lachen wie die Mongolen. Ich muss zuerst überlegen und sage dann: »Lustig würde ich sie nicht unbedingt nennen. Eher genau und ernsthaft. Und auf alle Fälle sehr darauf bedacht, Wort zu halten. Sie lachen bedeutend weniger als unsere Menschen.«

»Soso«, sagt er, wie für sich, dann zu mir: »Ich hoffe doch, du hast aus diesem Wunderland Germanien ein Lichtbild für deinen Ausweis mitgebracht?« Ich ziehe aus einem Innenfach meines Portemonnaies zwei verschiedene Größen heraus. Das kleinere wird genommen. Er erklärt ihr: »Ich mache den Ausweis und den Zuweisungsschein an den Lehrstuhl für Fremdsprachen bei Dr. Lüdündshib fertig. Und du füllst den Fragebogen für die Neuangestellten aus!«

Das alles ist schnell erledigt. Ich bekomme ein handtellergroßes, in der Mitte zusammengeklapptes Mäppchen aus steifem Material mit grellrotem Überzug – meinen Dienstausweis. Die beiden gratulieren mir von Neuem und wünschen mir viel Glück auf meinem beruflichen Weg.

Nun will ich gehen und greife nach meinem Gepäck. Die Frau sagt, ich soll noch warten, und geht selber hinaus. Der Mann tritt an mich heran, steckt etwas in die Außentasche meines Jacketts und sagt lachend: »Ich habe noch ein paar Münzen bei mir gefunden. Damit kannst du dir morgen ein bescheidenes Frühstück leisten. Das brauchst du mir nicht zurückzubringen. Ihr aber«, deutet er zum Tisch seiner Kollegin, »sollst du den Schein unbedingt zurückgeben. Sie ist eine alleinstehende Mutter mit drei Kleinkindern, die sie tapfer durchs Leben bringt.«

Sie kommt wieder ins Zimmer. Drei junge Männer stehen hinter ihr. Sie sagt zu mir: »Die Jungs bringen dich samt deinem Gepäck zur Tür von Haus Zwei, zum Lehrstuhl für Fremdsprachen. Ich wünsche dir gutes Gelingen auf den weiteren Strecken des heutigen, für dich so denkwürdigen Tages!«

Ich murmle abermals ein, zwei trockene Dankesworte und schicke den beiden einen kurzen, dankbaren Blick zu. Das alles kommt mir so merkwürdig und bewegend vor. So verpasse ich auch, den gütigen Jungen, die mein schweres Gepäck tragen und wahrscheinlich deswegen ihren Unterricht verpassen, etwas Liebes zu sagen.

Am Eingang von Haus Zwei werden wir von einer älteren Frau mit einer dienstlichen Miene angehalten. Ich zeige erstmalig meinen Dienstausweis. Sie schaut lange und angestrengt hinein und fragt schließlich streng: »Neu angestellt?«

Ich sage gedämpft: »Ja.«

Dann schaut sie auf die Begleitung und sagt, ebenso streng: »Und ihr?«

Einer antwortet für alle drei artig: »Wir sind Physikstudenten im ersten Semester und sind von der Kaderabteilung beauftragt worden, das Gepäck des neuen Lehrers bis vor die Tür des Lehrstuhls für Fremdsprachen zu bringen.«

»Er kann durchgehen. Aber von Gepäck steht hier nichts. Daher bleibt es hier unten, und ihr könnt wieder gehen!« Nun klingt die Stimme eisern, genau passend zur Miene.

Ich erkläre vorsichtig: »Große Schwester! Ich bin erst heute vom Ausland in der Heimat gelandet und direkt vom Flughafen mit dem Linienbus gekommen. Da ich niemanden in der Hauptstadt kenne und nicht weiß, wo die Nacht verbringen, haben mir die Genossen in der Kaderabteilung empfohlen, meine Sachen im Lehrstuhl zu lassen, bis eine Bleibe für mich gefunden ist.«

Eine kleine Lüge, ich weiß. Aber man wird es mir verzeihen, denke ich, sollte es irgendwann auskommen.

Der kalte Blick der Frau in ihrem verwitterten und auch fleckigen Deel bohrt mir ins Gesicht, schweigend und prüfend. Manduhai, die Königin, hat wohl mit demselben kalten, starren Blick auf ihre Untertanen geschaut, ehe sie ihr Urteil fällte: Strafe? Oder Gnade?

Ich versuche, dieser so unmenschlichen, aber auch so alltäglichen Tortur standzuhalten. Als diese kleine Manduhai die ihr zugefallene bittersüße Droge Macht genügend ausgekostet und sich daran wohl auch berauscht haben mag, winkt sie mit dem Kopf ins Innere und brummt wichtig: »Genehmigt!« Erst, als die unsichtbare Sperre etliche Schritte hinter uns liegt, ruft sie uns nach: »Vierter Stock, rechts!«

Vor der Tür mit dem Schild Lehrstuhl für Fremdsprachen verabschiede ich mich von den dreien. Ehe sie gehen, erkundige ich mich nach ihren Namen und ihren Bezirken. Alle drei haben wohlklingende und auch inhaltsvolle Namen: Saenbair (Gute Freude), Enktaewin (Frieden) und Ariunbat (Heiligfest), und alle drei sind vom Land. Ein weiteres Geschenk dieses besonderen Tages! Also sage ich zu ihnen: »Ich danke euch,

Brüderchen. Bestimmt werden wir uns wieder begegnen. Denkt an das Sprichwort unserer Vorfahren: Könige sind selten streng, aber die Pförtner!« Sie schmunzeln, aber ich, frischgebackener, sozusagen noch ofenwarmer Lehrer, bin noch nicht am Ende mit meiner Botschaft: »Was ich als Älterer nebst meinem Dank euch noch auf den Weg mitgeben möchte: Betretet ihr einen Hof, achtet immer auf den Hund, betretet ihr eine Behörde, achtet immer auf den Wächter!« Ich reiche ihnen die Hand zum Abschied. Ein jeder von ihnen hat eine warme, feste Hand, von der ein schüchterner Druck ausgeht.

Ich schaue auf meine Armbanduhr. Es ist noch früher Nachmittag, 2.47 Uhr. Diesen Augenblick will ich in mein Gedächtnis gut einprägen. Mir wäre es lieber gewesen, wenn die Uhr zwei Minuten später gezeigt hätte, da Zahlen für mich große Bedeutung haben. Doch, was solls, es ist, wie es ist, denke ich und klopfe an die Tür. Stille. Ich lege das Ohr ans Holz, horche. Höre das Klappern einer Schreibmaschine. Ich drücke die Klinke und öffne die Tür. Und nehme wahr: in der Mitte ein blau gestreifter langer Sitzungstisch, um diesen verteilt ein halbes Dutzend Personen, alle in gebückter Haltung, wohl lesend oder schreibend. An der Stirnseite am fernen Ende des Tisches ein quer gestellter, kürzerer Tisch und hinter diesem eine männliche Person, ebenso in seine Tätigkeit versunken. In einer hinteren Ecke, zwischen Schränken, nur halb sichtbar ein weiterer Tisch, darauf die Schreibmaschine und dahinter eine weitere Person. Eine Atmosphäre voller Spannung und Arbeit.

Zuerst weiche ich zurück, um nicht zu stören, und will die Tür wieder schließen. Dann fasse ich doch Mut und frage hörbar laut, ob ich eintreten darf.

Die Person hinter dem quer stehenden Tisch – jetzt erkenne ich, es ist ein Mann, das muss der Doktor Lüdündshib sein! – schaut auf, und nach zwei, drei Wimpernschlägen nickt er bejahend. So peinlich es mir auch ist, ihn bei seinen Gedanken gestört zu haben, trete ich ein und gehe auf ihn zu. Kein Zweifel, er muss der Chef sein. Denn er ist der Älteste in der Runde, und nur er schaut mir entgegen, während alle anderen so tun, als würden sie von der Störung nichts merken. Nur die Person hinter der Schreibmaschine, eine junge Frau, hat ihre Beschäftigung unterbrochen und ihren unverhüllt neugierigen Blick auf mich gerichtet.

Nach einem Gruß lege ich behutsam den Zuweisungsschein samt meinem Dienstausweis auf den Tisch vor dem Lehrstuhlinhaber – Herrn? Genossen? Lüdündshib? – und stelle mich vor. Der hagere Mann mit einem deutlich südländischen Einschlag in seinem schmalen, beinah zieselgelben Gesicht schaut sich beide Papiere peinlich genau an und sagt schließlich, ich soll mich setzen. Ich schaue mich um, entdecke in einiger Entfernung einen freien Stuhl, hole ihn herbei und setze mich darauf. Währenddessen hat er ein dickes Schreibheft aufgeschlagen und ist dabei, darin in altmongolischer Schrift von oben nach unten zu schreiben. An der Art, wie sich seine Hand bewegt, ist zu erkennen, er beherrscht diese Schreibkunst tadellos.

Er fragt nach meinem Abschlusszeugnis. Ich bitte um Erlaubnis, mein Gepäck in den Raum hereinzuholen. Ich weiß nicht, ob er mir gut zugehört hat, denn er sagt: »Ja, natürlich.« Ich eile zur Tür und fange an, alle drei Gepäckstücke, eines nach dem anderen hereinzuschleppen und in die freie Ecke zu stellen. Schließlich hole ich die Dokumentenmappe aus dem Rucksack und kehre zu meinem Stuhl zurück. Nun haben die bisher so Disziplinierten ihre Blicke von dem, was sie fesselte, gelöst und auf mich gerichtet.

Die erste Frage des Chefs betrifft mein Gepäck. Ich sage, dass ich direkt vom Flugplatz hierhergekommen bin.

»Aber doch nicht heute?«

»Doch«, sage ich und schaue ihn unschuldig an.

»Aber du hast ja schon einen Dienstausweis?«

»Ja, er ist vor einer halben Stunde in der Kaderabteilung ausgestellt worden.«

»Dann muss dich ein Mächtiger von ganz oben mitgebracht haben?«

»Ich kam allein, mit dem öffentlichen Bus.«

Da sagt er in die Runde: »Die meisten von euch haben wochenlang an viele Türen klopfen müssen. Und er schafft es innerhalb weniger Stunden. Ist das nicht toll?«

Ich fühle, wie alle Blicke auf mich gerichtet sind. Doch am stärksten spüre ich den Blick dieses Mannes, der mich bis vor wenigen Minuten nie gesehen hat und von mir nichts weiß. So denke ich jedenfalls. Es ist ein schräger und dabei auch bohrender und wühlender Blick. Er fühlt sich an, als sei er, wie eine giftige Kugel, durch mich hindurchgegangen und habe mir bleibendes Leid zugefügt.

Nun hält der Doktor mein Diplom in der Hand und starrt hinein. Seine Lippen bewegen sich, woraus ich schließe, er kann Deutsch lesen.

Er fragt, was »summa cum laude« bedeute. Ich sage: »Mit Auszeichnung. Das ist wohl die höchste Note.«

Seine Augenbrauen ziehen sich deutlich zusammen. Auch glaube ich zu erkennen, wie sich eine Blässe von der Stirne aus über das ganze Gesicht ausbreitet.

Ich bin fassungslos. Überlege, was ich verkehrt gemacht habe. Mir fällt nichts ein. Denke für mich: O kugelrunde Welt! Wie schön war dieser Tag bis zur Schwelle zu diesem Raum!

Dasselbe, wozu andere mir gratuliert haben, scheint in diesem Menschen Groll auszulösen! Was wäre wohl geworden, wenn ich vorhin draußen noch zwei Minütchen gewartet und erst bei 49 an die Tür geklopft hätte? Hat mir die schamanische Mutter nicht ans Herz gelegt, ich solle mich bei der Zahl 7 immer in Acht nehmen, während ich mich der 9 jederzeit anvertrauen dürfe? Doch sogleich bezichtige ich mich des Aberglaubens aus der Steinzeit.

Die Disziplinierten stehen einer nach dem anderen auf und verlassen das Zimmer mit einem kurzen, dumpfen Brummen im hinteren Rachenraum, das ich erst bei der vierten oder fünften Person als Bairtae, einen Abschiedsgruß erfasse.

Endlich legt der Chef das Diplom aus der Hand und fängt an, mich auszufragen. Er will von mir vieles wissen. Ohne zu zögern, antworte ich auf alle seine Fragen. Alles, was ich sage, schreibt er in sein Heft.

Irgendwann klappt er das Heft wieder zu und fängt an zu reden. Er ist ein geschickter und brutaler Redner. Gesteht lässig, dass er wenig liest, nur das Wichtige des eigenen Faches, und auch da nur die Stellen, die Nutzen versprechen. Seine Lebensmethode sei herumschauen und herumhorchen, seine Arbeitsmethode, der grammatischen Struktur einer jeden Sprache nachzugehen und die Grundregeln zu begreifen. Danach wisse er, die Sprache ist gebändigt, er kann sie nutzen. Um das Erlernen des Wortschatzes mache er sich keine Gedanken, dafür gäbe es Wörterbücher, in denen er alles nachschlagen könne. Er rühmt sich, auf diese Art und Weise die Strukturen aller Weltsprachen erforscht und begriffen zu haben. Er beziffert die Zahl der Sprachen, die er sich so angeeignet hat, auf bisher siebzehn.

Als Erstes habe er in fünf Tagen Englisch gelernt, während einer Zugfahrt von Ulaanbaatar nach Moskau. »Als ich hier in den Zug einstieg, steckte ich in eine Seitentasche meines Mantels ein Grammatikbuch und in die andere ein Wörterbuch. Die Mitreisenden schlugen sich die Tage und Nächte mit Saufen und Fressen, Spielen und Quatschen und mit Schlafen und abermals Schlafen die Zeit tot. Ich kletterte gleich nach oben, zündete die Bettlampe an, las und las und steckte mir zwischendurch ein Stück Aaruul in den Mundwinkel, was sich dort langsam auflöste und so meinen Durst löschte und gleichzeitig auch meinen Hunger stillte. Da brauchte ich nicht einmal Zeit zu verlieren, für meine Blase oder meinen Darm, blieb eisern an der Sache, die ich in Angriff genommen hatte. Irgendwann hieß es, wir seien am Ziel angekommen. Ich stieg aus mit meinem Köfferchen in der Hand, meinen beiden Büchern in den Taschen und mit meinem Englisch im Hirn.«

So ist er also, mit seinen Methoden, Zielsetzungen und Erfolgen. Mit seiner Geradlinigkeit, um zum Kern einer Wahrheit zu kommen – seiner Wahrheit. Was mich schon beeindruckt. Doch muss ich unwillkürlich an eine Kunstfigur aus einer Tragikomödie denken. Der Gedanke verschafft mir ein wenig Erleichterung. Denn jetzt glaube ich, besser zu wissen, mit wem ich es zu tun habe. Wenn er das ist, sein will, brauche ich alles, was er mir vielleicht antun wird, nicht ganz so ernst zu nehmen.

Aber er redet weiter. Während die Worttiraden auf mich zurollen, begegne ich weiteren Zügen von ihm. Es ist eine brutale Überschätzung der eigenen Möglichkeiten und eine Selbstenthüllung, welcher eine ebenso brutale, ja, zynische Unterschätzung anderer Individuen zugrunde liegen muss. Er breitet eine seiner Theorien vor mir aus: »Kollektiv und Genie sind wie Feuer und Wasser. Das eine verträgt das andere nicht. Mittelmäßige sind die besten Ziegel für das Kollektiv, während das

Genie der Nährboden ist. Darum ergibt ein richtig geführtes Kollektiv von zehn Mittelmäßigen im Endergebnis mehr als alle Genies dieser Welt zusammen. Darum stelle ich mir den Lehrkörper meines Lehrstuhls immer aus Mittelmäßigen zusammen. Denn sie sind frei von Selbstgefälligkeit und tragen in sich die natürliche Bremse, die sie in der zugewiesenen Bahn hält. Wer zu mir kommt, weiß von vornherein, was ihn erwartet: halbmilitärische Disziplin und mikroskopische Kleinarbeit. So gewöhnt er sich daran, jeden Tag, auch an allen unterrichtsfreien Wochentagen, ständig von 9 bis 15 Uhr hier zu sein und seinen Beitrag zu einer der zeitgleich laufenden, zahlreichen Forschungsaufgaben zu leisten. Jedem steht es frei, noch länger zu bleiben, nötigenfalls auch die Nacht über. Und der Erfolg gibt mir recht: Seit Jahren ist unser Lehrstuhl führend an der Universität in der Anzahl der Veröffentlichungen!«

Ich staune und bin doch beeindruckt. Noch wichtiger: Ich glaube, endlich begriffen zu haben, warum er etwas gegen mich und mein Diplom hat.

Doch der Doktor fährt fort und öffnet mir die Augen, schärft meine Sinne um ein Weiteres: »Ich bin über entsprechende Kanäle zu mancherlei Auskünften über Ihre Person gelangt.«

Erst später, als ich im Salz des Lebens meine Erfahrungen gemacht hatte, werde ich den Sinn in diesem Satz, der gar nicht so kompliziert ist, wie er klingt, begreifen. Noch fehlt mir, dem Himmel sei Dank, die Erfahrung dazu. Um es aber hier vorwegzunehmen: Hinter »entsprechenden Kanälen« lauerte der Geheimdienst, und »Ihre Person« war Geheimdienst-Jargon aus den berüchtigt-blutigen Dreißigerjahren, der gegenüber jedem Beschuldigten anstatt »du« verwendet wurde.

Obwohl mir also manche seiner Offenbarungen im Dunkeln bleiben, erfahre ich doch vieles. Genosse Doktor Lüdündshib weiß von meiner Feldforschung bei den Tuwa mit Frau Dr. Schwan während der Studienzeit, was mir einen kleinen Schrecken einjagt. Denn die Schwans haben mich gebeten, in der Mongolei mit dieser Geschichte vorsichtig zu sein. Ich wusste damals nicht recht, warum. Nun aber höre ich, dieser Mongole weiß alles.

Aber nicht nur das. Der allhörende und allwissende Mann sagt mit nun gelockerter Zunge: »Ich darf an dieser Stelle Ihre Person davon in Kenntnis setzen, dass Mitarbeiter höherer staatlicher Stellen hier im Lehrstuhl wiederholt angefragt haben, ob die gewisse Person aufgetaucht sei. Sie wussten, jene hat das Studium schon vor Monaten beendet. Also sind gewisse Konsequenzen zu erwarten, schon wegen dieser Überziehung der genehmigten Aufenthaltsfrist im Ausland. Noch schwerwiegender aber ist die wiederholt begangene willkürliche Überlassung geistigen Eigentums des mongolischen Volkes gegenüber einer fremdländischen Person ohne jegliche Genehmigung vonseiten der zuständigen Behörden!«

Soll das eine Drohung sein? Wohl ja. Mir wird unheimlich!

Von der Mongolei hat es schon immer geheißen, sie gleiche einem aufgestülpten Sack, da selbst die heikelsten Geheimnisse sehr bald an die Öffentlichkeit gelangen. Weder die proletarische Diktatur noch die Parteidisziplin haben das in der neueren Zeit ändern können. Denn sie ist eine Sippengesellschaft, deren Mitglieder durch verschiedenste Fädchen miteinander verknüpft sind. So erfahre selbst ich, der ich von der eigenen Sippe durch riesige geografische Weiten getrennt und am Außenrande einer Ansammlung fremder Gemeinschaften zu leben scheine, recht bald den Grund der Abneigung des Genossen Lehrstuhlinhabers gegen meine Person: Ein Neffe seiner Frau sei unter Anleitung unseres Sprachgenies seit Längerem dabei, sich die germanische Sprache anzueignen, und habe kurz davorgestanden, an der Universität als Lehrer angestellt zu werden.

Während dieser ganzen Folter mit Worten hört, soweit es bei dem Geklapper der Schreibmaschine überhaupt möglich, die Maschinenschreiberin von ihrer Ecke aus mit. Doch irgendwann steht sie auf, deckt die Maschine zu und verlässt stumm und leise den Raum, auf Zehenspitzen, wie mir scheint.

Seit einer ganzen Weile vernehme ich ein dumpfes Knurren und überlege, von wem dieses unangenehme Geräusch ausgehen könnte. Wohl von mir, denn mir wird bewusst, dass seit der letzten Mahlzeit im Flugzeug viele Stunden vergangen sind. Bei diesem Gedanken spüre ich denn auch den Hunger.

Unvermittelt schaut der Chef auf seine Uhr und fängt sogleich an, die ausgebreiteten Papiere zu ordnen und im Schränkchen seines Schreibtischs zu verstauen.

Und was wird mit mir?, denke ich panisch. Wo soll ich unterkommen?

Also spreche ich, nicht panisch, eher richtig zornig, den Menschen an, der mein Chef sein soll und darum auch wissen muss, wo ich, sein Mitarbeiter, unterkomme: »Ich brauche eine Wohnung! Sie sehen doch mein Reisegepäck, wo soll ich diese Nacht verbringen?«

Er feixt spöttisch: »Oh, gleich eine ganze Wohnung? Am besten gleich drei Zimmer, mit heißem Wasser und einer Innentoilette, nicht wahr?« Dann schießt er los, schnell und laut, wie ein Diktator: »Ich sage dir eines, mein Bursche: Die wirst du auch in zehn, zwanzig Jahren nicht haben! Grauhaarige, die dreißig, vierzig Jahre hier gelehrt haben, namhafte Gelehrte, Professoren und Doktoren, selbst diese wohnen in Jurten oder hausen in selbst gebastelten Bretterschuppen!«

Ich schaffe es, in eine kleine Lücke seiner Tirade ein paar Worte zu schieben: »So habe ich es nicht gemeint. Der kleinste und schäbigste Raum ist mir recht. Wenn ich nur mein Gepäck hineinstellen und ein paar Nächte darin schlafen könnte. Ich bin weder faul noch dumm, kann mit Axt und Säge umgehen, werde mir die nötigen Bretter und Balken kaufen und recht schnell ein Hüttchen zusammenzimmern!«

»Vielen Dank für die Seifenblasen, die du gerade ausgespuckt hast. Die bestätigen mir die Auskünfte seitens gewisser Behörden, die dich als eine sture und überhebliche Person beschrieben haben!«

Ich werde hellhörig. Eindeutig, er will mir Angst machen!

In mir erwacht aber der Trotz. So sage ich, nun betont ruhig und fast spöttisch: »Dass Sie Beziehungen zu gewissen Stellen pflegen, haben Sie bereits gesagt. Deswegen bitte ich Sie aufs Inständigste, mir zu sagen, wo soll ich diese Nacht verbringen?«

Er platzt fast und schreit mich an: »Woher soll ich es wissen? Stelle die Frage lieber denen, die dich angestellt haben!« Dann springt er hoch, reißt die Tür auf und lässt sie hinter sich laut zuknallen.

Oje!, denke ich, laut stöhnend. Lasse mich daraufhin auf einen abseitsstehenden Stuhl niedersacken und fasse beidhändig meinen Kopf. Mir ist zum Weinen. Doch weiß ich, Tränen bringen nichts, werden mir nur die Sinne trüben. So erteile ich mir selbst den Befehl, den Kopf kühl zu behalten und gut zu überlegen, was zu tun sei. Ein paar tiefe Atemzüge, und schon treffe ich die erste Entscheidung: rausgehen und etwas essen! Die prickelnd frische Luft des beginnenden Abends tut gut.

Egal, wo ich diese Nacht und die nächsten Nächte verbringen werde, Hauptsache, ich bin wieder im eigenen Land!, denke ich trotzig, auf die so geräumig wirkende Stadt mit den großzügig breiten, sauberen Straßen und farbenprächtigen Häusern im gleißenden Licht der untergehenden Sonne schauend. Dem hell tröpfelnden Geräusch des Verkehrs der wenigen Autos in der Ferne, vermischt mit dem Gelächter einer Handvoll Studenten in der Nähe lauschend, spinne ich den Gedanken weiter: Ich bin jung und gesund, habe mindestens ein halbes, und wer weiß, sogar ein ganzes Jahrhundert Leben vor mir. Was bedeutet da die kleine Unklarheit dieses Augenblicks, ha!

Die Studentenmensa ist wesentlich kleiner als die in Leipzig. Sie kommt mir aber unvergleichlich gemütlicher vor und lässt mich an einen großfamiliären Treffpunkt und Essraum denken. Heitere Stimmung herrscht, es wird viel gelacht und gescherzt. In der Ecke gegenüber üben drei Studenten an einem Lied: Zwei Mädchen singen leise, und ein Junge zupft dazu kaum hörbar die Gitarre. Ich bekomme ein komplettes Menü, genau so, wie die gute Seele der Kaderabteilung es mir aufgezählt hat, und genau zum genannten Preis. Es ist die erste Mahlzeit, die ich wieder im eigenen Land bekomme, ich genieße jeden Bissen und jeden Schluck. Nur eines behagt mir nicht ganz. Ich sitze ganz hinten, in einer Ecke, allein an einem Tisch. Den Platz habe ich mir selber ausgewählt, weil ich mir das bei fremden Leuten angewöhnt habe. Hätte ich an einem der halb besetzten Tische in der Nähe Platz genommen, wäre ich bestimmt ins Gespräch gekommen. Ich habe zwar das Gefühl, dass die in der Nähe Sitzenden hin und wieder einen verstohlenen, neugierigen Blick herüberschicken, aber ich bleibe bis zum Schluss allein sitzen.

Zurück in meiner Notbleibe, wo die Koffer stehen, rüste ich mich zur Nacht. Vor allem will ich mich vom Schweiß der langen Reise und dann des ebenso langen, anstrengenden Tages wenigstens einigermaßen befreien. Vor sechs Jahren, 1962, als ich für ein paar Monate hier eine kurze Studentenlaufbahn durchlief, hat man seine Notdurft draußen in Bretterbuden auf längs liegenden Bohlen stehend oder hockend über einem tiefen Graben verrichten müssen. Inzwischen gibt es im Haus Wassertoiletten und im Vorraum davor auch ein Waschbecken, vorerst nur mit kaltem Wasser. Doch dieses ist für mich hilfreich genug. Nur muss ich gegen große Hemmungen ankämpfen, während ich mich stückweise ausziehe und die frei gewordene Haut mit einem nassen, eingeseiften Lappen abreibe und höllisch genau nach einem möglichen Geräusch im Gang lauschen. Doch bekomme ich zum Schluss den ganzen Körper sauber, einschließlich Kopf und Haar und die Füße. Ach, habe ich je nach einer Dusche, ja, selbst nach einem Vollbad dieses Wohlgefühl gehabt?

Nach dieser Waschaktion hätte ich mir ruhig meinen bequemen Schlafanzug anziehen können. Doch mir reicht dazu der Mut nicht. Was wäre, wenn in der Nacht jemand vorbeikäme!

So kleide ich mich für den nächsten Tag vollständig an – auch in eines meiner beiden bügelfreien, schneeweißen Dederon-Hemden. Und lege dazu die passende Krawatte bereit.

An dieser Stelle muss ich eine Kleinigkeit zu weißen Hemden und bunten Krawatten einschieben. Die allermeisten Tage meiner sechs Jahre als Student und die anschließenden acht Jahre als Hochschullehrer verbrachte ich in dieser obligatorischen Uniform der Intellektuellen. So war es damals üblich im Osten. Die vornehme Bekleidung hob einen nicht nur äußerlich ab, sondern auch innerlich, und sie verpflichtete zur Sauberkeit.

Sauber gewaschen und öffentlichkeitstauglich bekleidet, lösche ich das Licht, lasse mich am Fenster in einem der Armlehnstühle aus gut poliertem Holz nieder und schlafe bald ein.

Gut drei Stunden später erwache ich. Es ist erst Mitternacht. Hals und Rücken sind mir steif geworden, das Gesäß tut weh, mir ist kalt. Aus Angst, das große Licht anzumachen, nehme ich im Schein meiner Taschenlampe den Sportanzug aus dem Koffer, lege ihn als Polster auf den Stuhl und ziehe meinen Übergangsmantel an. Im Dunkeln mache ich etliche gymnastische Bewegungen, wie sie mir einfallen, und lasse mich, einigermaßen gelockert, erneut auf meinem Stuhl nieder, näher am Heizkörper.

Ich sitze nun bequemer als vorher, vermag aber nicht mehr zu einem richtigen Schlaf zurückzufinden, nicke zwischendurch nur kurz ein. In den trostlos langen, ermüdenden und zermürbenden Pausen dieser Schlummer- und Dämmerzustände fühle ich mich wie der todmüde Insasse eines mutterseeleneinsamen Bootes, das über den eintönigen Wellen des finsteren Zeitmeeres träge dahindriftet. Doch dabei arbeitet mein Hirn auf Hochtouren, es wimmelt darin von Gedanken, die ich zu ordnen versuche.

So entsteht in meinem Kopf der Entwurf eines dringlichen Überlebensplanes:

1. Die Gepäckstücke möglichst unauffällig in den Ecken und Nischen des Raumes unterbringen. 2. Die Münzen in der Manteltasche zählen und dafür ein passendes Frühstück einnehmen, sobald die Mensa aufmacht. 3. Zu den Mitgliedern des Lehrstuhlkollektivs eine freundliche Beziehung anbahnen. 4. Für die beiden lieben Wesen in der Kaderabteilung kleine Geschenke aussuchen und zusammen mit dem Geldschein. Sie dabei um Rat fragen, wie ich zu einer Bleibe komme. 5. Die Telefonnummer des Lehrstuhls in Erfahrung bringen, sie in einem Eilbrief Hassaa mitteilen.

Zur Erklärung dieses letzten Punktes: Noch vor meinem Studium in Germanien hat sie mir versprochen, auf mich zu warten. Vor zwei Jahren hat sie mir geschrieben, dass sie ihr Studium erfolgreich beendet habe und als Köchin bei der Familie eines Parteiführers arbeite. Als Absender standen lediglich ihr Name, die Hauptpost und unterstrichen »postlagernd«. Ich hatte sie umgehend gebeten, etwas ausführlicher von ihrem Berufsleben zu erzählen. Im Antwortbrief stand, sie dürfe darüber keinem etwas mitteilen. Später kamen noch zwei knappe Briefe, dann aber kam nichts mehr. Auch ich drängelte nicht mehr. Mein Brief mit der Mitteilung, ich kehre demnächst zurück, blieb unbeantwortet.

Als die erste Helligkeit des neuen Tages durch die großen, nackten Fenster in den Raum hereinsickert, beschließe ich, diese mühselige Nacht zu beenden. Ich trete aus dem Zimmer und suche die Toilettenecke auf. Dabei gehe ich auf Zehenspitzen, will jedes Geräusch vermeiden, eingedenk der amtlich strengen Wächterin vier Stockwerke weiter unten.

Das bisschen an Bewegung und das kalte Wasser tun gut. Erfrischt und ermuntert komme ich zurück und wage sogar, das Licht im Zimmer anzuschalten. Ich wühle in meinen Koffern, um passende Geschenke für die beiden in der Kaderabteilung zu finden. Schließlich nehme ich für den Chef die kleine Flasche »Bärensiegel«, die ich eigentlich für meinen Vater gekauft habe, für seine Helferin Nimka ein Kopftuch und für ihre Kinder eine Handvoll Kaugummi und Milchbonbons, die mir selber besonders gut schmecken. Die Geschenke stecke ich in glitzerbunte Plastikbeutel, die ich von Esther erbettelt habe, als sie ein Paket von ihrem Schwager im Westen auspackte.

Meine beiden Koffer bringe ich in zwei Nischen halbwegs unter und zwänge den Rucksack in den Zwischenraum zwischen einem Schrank und dem Zimmerdach. Meine wichtigsten Sachen wie die Mappe mit dem Diplom, das Tagebuch, den Kulturbeutel und eine Einkaufstüte mit kleinen Handgeschenken packe ich in den Fahrradrucksack, den ich bei mir behalte. Da es immer noch früh ist, setze ich mich mit dem Tagebuch an den Tisch und trage alle Erlebnisse des gestrigen Tages aufs Ausführlichste ein – mit dem schönen Gedanken im Hinterkopf: Ich habe ja Zeit! Gleich am Anfang meines neuen Daseins habe ich angefangen, Tagebuch zu führen, zuerst in einem Gemisch von meiner Muttersprache D'wad'l und der Nachbarsprache Kasachisch, nur da und dort mit einem Ausdruck meiner Schulsprache Mongolisch dazwischen. Dies, weil ich Angst hatte, mein so herrischer Mitbewohner könnte drin lesen. Als ich später zu einem freien Erdenbürger geworden war, ohne Ausspäherei, ohne Bevormundung und Erniedrigung durch diesen kleinen Despoten, wurden auch meine Tagebucheintragungen freier. Die Mischung von verschiedenen Sprachen aber blieb. Neu kamen Deutsch und Russisch dazu. In dem Maße, wie mein Deutsch heranwuchs, reifte auch mein Russisch, da ich auf dem Pfad zu meiner Zielsprache gezwungen war, auf dieser verbindenden Brücke zu gehen. Noch später erlernte ich mir im Selbststudium zuerst Spanisch – aus Sympathie zu dem siegreichen jungen Revolutionsrecken Fidel Castro – und dann Englisch, aus Hochachtung zu dem Literaturgenie William Shakespeare. In dieser Sturm-und-Drang-Phase drangen auch spanische und englische Ausdrücke in meine Tagebucheintragungen ein. In den letzten Leipziger Jahren rückte meine armselige, weil immer noch schriftlose, aber klangvolle, urpoetische Muttersprache immer mehr nach vorne. Den Laut in ein Schriftbild einzukleiden, bedeutete mir da längst keine Schwierigkeit mehr.

Nun, an diesem 4. Oktober 1968, schreibe ich alles in der Sprache meiner lieben, edlen Germanen, schon ahnend, sie werde von nun an meine Tarnsprache sein. Acht Jahre später, in der Talsenke der düstersten Phase meines Lebens überhaupt, werde ich, mit vier Kleinkindern und allen erdenklichen Sklavenpflichten belastet und immer noch obdachlos, aus lauter Verzweiflung den ganzen Bestand meiner Bibliothek in den Ladekasten eines Lastkraftwagens packen und einem Mann mitgeben, mit der innigsten Bitte, sie bei sich wohl aufzubewahren. Jahre wird es dauern, um den Mann wieder aufzusuchen und an meine Bücher heranzukommen. Da werde ich sie nicht nur von Feuchtigkeit und Staub befallen vorfinden, sondern auch um die Hälfte verringert. Sie hätten als Toiletten- und Anzündpapier gedient. Zu jenen Opfern gehörten sämtliche Tagebücher.

Aus dem Grund muss ich mich bei der Beschreibung jenes achtundvierzig Jahre zurückliegenden ersten Tages der Heimkehr einzig auf meine grauen Zellen verlassen. Wenn deren Vermögen für so viele Einzelheiten gereicht hat, dann liegt es nicht nur an der Intensität jenes Tages, sondern auch an der der bereits geleisteten Arbeit. Denn was man schon einmal zu Papier gebracht hat, erwacht in der Erinnerung leicht, wenn man es ein zweites Mal niederschreiben will.

Mir ist vollkommen bewusst: Mit zunehmendem Alter wird mein Erzählen immer breiter. Der deutlichste Beweis ist wohl die Aufzählung all dessen, was im Laufe eines Tages und einer Nacht mit mir geschah. Doch steckt dahinter auch eine Absicht. Denn ich wollte, eingedenk jener verlorenen Tagebücher und der damit ausgetilgten Spuren des düstersten und bittersten Kapitels meines Lebens, wenigstens einen Hauch jenes Splitters Lebenszeit retten.

Auch die folgenden Nächte verbringe ich im Lehrstuhlzimmer. Dabei wird schon die zweite wesentlich bequemer. Denn ich liege, hinter abgeschlossener Tür, warm angezogen, auf einem Polster aus Kleidern auf dem langen Tisch, mit dem Mantel zugedeckt. Diesmal schlafe ich wesentlich länger und erwache mit weniger Beschwerden. Bald gewöhne ich mich an meine Notunterkunft und überwinde das Angstgefühl, jemand könnte kommen. In aller Frühe räume ich alles wieder weg. Siebzehn Nächte verbringe ich so.

Am achtzehnten Tag kommen Kontrolleure des Zentralkomitees vorbei und werden auf mein Gepäck aufmerksam. Da bin ich außerhalb des Unigeländes, denn ich bin schon längst im Lehrdienst, nicht nur an der Staatsuniversität, sondern auch an allen anderen drei Hochschulen des Landes. In den folgenden Monaten werden weitere Behörden hinzukommen. Zum Schluss werde ich zweiundfünfzig Stunden in der Woche unterrichten, selbst am Sonntag zehn Stunden. Nach neunzig Minuten Unterricht stürze ich aus der Tür des einen Gebäudes heraus, da wartet draußen schon ein Fahrzeug und bringt mich sofort zum nächsten Ort.

Um diesen Maschinentakt einzuhalten, muss ich die im Land gültige Ordnung brechen. Zum hiesigen Hochschulbetrieb gehört nach fünfzig Minuten die obligate Pause von zehn Minuten, aber ich vereinbare mit meinen Lernenden, dass wir – wie an der Karl-Marx-Universität zu Leipzig üblich – neunzig Minuten durcharbeiten. Und weil Staus auf den Straßen mongolischer Städte noch ein Fremdwort sind, schaffe ich es rechtzeitig vom einen zum nächsten Unterrichtsort.

Das Ganze kommt so ins Rollen: Gleich am ersten Morgen, als ich die Mensa verlassen will nach einem Frühstück für meine Kleingeldsumme von hundertzwanzig Möngö, spricht mich eine junge Frau an, ob ich nicht der neue Germanischlehrer sei. Sie ist die Sekretärin des Dekans unserer Fakultät und nimmt mich gleich mit zu ihm. Der Dekan ist ein älterer, äußerst umgänglicher Mann. Beim Anblick meines Diploms zeigt er sich im Unterschied zum Lehrstuhlinhaber so erfreut, dass er mir sogleich die Hand reicht und sagt, nun solle ich zeigen, was ich gelernt habe. Nach dem Lehrplan sei schon heute Vormittag bei den Jurastudenten und am Nachmittag bei den Russischstudenten je eine Doppelstunde Germanisch vorgesehen. Es gibt noch drei weitere Gruppen. In jeder von ihnen soll ich jede Woche vier Stunden unterrichten. Der Dekan meint, zwanzig Stunden in der Woche seien für einen neuen Lehrer eher mehr als genug. »Aber nach deinem Zeugnis zu urteilen, dürftest du es problemlos schaffen!«, sagt er und schaut mich ermunternd an. Ich sage, ich werde mich bemühen.

Zwei Tage später lässt er mich zu sich rufen. Die Studenten seien von der Sprache so begeistert, dass andere Kommilitonen und einige junge Lehrer, davon angesteckt, die Bitte ans Dekanat gerichtet haben, Germanisch in Abendzirkeln lernen zu dürfen. Was mich nur erfreut. Zwei Tage darauf beginnt der erste Zirkel. Die Woche darauf geschieht etwas Erstaunliches: Zuerst vom Medizinischen, daraufhin vom Pädagogischen und schließlich vom Landwirtschaftlichen Institut erreichen unseren Dekan Anfragen, ob es denn möglich sei, den germanienfrischen Lehrer wenigstens für jeweils vier Stunden in der Woche versuchsweise zur Verfügung zu stellen. Der gute Mann teilt mir dies nur mit, um mir damit eine Freude zu bereiten: So gefragt bist du! Oder vielleicht auch, um mir indirekt zu sagen: Bleib tapfer, junger Mann. Obwohl dein Berufsleben so abenteuerlich beginnt, bist du doch ein gefragter Kader deines Landes! Auf alle drei Anfragen hatte er bereits ein und dieselbe

Antwort gegeben: Unmöglich, der Lehrer ist schon hier an der Uni überbelastet.

Doch ich bedaure sehr, dass Menschen, die von mir Hilfe erwarten, auf Ablehnung stoßen. Ich bitte ihn inständig, bei den Bittstellern anzurufen. Ich werde es schon schaffen. Er schüttelt verwundert den Kopf. Das sei unmöglich. Doch ich beharre so lange, dass er schließlich nachgeben muss. Er tut es mit einem Augenzwinkern und den Worten, gerichtet an die Anwesenden: »Unser lackfrischer Lehrer will wohl die ganze Mongolei germanisieren!«

Jahrzehnte später wird diese Bemerkung jenes verständnisvollen Manns in einem Interview, leicht gewandelt, aus meinem Mund herausrutschen: »Damals wollte ich wohl am liebsten alle meine Landesleute einpreußen.«

In dieser Anfangsphase meines Berufslebens vermag ich es noch nicht richtig zu erfassen: Ich löse in meinem asiatisch-nomadischen Land, das in seiner langen Geschichte von so manchen Wellen getroffen worden und manchen auch unheilvoll erlegen ist, eine neue aus: den Hang zur Sprache, zur Kultur und zu der aufbauenden, wie auch zerstörenden Unruhe der Germanen.

Während ich so von einem zum anderen Ort haste, um die ihre Sprache an möglichst viele Menschen zu bringen, nenne ich mich in Gedanken mit einem gewissen Stolz den rasenden Lehrer, eingedenk des rasenden Reporters Egon Erwin Kisch. Dabei noch nicht ahnend, dass ich eines Tages noch triftigeren Grund haben werde, seinem Geist nachzustreben, der am Himmel des großen Journalismus nach so vielen Jahren immer noch leuchtet.

Am späten Abend kehre ich zu meiner Notunterkunft zurück, um dort die achtzehnte Nacht zu verbringen. Die Pförtnerin, diesmal eine recht nette Person, teilt mir mit, ich solle sofort zum Kontor des Konrektors für wirtschaftliche Angelegenheiten im Hauptgebäude gehen. Dort bin ich schon dreimal gewesen, zuerst allein, dann mit dem Leiter der Kaderabteilung und schließlich mit dem Dekan. Jedes Mal wegen einer Unterkunft, versteht sich. Doch der grauhaarige, leicht gebückte Mann mit Namen Ssambugai hat aus seinem Mund mit den auffallend schönen Zähnen alle drei Mal nur zwei Silben verlautbaren lassen, begleitet mit einem müden Kopfschütteln: »Nichts da.« Nun aber gibt er mir ein Zimmer im Studentenwohnheim! Und nicht nur das: Er hat meine Sachen bereits hinübertragen lassen und die Zimmertür dann »eigenhändig« abgeschlossen. Jetzt händigt er mir den Schlüssel ebenso »eigenhändig« aus – das sind seine Worte. Zittrig vor Freude, denke ich: Was ist in den Mann, der bisher aus Stein und Eisen erschien, mit einem Mal hineingefahren?

Später erfahre ich, der Genosse vom Zentralkomitee hat dahintergesteckt, nicht einmal ein Hochwichtiger, sondern nur ein Sachbearbeiter. Welch allgewaltige Macht steckt doch in diesem ZK, dem beobachtenden Auge, dem gespitzten Ohr und der geballten Faust der Partei. Jener Hochheiligkeit, besungen vom berühmtesten Staatsdichter Zegmediin Gaetaw: »Quellborn der Wasser, Gletschergipfel der Berge, Herz und Hirn des mongolischen Volks ist die Mongolische Revolutionäre Volkspartei!« Offensichtlich weiß er, wovon er spricht.

Ich renne die zweihundert Meter zum Studentenwohnheim I und betrete es außer Atem. Wieder sitzt eine ältere Frau hinter einem Tisch und auf einem Hocker beim Eingang. Schaut mich an und sagt: »Ich wette, du bist der Besitzer des umfangreichen, feinen Gepäcks!«

Ich bringe mit Mühe aus mir heraus: »Ja!«

»Weißt du schon, welches Zimmer du hast?«

»419.«

»Richtig, vierter Stock, Nordseite«, sagt sie und lässt mich passieren, ohne meinen Ausweis zu kontrollieren. Da ich so schnell davonhusche, ruft sie mir noch hinterher: »Vorsicht, Junge! Die Beleuchtung ist schwach!« Es ist eine nette, mütterliche Stimme. Was mir ein gutes Omen bedeutet. Tatsächlich werde ich hier ziemlich genau ein Jahr lang nach dem langen, anstrengenden Arbeitstag ein wunderbar erholsames Zuhause haben und in den allzu oft allzu knapp ausfallenden Freizeitschnipseln mich am Nektar der so sehr herbeigesehnten Zweisamkeit endlich berauschen dürfen.

2

Das Zimmer, drei mal vier Meter nach Augenmaß, sehr flüchtig gestrichen und mit zwei schmalen, nackten Stahlbetten, einem Kleiderschrank und einem Schreibtisch belegt, kommt mir auf Anhieb einladend vor. Jahre später werde ich über die Schwelle einer Dreizimmerwohnung und Jahrzehnte später über die eines zweistöckigen Einfamilienhauses als meine neue Wohnstätte treten. Ich weiß nicht, ob sie mehr Freude in mir auslösten als dieses Zimmer. Genauso werde ich, auf jeder neuen, vermeintlich höheren Stufe des Wohlstandes gelangt, nicht so recht wissen, ob ich das Glück der Zweisamkeit, ja, des Daseins noch intensiver erspüre, als ich es in dieser ersten Wohnstätte recht bald tun werde – merkwürdige Relativität der Dinge!

In jeder Lücke zwischen den dicht aneinandergereihten Unterrichtsstunden eines dahin und dorthin hastenden, überbeschäftigten Lehrerneulings – oder vielleicht: überambitionierten Neorevoluzzers von Hirn und Herz des träge-bequemen Mongolentums – eile ich zu einem Warengeschäft in erreichbarer Nähe und schaffe mir dieses und jenes an. So bin ich tagtäglich dabei, mir einen Haushalt, die Lebensgrundlage meiner künftigen Familie, aufzubauen. Da treffen auch die schweren Kisten und Kartons endlich ein, die ich vor Wochen zur Eisenbahn gebracht habe. Ich werkle und bastle Nacht für Nacht in meinem rappelvollen Zimmerchen und bringe schließlich eine recht gemütliche Wohnstätte zustande, die bereit ist, jederzeit beseelt zu werden durch eines der anmutigen weiblichen Wesen dieser Erde, um den auf es wartenden Platz einzunehmen und auch die ihm zufallenden Rechte und Pflichten mit mir zu teilen.

Eines Abends verlasse ich zu später Stunde das Hauptgebäude der Uni, mich endlich zu meiner Wohn- und Ruhestätte zu begeben. Da erblicke ich an der Bushaltestelle auf der gegenüberliegenden Seite der schwach beleuchteten Straße eine weibliche Gestalt, die zu mir herüberäugt, jedoch, sowie sich unsere Blicke treffen, schnell wegschaut. Das kommt mir irgendwie merkwürdig vor, sodass ich näher an den Straßenrand herangehe und genauer hinüberblicke. Eine kleine Weile später richtet die Gestalt ihren Blick noch einmal nach mir, und in dem Augenblick, wie sich unsere Blicke erneut treffen, merke ich, dass sie zusammenfährt. Im Bruchteil einer Sekunde wendet sie ihren Blick erneut ab und tritt hastig aus dem Licht. Irgendetwas kommt mir bekannt vor, oder es greift etwas Unbewusstes ins Spiel ein – rasch kreuze ich die Straße und eile auf den dunklen Umriss im Schatten zu. Da rennt sie vor mir weg. Ich beschleunige ebenso meinen Schritt, dem hellen Getrappel ihrer Absätze hinterher. Die nächste Lichtquelle rückt näher. So vermag ich ihre Gestalt genauer auszumachen. Dann rufe ich nicht allzu laut, aber gut hörbar: »Hassaa! Bleib doch endlich stehen!«

Sie bleibt abrupt stehen. Schaut zur Erde, anstatt sich zu mir zu drehen.

Ich frage, ob sie meinen Brief erhalten habe. Stumm schüttelt sie den Kopf.

Frage wieder, ob sie wenigstens den Brief vom Juli erhalten habe. Wieder dieselbe Geste. Ob sie in den letzten Monaten überhaupt zur Post gegangen sei? Abermaliges Kopfschütteln, ihr Gesicht immer noch stur zur Erde gerichtet.

Ich bin erschüttert. Doch muss ich weiter fragen: Ob sie beschlossen habe, mit mir Schluss zu machen? Sie zögert, weder ein Zeichen noch Bewegung.

Mit meiner Geduld am Ende, rufe ich: »Ist es so? Oder ist es nicht so? Rede doch endlich!«

Nächtliche Passanten nähern sich uns von hinten. Ich fasse sie behutsam am Arm und spüre durch ihren Mantel, dass sie heftig zittert. Ich führe sie mit sanftem Druck vom Bürgersteig. So treten wir, wie eingehakt, aus dem Licht in den Schatten naher Bäume.

Weitere Fragen, die mir in der Seele brennen. »Hast du schon einen Mann?«

Wieder schüttelt sie den Kopf, immer noch stumm und zur Erde schauend.

»Oder hast du schon jemandem dein Wort gegeben?«

Abermals stummes Kopfschütteln.

Ach, da fällt mir ein Stein vom Herzen. Ich drehe sie schwungvoll zu mir und umarme sie fest. Doch nun spüre ich heftigen Widerstand, sie versucht, sich aus meiner Umarmung zu lösen. Dabei lässt sie erstmalig einen menschlichen Laut aus ihrer Kehle hören, in einem flehenden und klagenden Ton: »Nein, nein. Fass mich nicht an, bitte!«

Doch ich denke nicht daran, ihrem Jammern nachzugeben. Presse sie noch heftiger an meine Brust. Und fange an, ihr Gesicht und ihren Hals, wohin ich mit meinen Lippen nur gelangen kann, mit Küssen zu bedecken.

Sie indes kämpft weiter. Sie ist stärker als gedacht und entkommt schließlich meiner gewaltsamen Liebesbezeugung. Sodass ich mir wie ein Verlierer, ja wie ein plumper Gewalttäter vorkomme. Nun bin ich nicht nur wegen meines vergeblichen Gefühlsausbruchs beleidigt, sondern auch beschämt wegen meiner Unfähigkeit. Aber ich darf den Faden, den ich soeben um die Finger gehabt, auf keinen Fall reißen lassen und mich wie ein gedemütigter Hund mit eingezogenem Schwanz aus dem Staub machen. Denn ich spüre deutlich, es ist der Zipfel von den Zügeln meines Lebens gewesen, den ich in Händen gehabt.

So stammle ich mit stotternder Zunge: »Einen Mann hast du nicht … Einen Geliebten auch nicht … Was hindert dich dann, neben mir den Platz einzunehmen, den ich dir einmal versprochen habe? Und auch den Raum, den ich in den letzten Tagen und Nächten gerade errichtet habe? Sag es doch … Um des Ewigen Blauen Himmels willen!« Ich bin nah an den Tränen.

Sie flüstert mit ebenso zittriger Stimme: »Frage mich bitte nicht danach …«

Ich aber stammle weiter: »Oder … Hast du mich von Anfang an nicht gemocht? … Warum hast du es mir dann nicht gleich ins Gesicht gesagt? … Oder mir nicht geschrieben? … Warum dann all die Briefe, die mich denken ließen, du wartest auf mich?« Da fange ich an zu weinen.

Sie bringt, mit zittriger Stimme, mühselig aus sich heraus: »Nein, nein … Ich war dir so dankbar, dass du mir damals das gesagt hast. Ich habe auf dich gewartet … Jahrelang … Dann aber …«

»Was war da? Sag es mir bitte schnell!«

»Nein … Frag mich bitte nicht danach. Du weinst … Ich beneide dich um deine Tränen. Ich habe schon alle meine Tränen ausgeweint, mich leer und trocken geweint … Ich kann dir den Grund nicht sagen. Ohrfeige mich lieber!«

Ich bin verwirrt. Versuche zu überlegen. Was tun?

Dann hole ich, schmerzenden Herzens, aber im brennenden Willen, den Grund zu erfahren, den sie mir nicht nennen will, mit der rechten Hand aus und versetze ihr auf die linke Backe ihres hell schimmernden Gesichts eine mittelstarke Ohrfeige. Fahre sogleich zusammen ob meiner Untat: Sie strauchelt, wie vom Sturmwind getroffen, und plumpst auf den nackten, harten Erdboden, o Schreck! Ich zerre sie sofort in die Höhe und versuche, sie auf den Beinen zu halten. »O verzeih, verzeih – ich wollte nicht so stark hauen.«

Ich höre ein leises Wimmern, ihre flache Hand klebt auf der getroffenen Stelle. Ich lege meine Arme erneut um ihre Schultern, zunächst vorsichtig, darauf immer beherzter und schließlich schon fest und sicher. Dies, weil ich keinen Widerstand mehr spüre. Im Gegenteil, sie schmiegt ihr Gesicht an meine Brust.

Sie fängt an zu weinen, zunächst verhalten, dann immer heftiger, je beherzter ich sie an mich drücke. Ich halte die Augen geschlossen, ziehe ihren weiblichen, fast milchig zarten Duft gierig in mich ein und glaube sogar, in der Kühle der Spätherbstnacht die Hitze ihres so geschmeidigen, so jungen Körpers durch die dicken Polster unserer Bekleidung zu spüren. Selig genieße ich diesen Zustand, das Warten ist mir recht. Doch irgendwann endet das Schluchzen, sie befreit sich sanft aus meiner Umarmung. Sie tritt einen Schritt von mir weg und holt hörbar tief Atem, um mir zu sagen: »Der Grund, weshalb du mich nicht anfassen solltest, ist: Ich habe ein Kind bekommen!«

Mir ist, als wenn mich ein Schlag auf das Schädeldach träfe, mir vergehen Hören und Sehen. Dann höre und sehe ich doch etwas: Ein leises, in die Länge gezogenes Wimmern, das von mir ausgegangen sein muss, und ein tiefschwarzer Schatten, der vor meinen Augen niedergeht, der ringsum den letzten Nachtschimmer verschluckt. Da entsteht ein Raum, in dem die Zeit stehen bleibt.

Dann findet ein Wortwechsel statt, bei dem die Stimmen wie Misstöne aus geborstenen Holzinstrumenten wirken.

»Wann ist das gewesen?«

»Vor einem halben Jahr.«

»Und der Vater von dem Kind will euch beide nicht mehr haben?«

»Er ist gar nicht dazu gekommen, zur Kenntnis zu nehmen, dass ein Kind kommen würde. Er ist tödlich verunglückt.«

Durch mein Hirn zuckt es: Eine wahrhafte Unglückskreatur – schwängert zuerst ein armes Waisenkind, kratzt dann selber ab …

Später begleite ich sie, gegen ihren leisen Widerstand, nach Hause. In groben Zügen erfahre ich das Wesentliche über ihr derzeitiges Leben: Sie arbeitet weiterhin als Köchin, nun aber nicht mehr bei der Familie jenes Bonzen, sondern im Gästehaus der Regierung. Sie wohnt bei einem kinderlosen Ehepaar, dies seit einem guten Jahr als deren Wahltochter. Wir stolpern über manche Erdbeulen und Schlaglöcher durch enge, dunkle Gassen eines der innerstädtischen Jurtenviertel. Dann höre ich, sie sei angekommen, und ich solle wiederkommen. Ich bleibe stehen, begleite sie mit Blick und Gehör, bis sie zuerst hinter einem Tor, daraufhin hinter einer Tür verschwindet. Auf dem Rückweg drehe ich mich wieder und wieder um und versuche, mir all die verschlungenen Kurven und Biegungen mit ihren Ecken und Winkeln möglichst genau zu merken.

Diese Nacht schlafe ich schlecht. All meine Gedanken drehen sich um die beiden. Sie tun mir bitter leid, weil die Mutter mannlos ihre Jugend verbringen und das Kind vaterlos aufwachsen muss und beide dazu verdammt sind, in einer so fürchterlichen Falte der Großstadt ihr Dasein zu fristen.

Um die brennenden Schmerzen in mir zu dämpfen, versuche ich, mich zu einem Gegengedanken zu zwingen: Hat die läufige Hündin denn etwas anderes verdient? Ist das nicht ihre gerechte Strafe für die begangene Untreue? Doch wird mir von dem Gedanken sofort schlecht. Daraufhin blitzt ein anderer hinter meiner Stirn auf und richtet sich gegen mich wie ein gezückter Dolch, ein geladenes Gewehr: Und du? Warst du denn selber deinem großspurigen Versprechen treu? Denk nur an Verena! Hätte sie deinen Größenwahn nicht sofort durchschaut und dich wie einen räudigen Hund abgewiesen, was für eine Suppe hättest du dir mittlerweile eingebrockt?

Da fällt mir eine Geschichte aus der Zeit des letzten Weltkrieges ein. Ein frisch verheirateter kasachischer Jüngling aus unserer Ecke geht zur mongolischen Armee. Dient dort zuerst die fünf Pflichtjahre seines Dienstes ab. Da dringen die Japaner im Osten in unser Land ein. Zwei Jahre dauert der Krieg. Als dieser endlich beendet ist, beginnen die Deutschen ihren Krieg im Westen. Die Soldaten werden an den Fronten gebraucht, keiner kann entlassen werden. Die junge Frau des Soldaten hat die ersten sieben Jahre brav ausgehalten. Als sich aber die Abwesenheit des Mannes ins Unermessliche zu ziehen scheint, geschieht, dass sie schwanger wird. Die Schwiegereltern teilen dies dem Sohn mit und fragen ihn um Genehmigung, sein untreues Weib davonjagen zu dürfen, ehe die fremde Brut auftauche und den guten Ruf der Sippe beschmutze. Was aber antwortet der Sohn? »Selbst wenn das Wesen, das bald aus dem Leib meiner Frau bald schlüpft, eine bunt gescheckte Schlange sein soll, zieht es bitte liebevoll auf! Denn es wird, geboren von meiner Frau, auch mein Spross sein!«

Eine gute Woche später ist ein öffentlicher Feiertag, der Jahrestag der Verkündigung unserer Volksrepublik. Darauf habe ich gewartet und auch vorgesorgt. Am frühen Vormittag fahre ich mit meinem Fahrrad zu Hassaa. Trotz des holprigen Geländes bin ich schnell dort und finde jenen Bretterzaun leicht. Mehrmals muss ich an das Tor mit Blechbeschlag klopfen, bis ein junger Kerl aus einer der drei Jurten herauskommt und mich und Dshuppi, mein germanisches Fahrrad, mit größter Neugier mustert.

Es ist eine große und wohlgeformte, auch wohlgepolsterte Jurte, auf die ich zugehe. Ich benötige etliche Herzschläge, bis ich mich zum Eintreten entschließe. Zuallererst nehme ich den Kinderwagen mit dem verchromten Gestell jenseits des Herdes wahr. Dann einen leicht gebückten älteren Mann im Küchenteil. Die Frau entdecke ich zuletzt, sie liegt noch im Bett links. Von Hassaa keine Spur, auch das Kind sehe ich nirgends, es muss wohl im Wagen mit dem hochgeklappten Verdeck schlafen. Es ist eine geräumige, gut ausgerüstete Jurte mit drei Betten, alle aus Stahl und mit hochgebogenen, verchromten Kopf- und Fußenden, von denen das rechte und mittlere schon aufgeräumt und die Vorhänge quer zugezogen sind, wie bei ordentlichen Familien. Der erste Eindruck zeugt von Ordnung und Sauberkeit.

Das Familienoberhaupt erwidert meinen scheuen Gruß freundlich und bittet mich, Platz zu nehmen. Er gießt Tee aus einer Thermosflasche in eine Schale, reicht sie mir und schiebt noch die Brotplatte und die Zuckerdose, die auf dem niedrigen, geräumigen Tisch bereitstand, herüber. Dann endlich kommt die fällige Frage, was mich zu ihnen führe.

Ich nenne meinen Namen, erwähne meine Arbeitsstelle und spreche dann aus, was ich auf dem Weg hierher viele Male vor mich hingeflüstert habe: »Ich weiß nicht, ob Hassaa hier zu Hause alles offenbart hat. Ich bin der Vater des Kindes. Ich zeige mich so spät bei Ihnen, weil ich im Ausland mit meinem Studium beschäftigt war. Erst vor Kurzem bin ich in die Heimat zurückgekehrt.«

Welch eine Aufregung diese Mitteilung bei den beiden Guten auslöst! Der Mann hockt sich mehrmals hin und steht wieder auf – er ist so verblüfft, dass er einfach nicht weiß, wie damit umgehen. Die Frau zieht den halb geöffneten Vorhang schnell zu, es raschelt eine kurze Weile dahinter, bis sie, schnell angezogen, in Erscheinung tritt und vor sich hinmurmelt: »Immer dasselbe bei verhangenem Himmel.«

Ich verstehe es als eine Entschuldigung für ihr spätes Aufstehen und übernächtigtes Aussehen. Der Mann sagt, an mich gewandt: »Meine Frau bekommt hin und wieder Kreislaufschwankungen.« Doch ihre Bewegung wie auch ihre Stimme zeugen von Munterkeit. Ihr Gesicht und Körper strahlen Anmut aus. Später werde ich dahinterkommen: Sie ist um ein reichliches Dutzend Jahre jünger als er und wird von so manchen aus ihrem Bekanntenkreis immer noch als die Schönheit von früher angehimmelt. Zumindest in den ersten Jahren hat er sie wohl sehr verwöhnt und die alte Gewohnheit nicht abgelegt, bei vielem schnell für sie einzuspringen.

Diese beiden sanften Wesen sind auffallend einträchtig miteinander, dazu herzlich und dankbar Außenstehenden gegenüber. Meine Mitbringsel, darunter das eine oder andere Germanische, versetzen sie in freudige Verlegenheit. Hassaa erwähnen sie im Gespräch nie direkt bei Namen, sie nennen sie ihre Tochter. Sie habe ihnen beiden die vom unerfüllten Kinderwunsch verhärtete Leber eingeweicht und sei nun die tragende Stütze der Familie. Dazu erfülle sie eine sehr ehren- und vertrauensvolle Aufgabe für Partei und Regierung. Leider habe sie beinah unbegrenzte Dienstzeiten. Gehe in aller Frühe von zu Hause weg und komme erst spät heim, an Sonn- und Feiertagen müsse sie besonders lange arbeiten.

Auch mich reden sie mit dem vertrauensvollen »mein Kind« an – wie gern nehmen meine Ohren das auf, wie gierig wird es von meiner Seele aufgesogen! Die beiden, die mir soeben noch völlig fremd waren, schaffen es innerhalb eines Vormittags, mein Herz für sich zu gewinnen. Dieses Menschenpaar hat seine vereinte Seelenpforte gleich vom ersten Augenblick an aufgetan für mich, den stolpernd Gehenden und tastend Suchenden. Mit ihrem hellen Lichtstrahl haben sie den Grund meines Innenraums erreicht. Ja, diese lichte Pforte wird mir all die folgenden – die finstersten! – Jahre meines Lebens hindurch den Weg weisen und Halt bieten und mir zwischendurch sogar ein wenig meine abwesenden Eltern ersetzen. Dem Zeitfluss vorauseilend, möchte ich schon an dieser Stelle erzählen, dass mir später die Ehre zuteilwurde, die eine wie auch die andere Hälfte dieser ursprünglichen Zweiheit, zusammengeschmolzen unter der Glut vieler Sommer und dem Eis vieler Winter zu einem Ganzen, am Ende ihrer Lebensfrist ins Grab tragen zu dürfen.

In der Jetztzeit stehen die beiden quicklebendig mitten im Leben und bereiten einen Eintopf mit kräftiger Hammelbrühe und selbst gemachten Nudeln zu, jenes einfachste, aber auch bekömmlichste aller Jurten-Gerichte. Inmitten dieser geübten, doch auch anstrengenden Tätigkeit meldet sich wenig später das Kind. Da die beiden beschäftigt sind, eile ich zum Kinderwagen und sehe es zum ersten Mal, das Kind.

»Schau dir, mein Kind, deinen Spross an!«, sagt die Frau, während sie ihre Hände schnell an einem Tuch abwischt. Ermuntert von den Worten, denke ich: Ja, endlich! Hier bin ich, he du, mein Sohn!

Das drollige Geschöpf räkelt sich in der licht- und luftzuggeschützten Kuhle. Darüber gebeugt, schicke ich in den Raum die hilflose Frage, was ich denn tun solle. Sie ruft, sie käme gleich, doch ich könne das Verdeck schon ein wenig zurückschieben.

Ich schaue genau zu, wie sie es angeht und das Kind trockenlegt. Es ist ein Junge. Und es ist ein hübscher Junge. Was mich besonders beglückt: Sein Gesichtchen will mir vorkommen, als sei es ganz nach der Mutter geschnitten. Schmatzend saugt er am babyfaustgroßen Schnuller aus rohem Hammelschwanzfett. Dann reicht sie ihn mir behutsam auf den Schoß, mit den Worten: »Hier ist dein Sohn, Vater, begutachte ihn!«

Wie wild mir das Herz pocht! Meine Brust ist erfüllt von Freude wie auch von Angst. Der Duft, der neulich von Hassaa ausging, strömt mir wieder entgegen und betört mich. Mit jedem Augenblick, der in mir verrinnt, mit jedem Herzschlag, der durch mich stolpert, gewöhne ich mich ein wenig mehr an meine Rolle als Vater – die Angst legt sich, die Freude nimmt zu.

So kann ich mich wieder an der Unterhaltung beteiligen. Ich erstatte Bericht darüber, wie ich das kleine Studentenzimmer in eine gemütliche Wohnstätte für uns drei verwandelt habe. Da ich darauf eine gedämpfte Stimmung spüre, beeile ich mich, die beiden zu trösten: Natürlich werden wir einen Weg finden, dass das Kindchen morgens zu Opa und Oma gebracht und erst abends wieder abgeholt wird. Da wird mir freilich bewusst, dass dieses leichthin Versprochene schwer machbar werden könnte. In diesem Augenblick spüre ich etwas Heißes auf meinem Schenkel und fahre ruckartig hoch. Der Opa merkt es gleich und sagt ein wenig schuldbewusst: »Oje, schon ist ein kleiner Unfall passiert!«

Die Oma bleibt dagegen gelassen sitzen und sagt: »Das ist ein gutes Omen – Geschwisterchen werden folgen!« Daraufhin lachend zu mir: »Das war nun, mein Kind, die erste ernste Botschaft deines Sohnes – Passt auf, Herr Vater, mit mir werdet Ihr durch manche zusätzliche Mühe hindurchmüssen!«

Ich wringe die nasse Stelle aus und hoffe, sie trocknet in der warmen Jurte bald wieder. Das Essen schmeckt, wie es sich gehört, und erinnert mich an die Elternjurte. Und mir fällt auf: Dies ist das erste gute Mahl, das ich unter meinem gewichtigen Titel »Universitätslehrer« mit einer solchen Hingabe habe essen können.

Mit einem Mal geht die Jurtentür auf, Hassaa tritt herein. Und bleibt wie vom Donner gerührt stehen. Ich fahre hoch, gehe auf sie zu, greife nach ihrer Hand, sage gut hörbar: »Ich bin schon eine ganze Weile hier und habe mich mit deinen Eltern schon recht dick befreundet.« Füge dem dann leise hinzu: »Und bin der Kindsvater.«

Sie ist vorbeigekommen, um das Kind schnell zu stillen. Wie ich nachher erfahre, wurde sie mit einer schwarzen Regierungslimousine herübergebracht.

Wenige Tage danach, zu später Stunde, zeige ich Hassaa mein Nest. Nochmals Tage danach, zu ebenso später Stunde, klopft der Vater bei mir an. Noch ein wenig später, nun zu recht früher Stunde, überraschen mich draußen vor der Tür alle vier: Hassaa mit Kind und den Pflegeeltern.

Ich bekomme einen Schreck, denn ich bin schon auf dem Weg zur Arbeit. Trotzdem bitte ich alle herauf ins Zimmer. Ich bitte sie, sich wie zu Hause zu fühlen und mit allem, was sie vorfinden, nach Belieben umzugehen und zu wirtschaften. Sollte ihnen die Zeit zu lang werden und wollten sie lieber nach Hause gehen, dann sollen sie den Schlüssel beim Pförtner abgeben. Daraufhin drehe ich mich um und verlasse das Zimmer, wohl wissend, so schnell kann der Sinn meiner Worte bei keinem von ihnen ganz angekommen sein.

Es ist ein Freitag, der stressigste Tag der ganzen Woche – da wechsle ich zwischen allen vier Hochschulen hinüber und herüber. An diesem Tag bin ich wohl der mobilste Staatsdiener der Volksrepublik, denn eine jede der drei Hochschulen schickt ihren Dienstwagen, um mich abzuholen, wobei die letzte, die Landwirtschaftliche, weit weg vom Stadtkern, verpflichtet ist, mich zur Uni zurückzubringen. An diesem Tag finde ich, sosehr ich auch darauf hoffe, kein freies Viertelstündchen für einen Sprung nach Hause.

So haste ich nach zehn Stunden Unterricht endlich zum Wohnheim zurück. Frage dann bei der Pförtnerin pochenden Herzens nach dem Schlüssel und bekomme eine verneinende Antwort. Oh, wie mich das freut! So sehr, dass ich, trotz allen Bestrebens, meine berühmt-berüchtigte Affengeschwindigkeit zu zügeln, manche Stufen überspringend, die Treppen hinaufrenne!

Hassaa macht mir auf. Wohnwärme, geschwängert mit einem Duftsturm von Essen und Menschenatem, weht mir entgegen. Fest verpackt in ein morgensonnenrotes Deckchen, schläft auf dem linken – meinem! – Bett das Kindchen. Das Fenster, bisher nackt, ist nun von einem Vorhang aus grünlich weißem Tüll verdeckt. Dies und das ist da und dorthin leicht verstellt. Der ganze Raum mit dem wenigen Mobiliar und seinen Utensilien strahlt wie unter einem neuen Licht, einer neuen Farbschicht.

Ich bin in der Zimmermitte stehen geblieben, wie festgenagelt. Vielleicht träume ich? Da sehe ich Hassaas lächelndes junges, schönes Gesicht und höre ihre sanfte, wohlklingende Bruststimme: »Was ist? Leg doch ab und komm. Das Essen wartet seit Stunden auf dich. Willst du dir nicht wenigstens die Hände waschen? Willst du zur öffentlichen Waschecke im Korridor gehen? Oder soll ich dir Schüssel und Wasser und Seife reichen? Was ist denn? Sag endlich ein Wort!«

Da bringe ich stotternd heraus: »Sag mir, bitte ... Träume ich?«

»Nein, du träumst nicht. Ich und das Kind sind zu dir ... gekommen ...« Sie sagte es sanft und lachend, doch dem Ende zu lässt ihre Stimme mit jedem Wort nach und bricht schließlich. Dabei sehe ich ihre Augen in Tränen schwimmen.

Ich umarme sie und gelange mit meinen Lippen zu ihrer Wange, ihrem Auge und schließlich auch zu ihren Lippen. Und spüre dabei keinen Widerstand mehr, aber auch keinen Sog. Es ist auf beiden Seiten ein eher ungeschickter Beginn der Bereitschaft, einander hinter die Außenrinde einzulassen. Doch es ist unser erster, richtiger Kuss, den wir nie vergessen werden.

Nachher werde ich erfahren, dass wir unseren gemeinsamen Anfang, unser erstes Glück einer Erkältung zu verdanken haben, die das Kindchen erwischt hat. Die Mutter konnte deswegen für drei Tage von der Arbeit freigestellt werden. Was dann vom zuständigen Arzt zweimal, für weitere drei Tage, verlängert wird. In diesen neun Tagen – richtiger: in den knapp bemessenen Morgen- und Abendstunden und den, ach, so kurzen neun Nächten, da ich ja alle Tage voll zu unterrichten habe – erfahren wir beide erstmalig, welches Wunder, welch reinigende, heilende Kraft und ernährender, erneuernder Saft in der Zweisamkeit steckt.

Man liest von Hochzeitsreisen frisch Vermählter auf anderen Erdteilen. Wir zwei, bisher zwei getrennte Bäche, nun ein

Flüsschen, werden nie die Gelegenheit haben, uns auf so eine Reise zu begeben. Doch will ich meinen, die Stunden dieser neun Frühwinternächte sind nach ihrer Dichte und Fülle und Folge durchaus in der Lage, auch der kostspieligsten Hochzeitsreise dieser Welt standzuhalten.

Das bescheidene Studentenzimmer schenkt uns nicht weniger Wohlbehagen, als der schönste Palast der Welt es je vermöchte. Wir leben verliebt, nicht nur ineinander. Nein, vielmehr in alles, was unser Dasein ausmacht: in den Raum, der uns beherbergt, in unsere Berufe, die von uns im Grunde unmenschlich harten Einsatz fordern, in unser Heimatland als auch in die große Welt, in das eigene Volk, in die ganze Menschheit, in das endlos große All und in die Schöpfung insgesamt – kurz: in alles und alle. Wir leben lohend und leuchtend hell in uns, schwebend leicht miteinander, schlafen und ruhen wenig, schaffen und bewegen viel. Was wohl nur deswegen möglich ist, weil die auf alles zustrebende und jegliches einbeziehende Lebensart imstande ist, unsere jungen, empfänglichen Körper nach jeder Verausgabung schnell und gut wieder aufzuladen.

Im Blick zurück scheinen mir diese Tage und Nächte, Wochen und Monate mitunter wie ein Wahnsinn auf seiner höchsten Stufe. Doch dann streite ich immer mal wieder mit mir selbst darüber: Wahnsinn? Ja, stimmt! Aber nur damals? Oder andauernd bis auf den heutigen Tag, bis zum jetzigen Augenblick? Zwei Stacheln reizen mich zu diesem inneren Streit: dass mein Leben als Mensch auf Gottes Erde so arg befristet ist zum einen, und zum anderen, dass ich es seit Langem schon mehr als eine Last und Pflicht empfinde, und nicht mehr als ein beseligendes Recht.

Doch zurück zu den hell lodernden, aufnahmebereiten und zur Verausgabung fähigen Tagen der Jugend! Ja, wir schaffen es, drei Dinge unter eine Haube schmerzlos zusammenzubringen: unsere nicht gerade einfachen Berufe, unser junges, empfängnisbereites wie auch gebendes Leben und das Aufziehen unseres Nachfahren. Ohne die beiden lieben Menschen, zu denen wir beide längst Vater und Mutter sagen, würde es uns nicht so ohne Weiteres gelingen. Solange die grimmige Kälte noch nicht da ist, bringe ich unser Kind morgens mit dem Fahrrad hin. Dem warm verpackten Knirps, dessen Wollmützchen mit dem flatternden Bommel aus dem Rucksack herauslugt, schicken die Passanten am Straßenrand, wie auch die Menschen in den Bussen, einen herzenden und kosenden Blick hinterher, was zu der Grundstimmung, die mich erfüllt, genau passt. Abends bringt ihn der Großvater im Wägelchen geschoben. Öfters kommt die Oma in aller Frühe und bleibt den ganzen Tag lang beim Enkel. Auch kommt vor, dass wir alle drei die Nacht in der Jurte verbringen, was die alten Leute besonders erfreut.

Dieses Kindswesen hat von der ersten Stunde an einen genauso festen Platz in meiner Herzjurte eingenommen wie später seine drei jüngeren Geschwister auch. Als dann die Mutter stirbt, räume ich ihm darin einen besonderen Platz ein. Zunächst gibt es einen äußeren Grund dafür: Er ist unter unseren Sprösslingen von Natur aus mit der kleinsten Portion »neuzeitiger Schläue« ausgestattet, ist auch mit den meisten Nachkommen gesegnet – mit drei Buben und einem Mädchen, genau wie bei seinen Eltern. Und der Himmel hat ihm eine Frau zugesellt, die uns beiden vom ersten Tage an mehr Tochter war als Schwiegertochter.

Dann aber gibt es auch einen inneren Grund. Hassaa wird mir das Geheimnis erst in ihren letzten Stunden enthüllen: Unser Erstling sei nicht von einem, der später verunglückt wäre, sondern von jenem Bonzen, der sie in ihrer Hilflosigkeit überfallen hat. Kurz daraufhin sei sie von der Familie weggegangen, im Innersten verletzt. Da der Verbrecher noch lebte und weiterhin an der Macht war, als ich aus dem Studium zurückkam, hatte sie mir aus Angst, ich könnte mich mit ihm anlegen, eine erfundene Geschichte aufgetischt.

Nun wohne ich mit diesem Sohn und seiner Familie die meisten Tage und Nächte des Jahres unter einem Dach, obwohl er und die Seinen nebenan über ihr eigenes Obdach verfügen. Es sieht sehr danach aus, als würden sie mich nie allein in dem plötzlich zu groß und zu still gewordenen Haus lassen. Manchmal, in nachdenklichen Augenblicken, unseren Ältesten im Sinne, denke ich an jenen Machtmenschen: He, du Bonze mit deiner laut herausgekehrten kommunistisch-sauberen Moral, du Bock mit deinen heimlichen Gelüsten! Ich wäre bereit, dich umzubringen wegen meiner blütenfrischen Hassaa, die du geschändet hast! Wäre aber auch ebenso bereit, mich bei dir zu bedanken, wegen des Kindes, das mir das Schicksal geschenkt hat!

Wenn es so weit ist, dass mein Körper sich zur großen Ruhe zurückziehen will, dann wird der, dessen erstes Wort tatsächlich an mich gerichtet war, als Ältester unter den Geschwistern den obersten Platz hinter meinem Sarg einnehmen.

Doch zurück zu den Anfängen: Diese Zeit ist die einzige seidenzarte, honigsüße Phase meines Lebens gewesen, ein Leben, das mir im Späteren oft zu sehr angefüllt mit Fährnissen, Schwernissen und Quernissen vorkommt, in vielem zu düster, zu brutal und ungerecht.

Genau in den Stunden, als jenes Studentenzimmer aufhört, unsere Wohnstätte zu sein, erblickt – noch in den vertrauten vier Wänden – unser nächstes Kind das Licht der Welt: das einzige Mädchen unter den drei Buben.

Der Grund, weshalb wir ausziehen mussten: Das Zimmer wurde gebraucht für einen ausländischen Studierenden. Die ganze vierte Etage war für Ausländer gedacht, darum auch waren die Zimmer nur mit zwei Betten belegt, während Einheimische zu viert in einem Raum unterkommen.

Während die Sanitäter kommen und die bereits Entbundene mit dem Frischling ins Krankenhaus mitnehmen, haste ich schnell zu dem guten Dekan und bitte ihn um Rat. Er gibt mir nicht nur diesen einen Tag frei, sondern auch einige Studenten mit, sodass ich beim Umziehen Unterstützung habe. Der Prorektor hat mir schon vorher einen Transporter versprochen, um unsere familiären Habseligkeiten zu verschieben.

Untergebracht werde ich in einem noch engeren, halb verfallenen Raum, in einem Wohnhaus, eine halbe Stunde Fußweg von der Uni entfernt.

Wieder gehe ich mit all meinen Kräften gegen die Schwierigkeiten an, als Quersumme von einem durchgegerbten Körper und einem geweckten Geist. Der Körper, geformt, geschliffen und gefestigt von der kalten, kahlen, kargen Altai-Bergsteppe. Der Geist, gesprossen und gediehen unter dem Himmel des pingeligen, urfleißigen und unnachgiebigen Europas.

Dieses Mischwesen bringt es mit manchem Schweißausbruch erneut fertig, das staub- und schmutzstarrende, finster-kalte Loch in einen zwar sehr bescheidenen, aber doch erträglichen Wohnraum zu verwandeln, bis vier Tage später, aus dem Krankenhaus entlassen, die Seele unserer Familie mit dem neuen Kindchen einzieht. Nun sind wir wieder zusammen, wieder zu dritt – den Jungen haben wir vor dem Umzug zu Opa und Oma gebracht. Dort wird er die meiste Zeit seiner Kindheit verbringen und auf diese Weise zu einem der Großelternkinder dieser Welt werden. Der wesentliche Grund ist der weite Weg, der unser neues Obdach von der Jurte der beiden Lieben trennt.

Hassaa darf die ersten drei Monate beim Säugling bleiben. Danach soll das Kind zur Kinderkrippe gebracht werden, weil sie wieder arbeiten muss. Doch wir entscheiden uns für einen anderen Weg: Ich lasse aus dem fernen Altai meine Mutter kommen. Zu unserem Glück gehört, dass Hassaa in der Schwiegermutter von Anfang eine Mutter sieht.

Hassaas Dienststunden sind nun dergestalt, dass es mit der Baby-Stillpause in der Mitte des Arbeitstages nicht immer klappen will. Vielleicht hat dies dazu geführt, dass der Säugling mit sechs Monaten eines Abends die Mutterbrust ablehnt und von seinem Widerstand nicht wieder abrückt. Zu diesem Zeitpunkt wächst im Schoß der Mutter schon unser nächster Nachkomme. An einem der nächsten Tage sagt Mutter: »Da das Kind die Mutterbrust nicht mehr braucht, sehe ich keinen Sinn mehr, es in diesem engen Loch einzusperren. Wäre es nicht klüger, wenn ich es nach Hause, in die gute Luft unseres Hochaltai mitnähme? Was meint ihr zwei dazu?«

Wir beraten uns und erwägen die Umstände. Mutter ist zweiundsechzig und Vater fünfundsechzig Jahre alt. Ob sie noch einen Säugling aufziehen können? Wird es ihnen nicht zu viel?

Mutter meint, in alten Menschen stecke in der Regel mehr, als Jüngere es ihnen zutrauen. An diese allgültige Weisheit muss ich in späteren Jahren selbst immer wieder denken und versuche, die Jüngeren davon zu überzeugen.

Haben wir überhaupt eine Berechtigung, die Eltern, die uns in so schweren, entbehrungsreichen Zeiten großzogen, im Alter noch einmal mit der vollen Sorge und Pflege unserer Nachkommen zu belasten?

»Ach, was!«, sagt Mutter schlicht. »So umständlich denken wir Nomaden nicht. Mit sechzig lebt man ohnehin nur noch für seine Kinder, ständig wach und bereit, jedes Ungemach, bestimmt für sie, selber auf sich zu nehmen.«

Nach solchen Worten haben wir nichts mehr zu sagen. Wenige Tage später setzen wir das grauhaarige, knupplige Mütterchen, beladen mit einer gut verpackten Enkelin nebst einem Beutel voller Reiseutensilien, ins Flugzeug. Womit das Leben eines weiteren Großelternkindes seinen Anfang nimmt.

Dieses Kind wird erst mit vollen neun Jahren zu uns zurückkehren, und Hassaa wird weinen, als sie ihr Kind nach Jahren erstmals besuchen kann und seine Sprache nicht versteht, weil es tuwinisch aufgewachsen ist. Unser Ältester wird den Weg zum Elternherd erst im Erwachsenenalter wiederfinden. Der Grund dafür ist auch, dass es allen beiden, den Kindern wie auch den Alten, gewöhnt an die wärmende, beruhigende Nähe des anderen, schwerfällt, sich voneinander zu trennen.

3

Die späteren beiden Kinder, getrennt durch drei Jahre voneinander, lasten nun mit voller Wucht auf uns. Wir kommen mit dem Druck dieser Last wohl nur zurecht, weil es in unserem menschlichen Wesen liegt, alles zu ertragen, außer einer Reihe von guten Tagen – wie schon mein gottgleiches Vorbild Goethe erkannte.

Die schweren Wohnverhältnisse, dazu die übermäßig harte Arbeit, die man möglichst gut auszuführen bestrebt ist, weil man sie als füllenden Lebensinhalt sieht und daher gern macht. Und obendrauf die Bürden mit dem Kleinkind, das Morgen für Morgen zur Kinderkrippe, später zum Kindergarten gebracht, Abend für Abend wieder abgeholt und danach auch noch beaufsichtigt werden muss.

Die allerengste von diesen drei Beengungen entsteht wegen der Beaufsichtigung unseres Kindes in den Zeiten, da die Arbeit keinem von uns beiden erlaubt, früh genug nach Hause zu gehen. Zunächst können wir nicht umhin, abwechselnd die Arbeit zu schwänzen. Doch nach diesem schweren, schwersten Anfang findet sich doch ein Umweg, der diese klaffende Wunde in unserem von der Uhrzeit diktierten Lebensalltag letztendlich zu schließen vermag. Dies sicher dank des Fleißes, der in Hassaa wie auch in mir vielleicht schon angeboren und auch durch glückliche Umstände weiter gefördert worden ist.

Hier nun eine entlastende Erklärung zu diesem soeben verkündeten Selbstlob: Es handelt sich bei unserer neuen Bleibe um eine enge und schäbige Nische, die vor uns schon mehrere Notleidende angeschaut und abgewiesen hatten, wie wir bald erfahren werden. Ringsum wohnen vorwiegend junge Lehrer der Uni, einige davon noch Junggesellen. Es ist ein ganzes Stockwerk, mit gut dreißig Türen über sechs Treppen, in einer jener alten kastenförmigen Wohnkasernen für Arbeiter. Hinter jeder Tür steckt nun eine Familie. Ein Bretterverschlag in der Mitte des langen Korridors enthält drei Toiletten mit Trennwänden, daneben ein Waschbecken nur mit Kaltwasser.

Diese Toiletten und den Korridor einigermaßen sauber zu halten, schien bisher unmöglich. In der Nacht, bevor ich meine Frau mit meinem Kind aus der Entbindungsanstalt nach Hause holte, habe ich die ganze Fläche gesäubert, dazu auch die Treppen bis zum Hauseingang und anschließend einen ganzen Sack Müll weggeschafft. Habe bei der Gelegenheit auch einen der Aborte, und zwar den vom Fenster am weitesten entfernten, einigermaßen gesäubert. Dies, weil ich merkte: Die Menschen, die herbeieilen, um ihre Notdurft zu verrichten, sind bestrebt, möglichst die dem Fenster nähere Zelle zu nehmen, weil man, dort hockend, etwas mehr Außenluft hat.

Man darf daraus nicht etwa schließen, hier herrsche eine wüste Unordnung. Nein, es herrscht auch über diese Menschengemeinschaft, wie überall im ganzen Land, der eherne Geist einer strammen Organisation. Es gibt ein fünfköpfiges Etagenkomitee, und, diesem untergeordnet, eine dreiköpfige Hygienekommission. Beide haben verordnet: Jeden Samstag um 17 Uhr eine Subbotnik-Stunde und anschließend die Wochenversammlung der Wohngemeinschaft. Pflicht sei, dass aus jeder Familie eine Person erscheine. Der Chef der

Wohngemeinschaft werde die Teilnahme schriftlich kontrollieren und die Versammlung protokollieren – na, bitte! Nur, ach, Himmel, Himmel, und wieder Himmel! All diese wundersame, eigentlich auch wunderbare Organisation existiert, wie die allermeisten Bauteile unseres sozialistischen Planhauses, nur auf dem Papier. Oder als leichthin gedroschene patriotische Phrase, vielleicht noch in einer leichtfertig vorgetäuschten Pfuscherei, verkauft für Arbeit. Als schnelles Fertigfutter für die Propagandamaschine, die nie und nimmer satt wird! Alles ist Selbstbetrug – durchorganisiert von oben bis unten im Namen des Volks und des Vaterlandes. Im Grunde ein offen geübtes schweres Verbrechen vor beiden, weil nichts davon stimmt!

Auf so einer pflichtgemäßen, inhaltsleeren Versammlung wage ich einen Versuch: »Zu dieser Wohngemeinschaft gehört eine ganze Anzahl von Leuten im Rentenalter oder solchen, die, aus welchem Grund auch immer, unter keinem Zeitdruck stehen. Wenn von diesen jemand bereit wäre, mit mir eine Vereinbarung zu treffen, dann würde die ganze Fläche in der Etage samt Toiletten und Treppen bis zum Hauseingang jeden Morgen so sauber ausschauen wie in diesem Augenblick. Das würde doch allen guttun!«

Die erwachsenen Menschen, die bis soeben wie zu Tode gelangweilte Kinder nur aufs Ende der Versammlung gewartet haben, schauen her und horchen auf. Der Protokollführer ruft mit amtlich gewichtiger Stimme: »Ruhe, Genossen!« Und fragt mich sogleich: »Was für eine Vereinbarung wäre das?«

Ich sage: »Was ich anbiete, habe ich genannt. Als Gegenleistung erwarte ich von der Wohngemeinschaft: Unser Kind wird aus der Kinderkrippe, zweihundertfünfzig Schritte vom Haus entfernt, abends abgeholt und im Durchschnitt drei Stunden lang beaufsichtigt, bis einer von uns beiden kommt. Wer es tun will, kann das Kind bei sich behalten oder mit ihm zu uns in die Wohnung gehen. Und er wird von uns zusätzlich bedacht, unabhängig von der Pflicht, die ich, einem Ehrenauftrag gleich, gewissenhaft erfüllen werde!«

Nach kurzem Zögern meldet sich eine rüstige Frau: »Dass du dich zur Sauberhaltung der Toiletten entschließt, mein Junge, macht mir schon sehr deutlich, wie arg ihr es wegen eures Kleinen habt. Ich helfe euch, ohne jegliche Gegenverpflichtung. Ich habe selber Kinder, die wären ohne mich in ähnlicher Lage. Nun aber hast du dein Wort so vielen Menschen gegenüber gegeben. Deshalb will ich dich nicht davon herausreden. Ja, schön wärs schon, wenn zu diesen engen Unterkünften wenigstens die Außenumgebung etwas sauberer wäre.«

Diese Worte sind aus der Seele einer Mutter mit sicherlich nomadischer Prägung gesprochen. Ich bin glücklich und entschlossen, Wort zu halten dieser vielköpfigen Menschengemeinschaft gegenüber. Ich werde mich dabei an die landesweit niedrigste Bevölkerungsschicht aus lauter Frauen in kümmerlichsten Verhältnissen erinnern, die gezwungen sind, diese Arbeit zu erledigen, und mich auf deren Seite wissen.

Dann melden sich noch zwei Personen: Ein Mann in fortgeschrittenem Alter, doch von einer erstaunlichen Rüstigkeit, und eine ziemlich junge Frau, die sagt, sie sei wegen einer Dauerbeschwerde vorzeitig berentet worden und habe daher auch Zeit genug.

Nun bedanke ich mich bei allen, besonders bei den dreien, und sage ihnen, sie könnten sich ja zusammentun und eine Kerngemeinschaft bilden, von der ich vorhin gesprochen habe. So sei es in anderen Ländern üblich. Ich habe, als dies meiner Zunge entschlüpfte, keine fremden Länder im Sinn gehabt, sondern jene Menschengemeinschaft, die mich am Anfang meines Erdendaseins in ihrer sanften, behütenden Mitte eingeschlossen und auf Dauer geprägt hat.

Diese Idee, kundgetan bei einer so gehaltsarmen Versammlung, aber gezeugt unter peinigendem Druck im Lebenskessel, und viele Tage und Nächte gebrütet in der Stille meiner Hirnschale, schlägt schnell Wurzeln im Alltag unserer Wohngemeinschaft. Sie schwappt über zu anderen Wohngemeinschaften in unteren und oberen Etagen, in Nachbarhäusern, ja sogar zu anderen Stadtvierteln. Eines Tages liest man sogar in Zeitungen von Wohngenossenschaften mit ähnlichen Zielsetzungen. Und eines noch ferneren Tages, als die Landespolitik, diese scham- und gewissenlose Hure, sich um ihre eigene Achse drehen und in die entgegengesetzte Richtung rutschen und huschen, pfuschen und wettern wird, da wird, wer will und kann, einen Haus- oder Jurtenkindergarten unter eigenem Dach betreiben und daraus sein Leben bestreiten.

Heute ist aus jenem arbeitssüchtigen Idealisten, brennend bereit, einem Ideal zuliebe, blinden Raubbau am eigenen Leib zu betreiben, ein halb ausgebrannter, älterer Mann geworden. Wenn die Bestandsaufnahme fällig wird, denkt er mit unverblümtem Stolz und innigster Wärme an diese Stationen seiner Odyssee. Wofür es auch einen speziellen Grund gibt: Der kleine Junge, der mit Anteilnahme und Hilfe so mancher Mitmenschen gedieh, zeichnet sich unter den vier Geschwistern als das geselligste Wesen aus. Jeder Mensch, der am Gedeih des hilfebedürftigen Wesens beteiligt war, hat ihm wohl ein Stückchen seines Herzens mitgegeben.

Unser Sprössling sei ein besonderes Kind, heißt es bald. Sei ausgesprochen gut gelaunt und meistens von einer ansteckenden Fröhlichkeit. Alle im Haus kennen es mittlerweile, und die meisten nennen es »unser Kind«. Bei anderen heißt es das »Gemeinschaftskind«.

Ich verrichte meine Kehr- und Putz- und Wischarbeit gut, bin auch selber jedes Mal stolz, wenn ich auf die Sauberkeit schaue. Was für die Arbeit eines Saubermachers benötigt wird, habe ich sogleich angeschafft: lang- und kurzstielige Besen, Bürsten, Schaufel, Gummihandschuhe, Eimer, Lappen, Kernseifen und Chloramin. Um diese meine Arbeitsgeräte unterzubringen, zimmere ich mir eine Holzkiste und stelle sie in eine Nische. Als die Schaufel wegkommt, bringe ich ein Vorhängeschloss an. Man neckt mich, ich sei die bestausgebildete und bestausgerüstete Reinigungskraft der ganzen Volksrepublik.

Auch meine Hassaa kann die Hausgemeinschaft gelegentlich mit Gefälligkeiten motivieren. Dort, wo sie arbeitet, herrschen viele strikte Regeln. Eine davon: Die von ihr und ihren Kolleginnen zubereiteten Speisen müssen innerhalb von vier Stunden verzehrt sein. Danach müssen sie unter Aufsicht des zuständigen Arztes durch frisch zubereitete ersetzt werden. Da kommt es schon hin und wieder vor, dass die Führer der Partei und Regierung oder deren Gäste verspätet zur Tafel erscheinen. In dem Falle darf das Küchenpersonal die ohnehin für die Abfalltonne bestimmten Speisen selber essen oder mit einer Sondergenehmigung des Chefs nach Hause mitnehmen. Noch einfacher ist es nach großen Staatsempfängen: Da wird alles, was übrig bleibt, unter das Küchenpersonal verteilt.

Also bewirtet Hassaa die an der Betreuung unseres Kindes Beteiligten mit den erlesenen Leckerbissen aus der obersten Staatsküche. Diese Köstlichkeiten werden, besonders von den Älteren, ganz besonders verehrt: Wenigstens einmal im Leben dürfen sie von etwas kosten, das sonst nur die hohen Führer bekommen, jene Männer also, deren riesige Bildnisse in schweren

Holzrahmen man bei Demonstrationen zu Feiertagen immer zu viert ehrfurchtsvoll zu tragen pflegt.

Uns fällt auf: Nach wenigen Tagen finden wir den Jungen und seine Hüterin meistens bei uns zu Hause. Anfangs halten wir es für ein Zeichen des gewachsenen Vertrauens. Später aber merken wir, es steckt mehr dahinter. »Man fühlt sich bei euch einfach wohler«, hören wir. Später erfahren wir, die Leute würden unsere zwergenhafte Notbehausung »die schmucke Stube der ganzen Etage« nennen.

Anfangs kommt mir das wie eine Spöttelei vor, ich bin verstimmt. »Wie können Leute so reden, die das Zimmer gar nicht gesehen haben?«, frage ich unsere Hüterin.

Da gesteht die Gute, stotternd und errötend: Sie hat gleich nach dem ersten Besuch ihren Kindern begeistert erzählt, wie hier die vielen Bücher und der sonstige Hausrat hoch an den Wänden dachwärts platziert seien. Daraufhin ist ihre Schwiegertochter mitgekommen und hat alles bestaunt. Dann der Sohn und nach und nach auch weitere Neugierige. Wir müssen lachen, als wir uns vorstellen, wie die vielen Gaffer unsere Notlösung bestaunt haben. Zum Schluss freuen wir uns sogar, weil wir hören, manche hätten es uns nachgemacht. Tatsächlich werde ich von dem einen und anderen angesprochen, was man wie machen könnte, um unten mehr Wohnplatz zu gewinnen.

Der knallvolle, kunterbunte Alltag macht mir bewusst, dass ich nach so vielen Lehrjahren nun ein völlig anderes, substanzielleres Leben lebe. Ich gebe mich diesem gern und gänzlich hin. Auch der eher lästigen Sauberhaltung von Toiletten, die jeder Putzkraft Kopfzerbrechen bereitet. Tagtäglich kommt vor, dass der Fußboden unter einer Pfütze schwimmt und manchmal auch der Kot im Klobecken liegen geblieben ist.

Ich beschließe, dagegen anzugehen. Ich stelle in die sichtbarste Ecke jeder Zelle, groß und gut lesbar beschriftet, eine an der Schulter abgeschnittene, stabile Plastikflasche zum Pinkeln für die Männer. Dazu einen Kloreiniger aus dem schaufelförmigen Schlauchgummi eines Autoreifens, befestigt an einem ellenlangen Weidenholzstock, gesteckt in ein schweres, geräumiges Salatglas. Zudem klebe ich an die Innenseite der Tür ein Blatt Papier, auf welchem in gut erkennbaren, fetten Buchstaben die kurze Anweisung zur kultivierten Nutzung der Toilette geschrieben steht.

Zu meiner und Hassaas Freude lassen ab da die lästigen Spuren in den Klozellen deutlich nach. Und jedes gestohlene Stück ersetze ich unverzüglich durch ein neues.

Viele Jahre müssen vergehen, bis ich endlich begreifen werde, weshalb mir von den zahlreichen Nutznießern meiner Anstrengungen kein Einziger mit einer Fingerbewegung geholfen hat. Vielleicht war es der immer noch nicht verbrauchte Rest der verhängnisvollen Gewohnheit der Vorfahren, seine Bedürfnisse lieber am Ertrag fremden Schweißes zu befriedigen, anstatt sich selber ein wenig anzustrengen. Dieser Hang zur Trägheit passte zur Langsamkeit der Herde und der Haustiere und trug somit zur Erhaltung des Nomadentums bei. Sie passt aber nicht mehr in die heutige Zeit, zu maschineller Geschwindigkeit und dem umwerfenden Wandel.

Das tausendfach größere China hatte mehr als zwei Jahrhunderte freie Hand über die Mongolei, ohne die Steppennomaden wesentlich beeinflussen zu können, sie umzuformen in so etwas wie chinesische Bauern. Genauso wenig wie das gewalttätige Russland, trotz seiner uns aufgezwungenen kommunistischen Revolution und der sieben Jahrzehnte langen Gehirnwäsche es geschafft hat, die viel gelobten kleinen Geschwisterchen mit dem trägen nomadischen Blut in etwas Ähnliches wie russische Proleten zu verwandeln. Also wohnte in dieser Trägheit so viel Durchhaltevermögen und Widerstandskraft, dass den fremdländischen Kolonisatoren, die lange genug versuchten, die Einheimischen auf Trab zu bringen, irgendwann die Geduld ausging, und sie sich gezwungen sahen, ihre Dienerschaften aus dem eigenen Reich zu holen.

Ein Vierteljahrhundert nach dem Zusammensturz des Kommunismus auf dem steppennomadischen Boden ist mir so viel klar geworden: Der westliche Kapitalismus in seinem Kostüm namens Demokratie ist für das Nomadenvolk etwas genauso Wesensfremdes wie der mandschurisch-chinesische Feudalismus mit seinem Reich des Himmels und der russische Kommunismus mit seiner »Gleichheit für alle«. Also sei all denen, die zur Baustelle Mongolischer Kapitalismus herbeigeeilt sind, dringend empfohlen, selber anzupacken, gleich, was es ist, der Griff eines Hammers oder einer Schaufel, eine Bohrmaschine oder das Steuer des Staates. Denn bei den Neuen heißt es: Time is Money! Bei den Nomaden heißt es: Als der Himmel die Zeit erschuf, hat er davon genug geschaffen.

Und wie hört sich der westliche Spruch zur Zeit und dem Geld in den Ohren der Nomaden an? Als drohte demjenigen, der ihn hinausbrüllt, die Zeit auf Gottes Erde gleich auszugehen, und Geld das Alleinzige wäre, dem der ganze Sinn des Lebens gälte.

Lasst mich noch eine kleine Geschichte erzählen: In der zweiten Hälfte des vergangenen Jahrhunderts wurde die Stadt Darhan als Industriezentrum der Mongolischen Volksrepublik sozusagen über Nacht aus dem Erdboden gestampft, mit Beteiligung fast aller Mitglieder der sozialistischen Völkerfamilie – so die damaligen Vokabeln. Natürlich wurde jede wichtige Delegation aus dem Ausland zu diesem Vorzeigeobjekt gebracht.

Einmal wird so eine Delegation auf die Anhöhe zwischen Wohn- und Industrieteil geführt. Hier legt der gedrillte Stadtführer los: »Liebe Gäste! Sie sehen vor uns die Stadt Darhan, diesen Beweis der unverbrüchlichen Freundschaft zwischen den Mitgliedern der sozialistischen Völkerfamilie und ihrer fruchtbaren Zusammenarbeit. Das Kraftwerk dort drüben, wo der Schornstein raucht, das ist ein Geschenk der großen Sowjetunion. Das flachere Haus ein Stück weiter links ist die Fellverarbeitungsfabrik Georgi Dimitrov, gebaut von unseren bulgarischen Freunden. Das helle Gebäude unter strudelndem Dampf ist die Ziegelei, geschenkt von unseren polnischen Klassenbrüdern ...« So sprudeln seine Sätze über Betriebe und Kombinate und enden immer mit »gebaut von ... geschenkt von ... unseren Freunden ... unseren Klassenbrüdern«. Irgendwann findet die stolze Aufzählung ein Ende.

Dann kommt der Höflichkeitsspruch nach möglichen Fragen. Es gibt eine Frage: »Und was haben Sie, die Mongolen, selber gebaut?«

Der Stadtführer stutzt und findet schließlich eine Antwort: »Wir bauen den Sozialismus auf!«

Nach so viel bitteren Worten zur berühmt-berüchtigten nomadischen Trägheit und Sturheit muss ich ein Geständnis ablegen: Es ist eine tränenhaltige, manchmal traurige Liebe, die mich mit dem Nomadentum verbindet. Der mächtige Schwung der deutschen Sprache will mich schon zu dem Wort »Hassliebe« verleiten. Aber nein, für Hass ist in mir kein Platz, selbst dann nicht, wenn dieser mit Liebe gemildert wäre. Denn ich bin überzeugt: Hass in die Vergangenheit schicken zu wollen, kann nur damit enden, dass man sich selbst verletzt. Denn die

Vergangenheit wird nur von einem wirklich bewohnt, und das ist derjenige, der sich erinnert. So habe ich in mir längst Frieden geschlossen, auch mit der Gesellschaftsordnung, die sich so schwer damit getan hat, mir, der ihr mit der Treue eines Hundes und mit der Zähigkeit eines Pferdes gedient hat, ein menschenwürdiges Leben zu geben. Sie hat mich auch gestählt. Und selbst denjenigen, die mich in jenen Jahren gehasst, verleumdet und verfolgt haben, habe ich längst vergeben und erinnere mich ihrer sogar mit derselben Dankbarkeit, die ich meinen Lehrern schulde. Denn sie waren mir alle Lehrer, und zwar die besten, weil sie mich zur Vorsicht schulten und zur Ausdauer erzogen.

Nach diesem Voranpreschen kehren wir wieder ins Jahr 1971 zurück, ein Jahr, in dem die Propagandamaschine das Wort »ruhmreich« noch öfter ausspuckt als vorher. Denn es steht ein Jubiläum bevor – ein halbes Jahrhundert seit dem ruhmreichen Sieg der Mongolischen Volksrevolution. Bei jedem der vielen Jubiläen wird ein jedes Glied des werktätigen Volkes zu zusätzlichen patriotischen Selbstverpflichtungen angetrieben. Nach einiger Überlegung entschließe ich mich, ermuntert durch meinen Erfolg in der Wohngemeinschaft, zur Verbesserung der hygienischen Lage in den Toilettenräumen der Universität beizutragen.

Auf einer Sitzung des Lehrstuhlkollektivs werden die Verpflichtungen sämtlicher Mitarbeiter angehört und von einer Dreiheit aus Lehrstuhlleitung, Parteizelle und Gewerkschaftsvertretung abgesegnet. Ein jeder Punkt besteht aus der ohnehin zu verrichtenden täglichen Pflicht, der nun aber eines jener rettenden Wörter wie »noch mehr, noch besser, noch höher, vermehren, verbessern, erhöhen …« beigesellt wird oder einfach der verschleiernde und verschönernde Ausdruck »effektiver gestalten« angehängt ist. Und das Ganze schließt mit einer feierlichen Zielsetzung ab, so zum Beispiel: »Damit ich am Ende dieser Frist bei meinen beruflichen Verpflichtungen einen weiteren wichtigen Schritt vorankomme und so in der Lage bin, unserem sozialistischen Vaterland, bedroht tagtäglich von dem aggressiven Weltimperialismus und reaktionären chinesischen Maoismus, künftig noch nützlicher zu dienen.«

Ich erkläre also, dass ich mich bemühen werde, in meiner Lehrtätigkeit von den Kollegen mit mehr Erfahrung zu lernen und mir weitere pädagogische Fähigkeiten anzueignen. Des Weiteren werde ich tatkräftig zur Verbesserung der hygienischen Verhältnisse in den Toilettenräumen der Universität beitragen. Im Grunde hätte es auch genügt, wenn ich nur dieses Letztere genannt hätte, da ja alles andere sowieso die Arbeit einschließt, wofür ich vom Staat bezahlt werde. Doch stelle ich dem, was mir wirklich als eine zusätzliche Initiative vorkommt, vorsichtshalber das mit den Kollegen und der Pädagogik voran, sozusagen aus taktischen Gründen, damit diejenigen, die länger hier sind, sich geschmeichelt fühlten.

Doch es hilft nichts – sofort beginnt eine Feuersalve aus Kritik gegen mich. Es überrascht mich nicht, ich bin es inzwischen gewohnt.

Begonnen hat es bei der ersten Versammlung, Ende Oktober 1968. Gleich zu Beginn habe ich meine Feuertaufe bestehen müssen. Ich, noch ganz frisch an der Uni und voller Energie, mein Bestes zu tun, erhalte unversehens eine feindselige Frage, gestellt vom Ältesten, einem Englischlehrer, und wie ich recht bald erfahren werde, der rechten Hand des Genossen Doktor Lüdündshib: »Kannst du dem Kollektiv verraten, wieso die Lehrer der Universität, an der du warst, dich als stur und streitsüchtig charakterisiert haben?«

Diese in Worte gesteckte Feindseligkeit traf mich wie eine

Schrotpatrone, die mitten in meinem Gesicht explodierte. Auch andere zeigten sich betroffen. Absolute Stille herrschte im Raum, als hätten alle aufgehört zu atmen. Als ich begriff, wie es um mich stand, muss wohl alles in mir erwacht sein, wie angesichts einer Lebensgefahr. Ich spürte in mir augenblicklich einen Schub zum Widerstand, jene erfrischende Kraft, als wenn ich inmitten einer lähmenden Schwüle mit einem Mal in ein strömendes Flusswasser träte.

»Auf die gestellte Frage werde ich antworten. Vorher aber muss ich an Sie eine Frage richten: Woher kennen Sie jenes Urteil der fremdländischen Lehrer über meine Person?«

Damit schien der Mann nicht gerechnet zu haben. Er stockte, und brachte dann stammelnd aus sich heraus: »Ich warte … Antworte auf die gestellte Frage! Ja … Das ganze Lehrstuhlkollektiv wartet … Willst du mich etwa verhören? Weißt du, wie solches … wie dein Benehmen heißt? Ungehorsam gegen das sozialistische Prinzip der Führung und der Pflicht zur Folgsamkeit!«

»Wenn Sie, hoher Parteigenosse, sich das Recht nehmen, so einfach ein Urteil über meine Gegenfrage auszusprechen, dann könnte ich, zwar ein wenig geltender Nichtparteilicher auf der politischen Waage, aber doch immerhin als gleichberechtigter Bürger dieses Staates, Ihr Benehmen einem neuen Mitglied des Kollektivs gegenüber nicht anders bezeichnen als feindselig – und vor allem lügnerisch!«

Das hatte er ganz bestimmt nicht erwartet. Denn er fuhr wie angestochen zusammen und schrie beinah: »Ich bin dir keine Antwort schuldig darüber, wieso und woher ich das weiß! Aber es stammt aus einer zuverlässigen Quelle, Freundchen!«

Was mich merkwürdigerweise sogleich beruhigte und fast belustigte. Denn jetzt war mir klar, er konnte die Quelle vor der Runde nicht nennen. Ja, da vergaß ich wohl, in welcher Lage ich steckte, und ging in die Offensive: »Also ist Ihnen die Zunge gebunden, die Quelle Ihrer angeblichen Kenntnisse zu verraten. Das erweckt bei mir manche Vermutungen, entweder, Sie haben Klatsch gehört von jemandem, der auch gerne einen Studienplatz im Traumland Germanien erhascht hätte, und der aus Neid oder anderen Gründen Schmutzgeschichten erfunden und in Umlauf gesetzt hat.«

Ich hielt inne und ließ meinen Blick einen Pulsschlag lang im Raum umherschweifen. »Oder Sie haben, von wem und warum auch immer, einen Auftrag bekommen, hier und heute gegen mich aufzutreten.«

Verdrossen zischte er: »Der mongolische Staat verfügt über Behörden, deren wachsamen Augen und Ohren keiner entgeht. Typen wie dir gegenüber bin ich nicht verpflichtet, Rechenschaft abzulegen!«

Ich antwortete gelassen: »Die Staatssicherheit also. Ich habe nichts verbrochen, also habe ich nichts zu befürchten.« Die Gegenseite hat schon eifrig begonnen, Protokoll zu führen, auch der Genosse Doktor macht sich eifrig Notizen. »Ihre Frage kam mir gleich sehr verdächtig vor«, sagte ich. »Schon die Wortwahl. Sie sprachen von namenlosen Lehrern einer namenlosen Universität, an welcher ich gewesen sein soll. Ich schloss mein Studium an der Karl-Marx-Universität zu Leipzig ab. In der vorgesehenen Frist, und zwar mit Auszeichnung. Als Einziger übrigens von allen ausländischen Studierenden eines ganzen Jahrgangs. Ich war ein Student, wie er sein soll, begeistert vom Lernen und pflichtbewusst. Beliebt bei den Professoren und geachtet bei den Kommilitonen. Und Sie sprechen davon, die Lehrer hätten mich als stur und streitsüchtig charakterisiert. Das ist eine erfundene Lüge und vorsätzliche Verleumdung!«

»Im Namen des Lehrstuhlkollektivs bitte ich Sie aufs Höflichste, Ihren Zorn zu zügeln und nun aufzuhören. Wir haben eine ganze Reihe von dringlichen Themen zu besprechen!« Das war der Genosse Doktor, und seine Stimme verriet unverhüllten Spott.

Ein junger Mann mit einer beginnenden Stirnglatze hob die rechte Hand mit gestreckten Fingern in der Art eines braven Oberschülers. Der Chef nannte ihn beim Namen und fragte zärtlich: »Was ist?«

Der Gefragte stand auf, nahm eine kerzengerade Haltung ein und knöpfte eilig seine Jacke zu. »Ich möchte etwas sagen. Und zwar an unseren neuen Kollegen gerichtet.« Dann legte er los: »Freund! Dass du nicht etwa denkst, du seist hier allein jung und mutig. Ich bin es auch. So sage ich dir gleich ins Gesicht: Du hast durch dein prinzipienloses Benehmen unserem ältesten und verdientesten Lehrer gegenüber, einem Mitglied des Büros der Parteizelle an der Philologischen Fakultät, bestätigt, was jene fremdländischen Lehrer an deinem Charakter noch vor uns festgestellt haben. Deshalb möchte ich an das Kollektiv die Frage richten: Können wir einen so sturen und selbstgefälligen Kollegen bei uns überhaupt aufnehmen?«

Er setzte sich wieder, zufrieden mit sich, wie ein gewiefter Stratege, der seine Sache wieder einmal gut gemeistert hat. Ein junger Mensch hat soeben einen anderen jungen Menschen gedemütigt. Hat das Kollektiv dazu aufgerufen, ihn zu beseitigen. Wer würde nun der nächste Redner sein?

Schon meldete sich einer zu Wort. Es war ein älterer, gedrungener Mann mit einem auffallend hellen, runden Gesicht. Auch die ganze Gestalt wirkte rundlich. Doch die Worte waren keineswegs rund, waren klar formuliert und wiesen manche Scharten und Schneiden und Spitzen auf: »Ich verstehe nicht, warum hier gegen einen neuen Kollegen ein Feuersturm eröffnet wird. Anstatt ihm nach dem seit alters her bewährten Gastrecht des Nomadentums, wie jedem an der Jurte abgestiegenen Unbekannten, den gebührenden Empfang zu bereiten. Für die soeben ausgesprochenen Worte schäme ich mich persönlich und distanziere mich entschieden von ihnen.

Liebe Leute, ich frage euch: Ist das der richtige Ton gegenüber einem künftigen Kollegen, einem jungen Menschen, der gerade dabei ist, sich im hiesigen Leben, nach Jahren im Ausland mit ganz anderen Angewohnheiten, wieder zu orientieren und Fuß zu fassen?

Was diesen jungen Mann betrifft, so ist auch mir manches zu Ohren gekommen. Im Unterschied zu Ihnen kann ich genau sagen, wer was wann gesagt hat. Einmal war es der Protokollchef des Außenministeriums, dann war es der Direktor des Sprachinstituts der Akademie der Wissenschaften. Es waren durchweg positive Bemerkungen zu dieser Person, die manche Mitglieder dieses Kollektivs wegjagen wollen. Einfach unerhört! Nun ein, zwei Worte zu dir«, sagte er und wies auf meinen Ankläger. »Du bist einer meiner Studenten, so wie ich einer deiner Lehrer bin. Du bist strebsam, gehorsam und tüchtig, aber ein Genie bist du nicht. Einer von den Goldenen Dreiern, wie wir alle in diesem Raum, wozu ich mich selber als Erster bekenne. Der junge Mensch, den du verteufeln willst, hat sein Studium mit summa cum laude abgeschlossen. Dazu lässt sich ein Lehrer nur hinreißen, um seine helle Begeisterung über die Leistung seines Schützlings zu bekunden. Das geschieht nicht jeden Tag, auch nicht jedes Jahr, nur ein-, zweimal im Leben.

Nun, liebe Kollegen! Sollte einer denken, ich sei mit dem neuen Kollegen verwandt oder irgendwie verbunden, dann sage ich schlicht: Nein, ich habe ihn, wie ihr alle, erst vor wenigen

Tagen kennengelernt. Dann habe ich von ihm in der Kaderabteilung gehört. Und im Außenministerium bei einer Dolmetscherberatung. Aufmerksam geworden bin ich auch auf den plötzlich ausgebrochenen Eifer der Leute, sich auf die bisher so wenig beachtete Sprache der Germanen zu stürzen. Ich meine, das hat mit unserem jungen Kollegen zu tun. Wäre es nicht besser, wenn wir uns darüber freuen und diesen jungen Kader fester an uns binden? Statt ihn, verblendet von Neid und Scham, ihn schleunigst wieder wegjagen zu wollen?«

Diesen Menschen, der längst nicht mehr unter uns weilt, muss ich hier beim Namen nennen, um seinen Bürgermut der Nachwelt mitzuteilen. Denn in jener Zeit war es hochgefährlich, jemandem, der sich unter die Tarnkappe Partei und Vaterland gestellt hat, zu widersprechen. Und schließlich, um seine Nachkommenschaft – er war mit vielen Kindern gesegnet – durch diese Zeilen wissen zu lassen, wie sehr auch ich ihren Vorfahren verehre. Natsagdorj hieß er, alle nannten ihn jedoch Natsagaa bagsch – das Letztere heißt in der Landessprache »Lehrer«. Dies nicht nur als Berufsbezeichnung, vielmehr als Ehrentitel, der im Osten alles von »Meister« bis »Heiligkeit« einschließt. Darum stellen die Nomaden den bagsch unmittelbar neben Vater und Mutter, sie bilden zusammen die Drei Heiligkeiten, gurwun erdin auf Mongolisch. So einer war er, der Natsagaa bagsch!

Wieder diese Stille, in der man nur das leise Atemgeräusch der Menschen zu hören glaubte.

Eine Frau meldete sich, auch sie eine von den Älteren. Ihre Rede fiel kurz aus: »Merkwürdig, zwei so entgegengesetzte Urteile zu hören. Und schwer, sich für eins entscheiden zu müssen. Ich schlage vor: Wir geben dem jungen Menschen eine Probezeit. Dann werden wir sehen, wer recht hat.«

Das verschaffte der Versammlung sichtlich Erleichterung. Damit schien mein Fall vorerst abgeschlossen zu sein.

Kehren wir wieder zurück ins Jahr 1971, zu jener anderen Versammlung, von der wir doch etwas mehr Mündigkeit erwarten dürfen. Zu dem mit Schnee und Sand abwechselnd stürmenden, mit politischen Parolen voll beladenen Frühjahr des Jubiläumsjahres.

Man lässt die von mir verlesene Verpflichtung zum sozialistischen Wettbewerb – so heißt dieser alljährlich angefachte Fieberanfall – nicht gelten und lässt sie durchfallen. Ich soll zu den ersten beiden Punkten genau angeben: Von welchem Lehrerkollegen und wie ich die bessere Arbeitsweise zu lernen gedenke. Ähnlich mit der Pädagogik. Mindestens ein Buch von einem einheimischen und noch eines von einem sowjetischen Pädagogen namentlich angeben und die beiden genau studieren. Den letzten Punkt, mein Vorhaben mit den Toiletten, belächeln alle. Manch einer rümpft darüber sogar die Nase. Das fängt mit der Bemerkung des Parteimenschen an: »Das ist nicht deine Sorge. Dafür gibt es vom Staat angestellte und bezahlte Reinigungskräfte!«

Ich versuche, mein Vorhaben zu retten. »Aber die Toiletten sind trotzdem ekelhaft für jedes sehende Auge und bedrückend für jedes denkende Hirn.«

»Niederdrückend … Ekelhaft …«, spricht er mir gedehnt nach, als würde er ein jedes Wort auf der Zunge wägen: »Das sind zwei Ausdrücke, die ich an deiner Stelle mir verbieten würde, sie in Verbindung mit unserer Mongolischen Staatsuniversität zu verwenden.«

Sogleich gibt mir eine ältere Lehrerin, in deren deutlich alarmierter Stimme ich einen Hauch mütterlicher Sorge für mich zu hören glaube, zu bedenken: »Du lebst nun einmal in diesem

Land, da musst du dich den hiesigen Lebensbedingungen fügen. Mit solchen Reden wirst du dir bestimmt keine Freunde gewinnen!«

Leise, eher an mich gewandt, sage ich: »Ich möchte doch nur dabei helfen, die Pfützen auf den Fußböden und die Klumpen in den Klobecken, die einen beim Betreten der Aborte angrinsen, wenigstens zu verringern, wenn ich auch keinen Weg weiß, sie gänzlich zu beseitigen!« Seltsamerweise bleiben meine Worte unbeantwortet.

Bis dann der Chef mich mit den bissigen Worten abfertigt: »Was willst du deine Nase in die öffentlichen Kack- und Piss-Töpfe stecken? Weißt du nicht, dass du damit nicht nur dich erniedrigst, sondern auch den guten Ruf unseres ganzen Lehrstuhls beschmutzt? Der Titel als Fremdsprachenlehrer an der Mongolischen Staatsuniversität ist etwas Heiliges. Jeder von uns muss auf seine Würde achten. Denk an die Geschichte der dummen Maus, die sich wegen des Staates erhängen will. Du willst dich doch nicht als Häuptling der Putzfrauen bewerben und mit den Schaben auf den stinkenden Fußböden herumkriechen, um hier eine germanisch saubere Klolandschaft aufzubauen?«

Worauf eine allgemeine Heiterkeit ausbricht. Eigentlich etwas Erfreuliches, denn äußerst Seltenes in dieser Gemeinschaft. Allerdings auf meine Kosten, manche schicken einen hänselnden Blick in meine Richtung.

Wie zuwider ist mir diese Heuchelei! Sosehr ich versuche, mich zu beruhigen und zurückzuhalten, es will mir nicht gelingen. So schnelle ich schließlich doch hoch und reiße den Kopf zurück in den Nacken, als wenn ich mich in einen Kampf stürzen wollte. Und das tue ich auch, mit einem Mal bin ich kühl und klar. Ich halte eine Rede, an die ich mich in späteren

Jahren und Jahrzehnten öfters und jedes Mal mit Stolz erinnern werde. Dass ich die Worte zum rechten Augenblick gesagt und so das Gift ausgespuckt habe, anstatt es hinunterzuschlucken und damit die Leber zu belasten.

»Ich habe zwei Bitten. Die erste, mich nicht zu unterbrechen und mich aussprechen zu lassen. Und alles schriftlich festzuhalten, was ich jetzt sagen werde. Dies richte ich genauso an euch, ihr Nichtparteilichen, von denen ich weiß, warum ihr gegen mich wettert – ihr wollt der Leitung gefallen, das ist alles! Aber die Worte sind natürlich vor allem an Sie gerichtet, hoher Genosse Chef, und auch an alle anderen, die beschützt sind, durch ihre Mitgliedschaft in der Partei.

Die erste Bitte, weil es wieder zu Streit führen und womöglich in einem Gezänk enden könnte. Ich will keinerlei Streit, geschweige denn ein Gezänk. Ich werde in Ruhe versuchen, mich vor euch allen zu erklären. Und die nächste Bitte, weil ich weiß, eines Tages werden mich die Windstürme der Geschichte von jeder Schuld frei fegen.

In unserer Gesellschaft aus gesetzlich lauter Gleichberechtigten gibt es doch viele, die um etliche Sprossen tiefer platziert sind auf der Leiter. Für mich gibt es weder unbedeutende noch schmutzige Aufgaben in diesem Staat und seinem Volk. Warum darf ich nicht etwas in Ordnung bringen, das in meinen Augen ein Missstand ist? Was ist daran so abwegig, wenn ich im Falle des Aborts, in welchem hin und wieder auch ich meine Notdurft zu verrichten pflege, mithelfen will, dass dort Ordnung herrscht und Sauberkeit waltet?

Ja, in der Maus, die sich erhängen will, sehe ich, Genosse Chef, im Unterschied zu Ihnen, kein dummes, sondern ein kluges, weil fühlendes und denkendes Wesen, das verzweifelt angesichts des Missstands da oben, hier unten, ringsum und überall.

Es verdrießt die Maus so sehr, weil sie erkennen muss, in der hohen Politik stimmt vieles nicht mehr. Also finden wir in dieser Geschichte einen ehrlichen Patrioten, versteckt vom Volk in die Maus. Diese Volksparabel ist wahrscheinlich in der Zeit erfunden worden, als die einheimischen Machthaber, denen es nicht um Staat und Volk, sondern nur um ihre eigenen Vorteile ging, kurz davorstanden, die Selbstständigkeit der Mongolei zugunsten des mandschu-chinesischen Reiches preiszugeben. In jener Zeit, als der Standesdünkel aus dem Süden anfing, in das Nomadenreich einzudringen, diesen fest geknoteten Bund von Sippen, begleitet von fremdenfreundlichen Sprüchen.

Genosse Chef! Ihre Gehässigkeit gegen mein so harmloses Vorhaben, gedacht als ein kleiner Beitrag zum öffentlichen Wohl, zeugt von einer Gesinnung aus vergangenen Epochen. Ja, Sie propagieren Standesdünkel und Spießertum und verspritzen dabei auch noch Fraß für die von Ihnen erwähnten Schaben, für Ungeziefer aller Art!

Als ich Ihnen vor zweieinhalb Jahren zum ersten Mal begegnete, erkannte ich zwei Wege vor mir. Der eine: Die schon in der Schulzeit eingeschlagene Bahn zur Freiheit abrupt abzubrechen, der von Ihnen zusammengestellten Mannschaft beizutreten und mich in ein Menschenexemplar zu verwandeln, dessen Aufgabe nur darin besteht, ihrem Diktat nachzueifern und gegenüber allem anderen im brodelnden Kessel des Lebens sämtliche Sinne zu verschließen. Entscheide ich mich für diesen Weg, dann würde ich mich in diesem Lehrstuhl die nächsten zwei, drei Jahrzehnte am Titelchen des Universitätslehrers sonnen und bis zur Altersrente ein sicheres Gehalt beziehen. Der andere Weg: Ich folge meinem Herzen, widersetze mich dem Befehl, gehe dabei aber jeden Tag meiner Pflicht nach, indem ich alles, was an Bildung und Begabung in mir steckt, aus mir heraushole und es für meine Heimat und mein Volk einsetze.

Muss ich noch sagen, dass ich mich schon damals für diesen zweiten Weg entschieden habe? Aber lassen Sie mich noch sagen: Für mich wird es kein höheres Ziel geben, als dem mongolischen Staat zu dienen.

Aus ebendiesem Grund werde ich das Vorhaben, für das Sie mich verspottet haben, trotzdem wahr machen. Nicht weil ich stur bin, wie mir unterstellt wird, nein, weil ich davon überzeugt bin, es wird unsere Universität auf eine Art verändern, die offene Augen und feine Nasen schon bald bemerken werden.

Ich danke euch allen für die Geduld. Jetzt wisst ihr, was ich bezwecke, und könnt euch ein Urteil bilden. Ein letztes Wort: Freiwillig werde ich hier nicht weggehen! Ich unterrichte gerne. Und ich weiß: Wenn ich eines Tages, wie jeder von euch auch, mein Erdendasein quittiere, werde ich diesem Land und seinem Volk schon von Nutzen gewesen sein.«

Stille. Eine Stille, die drückt und dabei leise wispernde und raunende Zitterwellen auszusondern scheint, und je länger sie fortdauert, desto mehr Empfindungen im Gehör wachruft und auf der Haut ein Prickel- und Kribbelgefühl erzeugt. Ich glaube, lauter hell sprühende Fünkchen vor meinem inneren Auge wahrzunehmen. Wobei ich weiß, dass ich mir das wahrscheinlich nur einbilde. Doch es ist eine beruhigende, gar stärkende Einbildung, die ich in diesem Augenblick durchaus brauche. Denn ich warte unter schmerzhafter Spannung auf den Ausbruch des Sturmes.

Da bricht der Sturm der mächtigen Gegenseite auf meine Anfechtung aus – merkwürdigerweise mit einem sanften Ruck. Es ist der Chef, der, wie immer in solchen Fällen, die Gehrichtung vorgibt: »Ich bewundere jeglichen Mut zur Offenheit. Nur gibt es neben dem wahren Mut auch einen dummen, der am Ende dem Helden selber schadet.« Und mit einem auf mich gezielten Blick: »Da du dich nun völlig entblößt hast und wir endgültig wissen, dass du in unserem Gespann nicht mitziehen willst, sage ich dir auch gleich: Hier ist kein Platz mehr für dich!«

Sosehr ich versuche, Ruhe zu bewahren, setzen meine Sinne doch da und dort aus. Denn später kann ich mich nur an wenige der Wortkeulen erinnern, die nun auf mich einschlagen: äußerst fragwürdige Anschauung über die Partei ... Verdrehung von prinzipiellen Forderungen vonseiten leitender Genossen ... Reaktionäre Verleumdung ... Überheblichkeit den Kollegen gegenüber ...

Auffallend, dass nicht ein Wort zugunsten meiner Person fällt. Selbst jene, die sich bisher normal zu mir verhalten haben, bleiben still und stumm. Sie haben aus dem Fall des Natsagaa-bagsch wohl die Lehre gezogen – er wurde bald nach seiner Fürsprache für mich auf jener ersten Versammlung abgeschoben zur neu gegründeten Hochschule des Buddhismus am Gandang-Kloster.

Irgendwie überlebe ich schließlich auch diesen kollektiven Sturm. Und hänge im Ungewissen darüber, was mit mir geschehen wird. Dieser Zustand der Ungewissheit, den ich als unerträglich empfinde und dennoch ertragen muss, wird sich ganze fünf Jahre lang hinziehen. Erst in späteren Jahrzehnten werde ich nach und nach begreifen, welche Schäden ich dadurch erlitten habe.

Seelisch wie auch körperlich macht es mich zu einem Wrack. Der größte Schaden, den ich erleiden werde: Ich werde misstrauisch, schwarzseherisch und zänkisch, worunter vor allem meine Familie leidet.

Die Ungewissheit ist keineswegs ein gleichbleibender Zustand. Sie hat ihre Stufen auf unterschiedlichen Ebenen, die in der Hierarchie immer höher, aber dem Wesen der Sache gemäß immer tiefer liegen. Die Ebenen heißen: Lehrstuhlparteigruppe … Fakultätsparteizelle … Universitätsparteikomitee … Stadtparteikomitee … Zentrale Parteikontrollkommission … Auf jeder Station rieche und schmecke ich den Geruch und Geschmack der Staatssicherheit, des Gefängnisses. Doch bevor ich mich in den Giftdampf jener von Menschen für Menschen gemachten Hölle einlasse, soll die weniger unangenehme, ja, sogar heitere Episode erzählt sein, wie ich mein Vorhaben wahr mache.

Eines Tages betrete ich mit einem ganzen Sack voller Hygieneflaschen und Hygienestecken das Bürozimmer des Rektors der Uni. Die Magnifizenz und ich kennen uns, doch damit ist zu wenig gesagt. Denn uns verbindet ein dreisträhniger Draht miteinander. Der erste ist klar: Er ist mein Chef, ich sein Angestellter. Der zweite: Er ist einer der wenigen von mir hochgeschätzten einheimischen Autoren, und ich bin einer seiner zahlreichen Verehrer. Ja, er ist ein hochkarätiger Dichter, allerdings gewesen – hat ein sehr starkes Poem, zwei ebenso starke Erzählungen und ein paar recht gute Gedichte geschrieben, die zum Teil vertont worden sind und immer noch gesungen werden. Dann hat er aufgehört zu dichten, da ihn die Biologie und später die Politik angezogen hat. Die eine wie die andere Verlockung hat ihn reichlich belohnt. Dank der ersten ist er zu einem der führenden Professoren geworden, und die zweite hat ihn auf den hohen Sitz eines Außerordentlichen und Bevollmächtigten Botschafters der Mongolischen Volksrepublik gehoben und später sogar als Sondergesandten nach New York gebracht, wo ihm das Glück zufiel, dass unser Land nach jahrzehntelanger vergeblicher Bemühung endlich als vollwertiges Mitglied in die UNO aufgenommen wurde. Die Leitung der ersten und vorerst noch einzigen Universität im Lande ist also nur eine der vielen Stationen seines erfolgreichen Berufslebens.

Und der dritte Draht: Ich bin nicht nur sein Dolmetscher, wenn Gäste aus meinem Gelobten Land zu ihm kommen, sondern ich habe auch etliche Tage lang sein Lehrer, Gehilfe und Berater sein dürfen. Der Anlass war: Er sollte in jenes Land reisen, um eine Ehrendoktorwürde entgegenzunehmen, und hatte den Ehrgeiz, die Dankesrede in der Landessprache zu halten. Ich verfasste die Rede und übte den Text mit ihm wie mit einem meiner Studenten. Und musste dabei feststellen, seine Lernfähigkeit war herausragend, wie bei nur ganz wenigen meiner Schützlinge.

Nun fragt er mich lachend, was für ein Geschenk ich denn zu ihm bringe.

Geschenk ist ein gutes Wort, denke ich ermutigt und erwähne kurz den mich störenden hygienischen Zustand in den Toiletten der Universität.

Er wird nachdenklich, stöhnt auf und sagt bekümmert: »Wir müssen gestehen, da fehlt uns schlichtweg die Kultur.«

Ich halte entgegen: »Ich habe gedacht, man muss dagegen angehen und etwas tun.«

Er wartet geduldig, was nun kommt. Ich hole aus dem Sack je ein Exemplar von meinen Schöpfungen und erzähle, wozu sie gedacht sind.

Er fragt: »Bist du dir sicher, dass die Menschen von selber wissen, wie die Dinger zu benützen sind?«

»Ich glaube eher nicht. Darum habe ich kurze Anleitungen angefertigt, sie werden an sichtbaren Stellen angebracht.«

Der Stimme nach immer noch zweifelnd, sagt er: »Ob die Leute sich so viel Mühe geben, erstens, den Zettel zu lesen, und zweitens, den Anweisungen zu folgen?«

Da erzähle ich ihm von meinem Tauschhandel im Wohnhaus. Was ihn sehr zu interessieren, ja, zu begeistern scheint. Laut lachend bemerkt er: »Also verdingt sich ein diplomierter Universitätslehrer gegen eine Säuglingsbetreuung als Reinigungskraft – das finde ich unerhört, aber auch toll, nach dem Lehrsatz, keine Arbeit ist für den Menschen zu schade, aber viele Menschen sind sich für manche Arbeit zu schade!«

Auf sein fröhlich strahlendes Gesicht schauend, denke ich: Wohnt in ihm vielleicht immer noch der Dichter?

Dann sagt er, ich soll meine Schöpfungen dem Wirtschaftsprorektor geben, damit er sie an die Reinigungsfrauen verteile. Ich zögere und frage, ob ich dazu etwas sagen dürfe. Er gestattet es mir, immer noch lächelnd. Ich sage: »Es ist ein Unterschied, ob der Genosse Prorektor sie aus meiner Hand bekommt oder aus der seines Vorgesetzten. Er soll sie von Ihnen, mit einem Begleitwort, bekommen. Dann wird er sie mit kräftigerer Anweisung an die Reinemachfrauen weitergeben.«

Der Rektor lässt meine Bitte gelten, streift mich aber mit einem merkwürdigen Blick. Bin ich vielleicht bislang der einzige Untergebene, der sich erlaubt hat, ihm zu widersprechen?

Auch diesen Menschen muss ich der Anonymität entheben: Er hieß Dondogiin Tsevegmid, stammte aus dem Osten der Mongolei und gehörte zur Volksgruppe der Burjaten. Er brachte es zum Schluss noch zum Stellvertreter des Vorsitzenden des Ministerrats der Volksrepublik.

Wir werden einander noch zweimal begegnen. Zuerst in einem der ersten Jahre unter Gorbatschows Perestroika- und Glasnost-Stimmung. An einem sonnig milden Frühlingstag stoßen wir auf dem Zentralplatz der Hauptstadt zufällig aufeinander. Beide Hände auf dem Rücken gefaltet, schlendert er mir entgegen, wie ein Mensch, der viel Zeit hat. Er hat mich wohl schon aus der Ferne erkannt, denn auf seinem hageren, altersblassen Gesicht liegt ein einziges Geflecht von Lachfalten. Ich spreche ihn an mit bagsch aa, Lehrer. Er nennt mich ssetgüültsch ee, Journalist. Es ist die Zeit, da ich das erste Perestroika-Organ der Mongolei herausgebe. Die Zeitschrift Ssetgüültsch ist eine Mangelware, immer sofort weg, und mein Name ist inzwischen recht bekannt.

Wir setzen uns auf eine Bank und geben uns einem gemütlichen Schwätzchen hin. Dabei höre ich von ihm, dass der Text unserer Staatshymne von ihm gedichtet sei, und nicht etwa, wie es offiziell heißt, vom Volksschriftsteller und Literaturgelehrten Zendiin Damdinsuren. Der habe dem bereits vorhandenen Gedicht auf Geheiß des Zentralkomitees lediglich die Strophe mit den »ruhmreichen Lehrern und wohltätigen Führern Lenin und Stalin« hinzugefügt und dafür einen seiner drei Staatspreise bekommen.

Bestürzt bitte ich ihn, darüber doch die Öffentlichkeit aufzuklären. Worauf er lachend antwortet: »Ist längst geschehen! Ich habe die ganze Geschichte schon vor Jahren niedergeschrieben und ins Archiv gesteckt!«

»Aber dennoch! Sie haben drei Strophen geschrieben, und poetisch gelungene. Der andere hat nur eine, und nur Politisches ergänzt! Warum hat man den Staatspreis nicht wenigstens unter beide Autoren geteilt!«

»Ach«, haucht er leise aus der Tiefe und verfällt in Schweigen. Dann kommen folgende Worte von ihm, an die ich immer wieder denken werde: »Es gibt im Leben eben Faktoren, die man erkennen und denen man sich einfach fügen muss, will man am gesteckten Ziel ankommen. Ich bin Burjate. Du weißt, wie arg wir Burjaten von den Repressalien der Dreißigerjahre getroffen worden sind. In fast jeder Jurte wurde jemand verhaftet und erschossen. Diese Angst kann einen so schnell nicht verlassen, nein, sie wird sich auf lange Sicht sogar weitervererben. Die wichtigste Lehre, die mir das Leben erteilt hat, war: Nimm, was man dir gibt! Versuche niemals, etwas an dich zu reißen! So habe ich, als ich erfuhr, ein anderer bekommt für mein Gedicht den Staatspreis, mich damit beruhigt, dass es mir auch ohne den Preis recht gut geht.«

Bei der Gelegenheit stelle ich ihm eine Frage, die seit vielen Jahren, einem Stachel gleich, im Fleisch meiner Seele steckt. Als sich das Parteibüro der Universität, jener Abklatsch vom Politbüro des Zentralkomitees der Mongolisch-Revolutionären Volkspartei, auf einer außerordentlichen Sitzung mit meinem Fall beschäftigte, wobei einige meinten, in mir ein hochgefährliches Element entdeckt zu haben, hoffte ich sehr auf ein gewichtiges Wort aus dem Mund des Genossen Rektors, der eines der sieben Mitglieder jenes Büros war. Bis zum Schluss aber vergeblich. Nun frage ich ihn, ob auch er geglaubt habe, ich sei ein Klassenfeind, Verräter der Republik und gar ausländischer Spion.

»Ach wo!«, sagt er. »Nicht einmal derjenige, der das von dir behauptete, hat daran geglaubt. Doch so war eben die praktizierte Tagespolitik, der Ausgang von oben schon vorgegeben. Es stand schon fest: Du solltest gefällt werden. Denk doch daran, wessen Sprösslinge während deines Studiums nach Germanien kamen und dann, an ihrer Faulheit gescheitert, zurückgehen mussten! Nun war auch noch die Staatssicherheit eingeschaltet. Ich habe dir ja vorhin von der Angst erzählt, die aus uns Burjaten so schnell nicht weichen wird.«

Da fällt mir noch eine Frage ein. Doch ehe ich sie ihm stelle, erinnere ich ihn an die abschließende Rede auf jener Sitzung durch Batmönk, den damaligen Prorektor und späteren Vorsitzenden des Ministerrates und noch späteren Generalsekretär des Zentralkomitees der Partei. Jener hat gesagt: Er sei nicht der Meinung, dass er einem Heimatverräter und Spion irgendeiner feindlichen fremden Macht gegenüberstehe. Und auch, Kritik könne zweierlei bewirken, einen Hinkenden stützen, ihm helfen, wieder gerade zu gehen, oder ihn umstoßen. Dann fragte er, ob denn unser Staat mit Kadern so reichlich versorgt sei, dass die Universität einen jungen Menschen, der an einer traditionsreichen Lehranstalt eines befreundeten Auslands jahrelang ausgebildet worden sei, einfach von sich wegstoßen dürfe, weil er dieses und jenes falsch gemacht habe? Dann sagte er auch noch, er habe lange überlegt, wo die Quelle der Fehler dieses jungen, ruhelosen, aber ehrlichen Menschen liege, und sei zum Schluss gekommen: in seinem losen Mundwerk und seinem Ehrgeiz, allem einen überspitzten Ausdruck verleihen zu wollen …

Dann hat er, nun an mich gewandt, Folgendes gesagt: Als älterer Mensch mit mehr Erfahrung im Leben möchte ich dir ans Herz legen, künftig aufzupassen, was du sagst und was nicht. Außerdem habe ich während der ganzen Sitzung darauf gewartet, dass diejenigen, die mit dir doch manchen Umgang hatten und dich kennen, nicht auch etwas sagen und ihre Meinung aussprechen, zur Ergänzung der Kritiker, die ja nur kennen, was in den Akten geschrieben steht. Doch seine Erwartung sei nicht erfüllt worden. Daher solle ich künftig genauer auf die Menschen schauen, bevor ich ihnen mein Herz öffne.

Dann kann ich endlich mit meiner Frage herausrücken: »Der einzige Mensch unter allen sieben Mitgliedern des Büros, mit dem ich damals dauernd und näher verkehrte, das waren Sie.

Haben Sie sich bei der Rede Ihres späteren Vorgesetzten angesprochen gefühlt?«

Mit der Offenheit eines Kindes, wozu Menschen nur im hohen Alter fähig werden, schaut er mir ins Gesicht und sagt: »Aber natürlich. Ich habe Batmönk später sogar den dir bereits bekannten Grund genannt, warum ich in solchen Fällen lieber sitzen bleibe und schweige. Und dann habe ich ihm auch noch gesagt: ›Du bist ein aufgehender Stern am politischen Himmel der Mongolei, während ich ein sinkender bin. Pass bitte auf. Wer in die Politik geht, betritt Glatteis. Wie viele sind schon gestürzt worden! So manche mussten dabei sogar ihr Leben lassen! In den wenigen Jahrzehnten unseres Volksstaates mussten Aberdutzende von ihren weich gepolsterten Plätzchen direkt zur harten Holzpritsche im Gefängnis wechseln! Ich habe ganz einfach Angst!‹

Aber Batmönk hatte Mut. War ein Trotzkopf. Griff nach dem schlüpfrigen Ende der Leine, die ihm von der höchsten Höhe des Staats aus zugeworfen wurde. Erklomm in seiner besonnenen Art die schwindelerregende Höhe, löste eines Tages sogar denjenigen ab, der ihm jene Leine heruntergeworfen hatte. Noch vorher machte er mich zu seinem Stellvertreter und sagte, verschmitzt lächelnd: ›Sie sind bei Weitem kein sinkendes Gestirn! Bitte, legen Sie die Angst ab! Die Politik ist die beste Schule, das Fürchten zu verlernen!‹«

Was mich zu einer weiteren Frage reizt: »Meinen Sie, es ist Ihnen nun gelungen, das Fürchten zu verlernen?«

»Das siehst du doch!«, schmunzelt er schlau. »Würde ich dir sonst all das aus der politischen Küche unseres Staats auszuplaudern wagen?«

Dann aber schaut er mich mit ernster Miene an. »Mut hin, Mut her, Kollege Journalist! Wichtiger sind die Zeitumstände.

Noch dient der Kreml uns als Vorbild. Was mich persönlich angeht, da spielt das Alter die wichtigste Rolle: Ich gleiche einer Sonne, deren unterer Rand den Horizont bereits streift. Was mich drängt, anderen mitzuteilen, muss ich heute tun und nicht auf morgen schieben!«

Er schließt mit einem sanften, befreienden Gelächter. Im Aufstehen greift er nach meiner Hand. »Hin und wieder hat man Glück, stößt auf den einen Bekannten und beleuchtet in einem Geplauder sein eigenes verlebtes Leben. Heute war so ein Tag. Also, danke und weiterhin gutes Schaffen!«

Auf dem Friedhof, bei der Bestattung des lieben Alten, der meiner Hassaa den fehlenden Vater ersetzt hat, werde ich ihm ein letztes Mal begegnen. Aus Neugier mustere ich die umliegenden Gräber, stoße dabei auf den schlichten, aber auffallend sauber bearbeiteten Grabstein mit seinem Namen. Welch eine Überraschung, denn man hätte ihn auf dem Ehrenfriedhof Altn ölgii – die Goldene Wiege – vermutet, wo die sterblichen Hüllen der Machthaber und Berühmtheiten dicht bei dicht liegen. Also hat er diesen Ort selbst gewählt. Welch ein Bekenntnis seiner Verbundenheit mit dem einfachen Volk! Mit gesenktem Kopf stehe ich eine Weile lang, ehrfürchtig und dankbar, vor dem Grab.

Nun ist die Gelegenheit gekommen, ein Wort zu der anderen historischen Gestalt, Dshambyn Batmönk, zu sagen. Nach außen wirkte er verschlossen und machte den Mund selten auf. Doch wenn er ihn aufmachte, dann durfte man mit was Gewichtigem rechnen.

1984 wurde die Mongolei von einem politischen Erdbeben erschüttert: Jumdshaagin Zedenbal, vor dessen Namen das Attribut »Geliebter Führer« längst unverzichtbar geworden war, wurde nach vierundvierzig Jahren am Steuer des Staats entmachtet. Nicht etwa von den Einheimischen – solches hätte der Kreml nie und nimmer zugelassen. Denn die Weltmacht hatte den Sprössling nomadischer Eltern aus dem abgelegenen Westen des weiten, kaum erschlossenen und bevölkerten Landes im zarten Alter zu sich geholt und ihn durch Sprache, Bildung, Kultur an sich gebunden. Und sie hatte noch zwei zusätzliche Fesseln angelegt: ihm eine Vollblutrussin als Ehefrau zur Seite gegeben und ihm eine Vormachtstellung als getarntem KGB-Aktivisten gesichert. Und nun entzieht man seinem Günstling den Königsthron wieder. Wie das? Er wird nach Moskau bestellt und sogleich unter Hausarrest gesetzt – weil er zu zögerlich bei der Durchsetzung des Perestroika-Kurses gewesen sei. Den glühenden Freund alles Sowjetisch-Russischen, den gehätschelten Zögling trifft dies sicherlich hart, noch härter wohl seine eingebildete, machtsüchtige Gemahlin. Wie man später erfährt, toben so manche Kämpfe, doch was können zwei alternde, ihres Heimatbodens beraubte Menschen in der Fremde gegen den Machtapparat einer, wenn auch schwächelnden, Weltgroßmacht tun? Nichts. Sieben Jahre dauert es, bis das gebrochene Herz des gewesenen und gottgleich verehrten Führers versagt. Gnädig wurde am Ende erlaubt, dass er in der Erde des Heimatlandes mit allen Ehren bestattet werden konnte. Er war nicht das erste Oberhaupt des mongolischen Staates im 20. Jahrhundert, das seinen Ungehorsam gegenüber dem mächtigen Nachbarn mit dem Leben bezahlen musste. Zwei seiner Vorgänger sind spurlos verschollen in der endlosen russischen Weite.

Batmönk, der Wirtschaftsprofessor und Vorsitzende des Ministerrats, wurde in den Nachbeben von Zedenbals Entmachtung in die gähnende Lücke an der Spitze der »eisengesichtigen« – wie es in der Landessprache heißt –, weil gnadenlosen Staatspyramide gesteckt. Seiner Antrittsrede nach zu urteilen, schien der auf den Thron Gehievte nicht recht zu begreifen, was mit ihm in dieser Stunde überhaupt geschah. Fast sechs Jahre lang blieb er ziemlich blass und still, von so manchen insgeheim bemängelt, bis zum Frühjahr des Jahres des Weißen Pferdes, 1990. Er wuchs buchstäblich in einer einzigen Nacht zu einer Schlüsselfigur der mongolischen Geschichte.

Die mongolische Hauptstadt wurde von Protestdemonstrationen erschüttert. Auf dem Zentralplatz unter den Fenstern seines Amtszimmers standen Zelte, dicht daneben lagen Menschen im Hungerstreik. Das ganze Regierungsgebäude war von Randalierenden umzingelt, jeder Eingang doppelt gesperrt von Polizisten wie auch von blauen Dreieckfahnen und Bannern, die zum Rücktritt der Machthaber aufriefen. Diese waren von ihrem Amtssitz abgeschnitten.

Später wurde bekannt, dass der Generalsekretär von manchen Mitgliedern des Politbüros per Telefon ersucht wurde, den Einsatz von Streitkräften zu genehmigen und so den Aufruhr gewaltsam zu unterbinden. Also dem chinesischen Beispiel am Tjananmin-Platz in Beijing zu folgen. Batmönk aber sagte immer wieder: Nein, wartet! Da er gleichzeitig auch der Oberkommandierende der Streitkräfte war, durften die anderen nichts unternehmen. Während sich die Lage immer weiter zuspitzte, grübelte er zu Hause, arbeitete im Alleingang Tag und Nacht an seinem Entwurf. Dann beauftragte er den dafür Zuständigen, per Lautsprecher die Polizei wie auch die Demonstranten dazu aufzurufen, die Dienstautos ungehindert durchzulassen, da das Politbüro auf einer Eilsitzung einen Ausweg aus der entstandenen Lage zu finden gedächte. Was ein Aufatmen, aber auch erhöhte Spannung auf beiden Seiten auslöste.

Zu Beginn der Sitzung fragt der von Schlaflosigkeit und Sorgen der letzten Tage und Nächte gezeichnete Mann mit finsterer Miene und geschwollenen Augenlidern, auf dessen Entscheidung alle so gespannt warten, ein jedes Mitglied des Politbüros nach seiner persönlichen Meinung. Da wird deutlich, dass die Mehrheit dafürsteht, den bedrohten Sozialismus mit den letzten Mitteln zu retten. Der durch seine Verschlossenheit bekannte Mann schaut finster in die Runde und murmelt kaum hörbar: »Also doch.«

Aber gleich darauf, noch im gleichen Atemzug, springt er auf und explodiert. Er stampft mit dem Fuß gegen den dicken, jedes Geräusch verschluckenden Teppich, haut mit der geballten Faust knallend auf den nackten Holztisch und brüllt: »Wen sollen die Panzerketten zermalmen? Wen sollen die Gewehrkugeln durchlöchern? Das sind alle, alle unsere eigenen Kinder! Unser eigenes Volk, für dessen Wohlergehen wir hier sitzen und auch all die Sonderrechte genießen!«

Dann sackt er auf seinen Sitz zurück und fängt an, heftig zu hecheln und zu röcheln. Peinliche Totenstille im Raum. Sofort erscheint der Arzt, der im Nebenzimmer ständig sprungbereit zu wachen hat, mit einer Krankenschwester, beide im weißen Kittel und den verchromten Erste-Hilfe-Koffer in der Hand. Doch Batmönk wehrt sich heftig und gibt den beiden zu verstehen, wieder abzutreten.

Nun kommen die Tränen. Der rätselhaft Verschlossene, dessen Augen man nie feucht gesehen hat, der Wichtigste und Mächtigste, auf dessen Entscheidung das ganze Politbüro mit angehaltenem Atem wartet, weint eine ganze Weile ungehindert.

Und sagt irgendwann leise, aber bestimmt: »Nein. Waffengebrauch kommt nicht infrage!«

Wieder Stille. Sie wird von einer Frage unterbrochen: »Was sollen wir dann tun, Genosse Generalsekretär?«

Nach einer kurzen Pause fallen die folgenschweren Worte, wieder leise, aber auch bestimmt: »Das Politbüro tritt geschlossen zurück!«

Alle erstarren. Abermals Stille. Keiner wagt es, zu widersprechen.

So macht er, der jahrelang unscheinbar gewirkt hat, dem Sozialismus auf mongolischer Erde im siebzigsten Jahr nach der ruhmreichen Volksrevolution den Garaus, noch bevor der Kaiser des Ostens im Kreml, Michail Sergejewitsch Gorbatschow, Gleiches mit der Weltmacht Sowjetunion tun muss.

So gelangt die demokratische Revolution zum bejubelten Sieg in diesem asiatischen Land, das sich sieben Jahrzehnte lang durch manche Blutlachen wälzen musste, diesmal ohne einen Tropfen Blut!

Unser guter Mann, der so hastig gebackene Held im Schnelltopf der Geschichte, dieser so unberechenbaren wie auch undurchschaubaren Zauberin – wie geht es mit ihm danach weiter? Steil bergab! Es wartet auf ihn das Schicksal, welches auch dem anderen guten Mann vom Kreml beschieden war. Die Sieger rühmen sich lauthals des erfochtenen Sieges und reißen sich die Schlachtbeute unter die Finger, schwelgen im Rausch der Macht und vergessen darüber denjenigen, dem sie es zu verdanken haben. Und die Kommunisten, die Verlierer, verabscheuen und verachten ihn als Feigling und Verräter.

Das Einzige, was die beiden unterscheidet: Der Russe war in der ganzen Welt bekannt und als Träger des Friedensnobelpreises finanzkräftiger. Batmönk jedoch fiel zurück auf eine spärliche zivile Rente, wie jeder Arbeiter und Angestellte. Dabei hätte er, wenn er es gewollt hätte, leicht auf irgendeinem Geldtopf sitzen bleiben können, wie die anderen auch, die mit ihm entmachtet wurden. Mittlerweile sind fast alle Nachkommen ehemaliger Machthaber wenigstens Millionäre.

Im Internet steht ein Verzeichnis sämtlicher Orden, Medaillen und Geschenke, die Batmönk zunächst als Regierungs-, später als Staatsoberhaupt im In- und Ausland geschenkt wurden, angefangen bei Gold- und Silberschalen bis hin zu vergoldeten Säbeln und versilberten Jagdgewehren. Er hat darüber von Anfang an eine pingelig genaue Liste geführt und gleich in der ersten Woche nach seinem Rücktritt alles, alles der Schatzkammer des Staats abgeliefert. Die anderen Machthaber, damals und heute erst recht, schwelgten in wertvollen Geschenken. Das weiß ich aus meiner Arbeit als Gelegenheitsdolmetscher in höheren Kreisen.

Wäre unser Mann nur nicht so ehrlich gewesen! Der Erlös von alldem hätte ihm bis zum Ende seines Lebens wenigstens jede materielle Sorge erspart. Doch er wollte wohl lieber ehrlich und arm bleiben, als weiterhin in Saus und Braus zu leben als Dieb an der Staatskasse. So passte er haargenau zum Idealbild des klassischen Kommunisten. Nun, jedes Ideal verlangt nach Opfern. Er verbrachte die Folgezeit unter nagenden Geldsorgen. Um nicht zu hungern, musste er auf einer winzigen Fläche am Stadtrand Kartoffeln anbauen und daneben eine Wohnhütte aus Restbrettern zimmern. Der einst mächtigste Mann im Staat verbrachte seine letzten Jahre als Gemüsebauer und Zimmermann unter dem einfachen Volk, während die meisten seiner Genossen als Bosse oder wenigstens als Berater von Firmen weiterhin ein sattes und leichtes Leben führten und in Westautos durch die Welt kutschierten.

Die Verwandtschaft aber bewahrte ihm die Treue und vergaß ihn nicht. Das hatte einen einfachen Grund: Die Mongolei blieb weiterhin ein Sippenreich, zusammengeflickt wie vor

Jahrhunderten und Jahrtausenden. Durch den neu ausbrechenden Konkurrenzkampf im Kapitalismus bekamen Stolz und Achtung auf den guten Ruf der eigenen Sippe, jenes althergebrachte Gedankengut, wieder Aufschwung. Wer die Möglichkeit hatte, an etwas mehr als das tägliche Brot zu denken, erinnerte sich gern daran, was die Sippe gegenüber anderen hervorhob. Ihr großer Stolz war Dshambyn Batmönk, »der Taufvater der mongolischen demokratischen Revolution«. Dieser etwas albern neuzeitig wie biblisch klingende Ehrentitel wurde übrigens von einem beträchtlichen Teil der Bevölkerung immer wieder benützt. Auch steht ein ansehnliches Standbild vor dem Gebäude des Wirtschaftsinstituts, das seinen Namen trägt.

In der heutigen Zeit, da Machthaber sich schnell als Schmarotzer und Diebe erweisen, erscheint dieser Mann, der so ehrlich und bescheiden geblieben und in Armut gestorben ist, wie das Urbild selbstloser Helden, ja, wie ein Heiliger.

4

Die Spindel der Fahnder nach Schuld an meiner Person muss mir fortlaufend auf den Fersen gefolgt sein und sich dabei rasend fleißig gedreht haben. Sie lauerten wohl mit der Ungeduld eines Spürhundes, der das Wild zu Fall bringen will.

Dabei hat alles mit einer banalen Frage angefangen, gestellt von einem arglosen, wissbegierigen jungen Menschen. Die Frage hat Gott betroffen – ob es Ihn denn gäbe. Worauf meine Antwort lautete – ich habe sie später vor vielen Instanzen wiederholen müssen, und auch hier und jetzt möchte ich sie wörtlich wiedergeben: »Das ist eine uralte Frage, gestellt von Unzähligen unzählige Male. Die Antwort ist unzählige Male bejahend, aber ebenso unzählige Male verneinend ausgefallen. Mein lieber Schüler! Wenn du auf so eine schwierige Frage von mir eine eindeutige Antwort erwartest, dann sehe ich, du hast eine zu hohe Meinung von deinem Lehrer. Kurz und gut: Ich weiß es nicht.

Doch ich könnte dir einen Tipp geben: Schau dich mit offenen Sinnen um, auf den nahtlos fortlaufenden Naturbetrieb wie auch auf den sprunghaft voranstürmenden wissenschaftlich-technischen Fortschritt. Hast du das eine gute Weile getan – mit der guten Weile meine ich aber nicht, vierundzwanzig Stunden oder sechs Monate, nein, sondern mindestens zehn, am besten aber fünfzig Jahre –, dann vielleicht könntest du selber die Antwort finden. Es gibt eben Fragen, auf die nur du selbst antworten kannst, und diese eine gehört wahrscheinlich dazu.

Sei du, seid ihr alle, die ihr mir zugehört habt, von dieser Antwort, die für den einen oder anderen vielleicht keine Antwort gewesen, bitte nicht enttäuscht. Meine Unfähigkeit sei nun wenigstens mit einer fremden Antwort auf eine Frage aus derselben Richtung wettgemacht: Ein Propagandist aus der Hauptstadt wird einmal in einer ländlichen Ecke während eines Parteilehrgangs von einer Hirtenfrau gefragt, ob es den Teufel immer noch gäbe. Da der Gefragte darauf keine rechte Antwort weiß, sagt er ausweichend: Die Anzahl der Teufel sei in den Jahren unserer revolutionären Errungenschaften stark zurückgegangen.«

Nun fragt sich, was daran falsch gewesen sein soll. Alles war falsch, befinden die Bemächtigten. Denn mit meiner Unterlassung der für jeden Lehrer verpflichtenden knappen und klaren Antwort »Es gibt weder Gott noch Teufel!« hätte ich die atheistische Generallinie der Mongolisch-Revolutionären Volkspartei in Zweifel gezogen. Wenn es in der Grundlehre des Marxismus-Leninismus so steht, dann gibt es nichts mehr daran anzuzweifeln! Du hast es trotzdem getan, und zwar wissentlich!, heißt es. Wenn ein ungebildeter, alter Mensch aus einer fernen Landesecke dies ausgesprochen hätte, dann könnte man unter Umständen annehmen dürfen, es sei aus Unwissenheit passiert. Aber du mit deiner Hochschulausbildung, mit deinem verantwortungsvollen Amt als Universitätslehrer!

Des Weiteren dient meine Aussage zum Unwort »Mongolismus« als Öl ins Feuer. Es stellt sich heraus, dass in meiner ganzen Umgebung noch kein Mensch gewusst hat oder nun aus Vorsicht nicht gewusst haben will, dass dieses Wort längst existiert. Man hält es für eine Erfindung von mir und verdammt mich als Verleumder fremder Völker und Beleidiger der eigenen Nation. Dabei hatte ich bei meinem Vortrag deutlich gesagt, dass jener Ausdruck, dieses Unwort, mich seinerzeit schwer betroffen und beleidigt hat. So sehr, dass ich mit meinen begrenzten Möglichkeiten als kleiner Student heftig dagegen protestiert habe.

Auch diese meine Aussage kann ich wortwörtlich wiedergeben, da ich sie bei jedem Verhör habe wiederholen müssen. Ich habe gesagt: »Wir dürfen uns von so schönen Begriffen wie proletarischer Internationalismus und Antirassismus nicht einlullen lassen, denn ich habe gespürt, dass der Rassismus in manchen Köpfen von Angehörigen der weißen Rasse bei Weitem nicht ausgetilgt ist. Viele Europäer verhalten sich geringschätzig zu Asiaten. Besonders, wenn man aus der Mongolei ist, muss man sehr aufpassen, denn sie haben sich sogar erdreistet, ihre geistig nicht vollwertigen Menschen mongoloid zu nennen!« Worauf ein hör- und sichtbares Unbehagen im Raum entstand, bei jedem genauso wie damals bei mir.

Was mir nicht alles zu Lasten gelegt wird! Ich sei hochnäsig, besserwisserisch, eigenbrötlerisch ... Hätte keine Verbindung zum Kollektiv ... Würde mich vor Studenten und Kollegen nicht vorbildhaft benehmen ... Würde mit zweideutigen parteiuntauglichen, unpatriotischen Aussagen meine Umgebung vergiften ... Würde alles Nomadische bemäkeln ... Alles Vaterländische verneinen ... Alles Mongolische verschmähen ...

Den Beweis für diese letzte schwerwiegende Anschuldigung will man in der Angabe meiner nationalen Zugehörigkeit als Tuwa gefunden haben. Jedes Mal, wenn dieser Punkt genannt wird, merke ich, gebärden sich die Menschen empfindlich. Der eine meint, Tuwa gäbe es nur in der Sowjetunion, der andere sogar, so eine Nationalität gäbe es überhaupt nicht – richtig würden sie Uriankhai heißen. Ich versuche, sie aufzuklären: Das seien zwei verschiedene Nationalitäten, jede mit eigener Sprache, aber das hilft nicht, ich werde schief angeschaut als einer, der sich erdreistet, hochgefährliche staatsfeindliche Propaganda zu verbreiten. Was ich wirklich nicht verstehe.

Die liebe Zeit wird batzen- und brockenweise vergehen müssen, bis ich begreife, was alles dahintersteckt. Um für diese Einsicht zu reifen, werde ich eine höchst persönliche Verlautbarung aus dem Mund des Genossen Zedenbal in Gegenwart seines ganzen Politbüros hören müssen: »Mongul ulsud neg tsch tuwa baehgüi, medwüü tschi, nöhöör!« Was mit einer fuchtelnden und bohrenden Bewegung des gespreizten rechten Zeigefingers in die Richtung meiner Augen hin und in hoher Tonlage geschehen wird und in Übersetzung heißt: »Im mongolischen Staat lebt kein einziger Tuwamensch, kapiert?«

Der Grund für solche Heftigkeit ist, dass ich meine Nationalität als Tuwa angegeben habe. Worauf er mich zunächst sanft korrigiert: Also sei ich ein Urianhai. Was ich aber richtigzustellen wage, indem ich sage, die Urianhai sprächen längst eine mongolische Mundart, während wir Tuwa immer noch bei unserer uralten Sprache, dem für mongolische Ohren unverständlichen Türkischdialekt, geblieben seien.

Soeben noch saßen wir beide, Gebieter und Untertan, ach, so friedlich da, Worte miteinander wechselnd. Fast hätte man es eine gemütliche Unterhaltung nennen können. Er hat sich bei mir nach diesem und jenem erkundigt, und ich habe ihm rasch und treuherzig Antworten geliefert. Dieser unserer gemeinsamen Stunde sind drei für mich zwar ehrenvolle, aber auch schweißtreibende, nervenzehrende Arbeitswochen vorangegangen. Denn ich war wieder einmal als unbezahlte Arbeitskraft für das ZK herangezogen worden, wie schon so oft in den vorangegangenen Jahren. Ich wurde als Dolmetscher oder Übersetzer eingesetzt und verrichtete unter der Aufsicht eines Mitarbeiters meine Pflichten, erteilt in der Regel vom Abteilungsleiter oder manchmal auch Sekretär des Zentralkomitees.

Diesmal jedoch schien es um eine höhere Verantwortung zu gehen, denn ich sollte nicht nur fertige Texte übersetzen, sondern sie nach vorgegebenen Stichworten selber verfassen, sie vom Auftraggeber absegnen lassen und dann erst ins Deutsche übertragen. Auch sollte ich diese Übersetzung selber tippen, und zwar auf meiner eigenen Schreibmaschine, die ihrerseits auf eine Sondergenehmigung hin ins Regierungsgebäude gebracht und später wieder von dort rausgetragen werden durfte.

Mir fielen diese Umständlichkeiten zunächst gar nicht auf. Ich muss sogar sagen, ich war glücklich und stolz, da mir dieses Vorgehen so richtig sippennomadisch vorkam, also durchaus nach meinem Sinn und Geschmack. Ich bildete mir ein, mit meinen kleinen Möglichkeiten etwas zum Geschäft unseres Staates beizutragen.

Das Allerwichtigste an der ganzen Geschichte habe ich bis zu diesem Augenblick aufgehoben: Diesmal war ich dem Generalsekretär des Zentralkomitees der Mongolisch-Revolutionären Volkspartei und dem Vorsitzenden des Präsidiums des Großen Volks-Parlaments, dem Genossen Jumdshaagiin Zedenbal direkt unterstellt. So lautete zumindest die Aussage seines persönlichen Gehilfen Batzenggel, der sich übrigens zu mir wie zu einem Gleichgestellten verhielt.

Diese meine plötzliche – wie Batzenggel augenzwinkernd zu mir sagte – »Karriere ohne Besoldung« wurde mir so erklärt: Bei einem Besuch auf höchster Ebene sollte die Übersetzung der Dokumente einwandfrei sein. Man habe bisher die

Erfahrung gemacht, einigermaßen taugliche Enddokumente kommen eher dann zustande, wenn die Texte vom Verfasser selbst übersetzt worden seien. Wobei der Genosse mir nicht verheimlichte, dass er mit keinem der beiden ZK-Mitarbeiter, zuständig für germanische Angelegenheiten, so recht zufrieden war. Außerdem, nahm ich an, wird er dies und das von mir gehört haben und will mich nun selber weiter auskundschaften, weshalb er mich mit einem Mal so mutig zu sich geholt hat.

Während der Arbeit bleiben Batka – so nennen ihn die Kollegen aus seiner Umgebung – und ich zusammen in seinem Zimmer, das den Vorraum in das Kabinett des Chefs bildet, Wir teilen den nicht allzu großen Schreibtisch, sitzen von Angesicht zu Angesicht, und jeder werkelt stumm an seiner eigenen Sache. Mittags und abends gehen wir, immer zusammen, in den Speiseraum und werden dort kostenlos und recht reichlich und vornehm verpflegt. Das Schönste, was mich in diesen Tagen beflügelt, ist die Aussicht: Demnächst würde ich, nach den Bemerkungen des persönlichen Gehilfen zu urteilen, als offizieller Dolmetscher jener allerhöchsten Delegation angehören und endlich wieder einmal in das Land dürfen, das ich längst für meine geistige Heimat halte und mit dem ich mich jeden Tag und jede Stunde meines Lebens gedanklich verbinde.

Und dann kommt es zu dieser Episode: Eines Tages betritt mitten in unserer stillen, an den Nerven saugenden Arbeit, von außen kommend, der Chef das Zimmer. Der Gehilfe erhebt sich sofort, und auch ich folge eilig seinem Beispiel. Nun bleiben wir stehen und besprechen einiges.

Bis dahin habe ich unseren »Geliebten Führer« schon einige Male leibhaftig gesehen, aber noch nie aus so großer Nähe. In diesem Augenblick klopft mir das Herz bis zum Hals, aber ich vermag doch einiges zu beobachten: Sein gewaltig wirkender Schädel ist gut bedeckt von dünnem, grauem Haar, ohne auch einen Ansatz zur Glatze. Die Gesichtshaut ist rosig und zart wie bei einem Baby, und die sehr helle Hand, die wiederholt ein widerspenstiges Haarbüschel von der Stirne streicht, ist recht dünn befingert wie die einer Frau, die nie den Griff eines Spatens hat berühren müssen. Während er sich auf sein Kabinett zubewegt, dessen Tür der persönliche Gehilfe flink öffnet, schaut er plötzlich zu mir hin. Da erstattet der Gehilfe einen kurzen Bericht darüber, wer ich sei und was ich hier tue. Stumm nickend lässt er den Blick seiner bebrillten Augen eine kleine Weile quer und längs über mich gleiten, und daraufhin sagt er zum Gehilfen, ich könne ja, wenn er abwesend sei, im geräumigen Kabinett nebenan am freien Tisch Platz nehmen und dort arbeiten, sodass wir uns hier zu zweit nicht an einem Tisch drängeln müssten.

Ab da lässt mich Batka in der Abwesenheit seines Chefs tatsächlich in das mächtig geräumige Kabinett hinein und weist mir den Ecktisch gleich neben der Tür zu, Morgen für Morgen. Wenn später der Chef auftaucht, fahre ich schnell in die Höhe und fange sogleich an, meine Papiere und Wörterbücher zusammenzuräumen, um das Kabinett zu verlassen. Doch er sagt meistens, ich solle mich wieder setzen und ruhig dableiben.

Eines Tages meine ich, alles getan zu haben, was mir aufgetragen worden ist. Der Verhandlungstext, die Ansprachen an drei, vier verschiedenen Orten, die Antworten auf sämtliche Interviewfragen sind fertig übersetzt, getippt und schließlich jedes Dokument in einen Umschlag verpackt und mit Bleistift adressiert. Schließlich trete ich mit dem Papierstapel an den Chef heran und sage: »Alles ist getan. Und nun bitte ich um Erlaubnis, wieder zu meiner Arbeit zurückkehren zu dürfen.«

Da schaut er, wie mir vorkommen will, zufrieden zu mir hinauf, deutet auf den Stuhl gegenüber seinem Schreibtisch und sagt, ich soll Platz nehmen. Oh, wie warm wird es mir da um die Seele! Dem gottgleichen Mann, der mir bislang nur Name, Bild, Schall gewesen, so nah zu sitzen, auf seine lebendige Gestalt zu schauen, dem Klang seiner durch nichts gestörten Stimme lauschen und den Hauch seines Atems spüren zu dürfen, großer Himmel! Wovon ich nie geträumt habe, nicht einmal zu träumen wagen würde – vielleicht träume ich jetzt doch?

Da sitze ich nun in der funkelnden Nähe des gottgleichen Geschöpfs und weiß nicht, ob er nachher – vielleicht aus Dank dafür, dass ich all die höflichen Wortherden für ihn zusammengetrieben und auf dem Papier festgepfercht habe, oder ganz einfach aus menschlichen Gründen – mir zum Abschied seine wertvolle Hand entgegenstrecken würde. Tut er es, werde ich darauf achten, dass ich seinen knabenzart gebliebenen Körperteil behutsam in meine nicht gerade schwielige, doch deutlich größere und von allerlei Arbeit gezeichnete Hand schließe, um meine Dankbarkeit und tiefe Ehrfurcht auszudrücken. Tut er es aber nicht, werde ich ihm von mir aus nicht die meinige anbieten. Werde dennoch, meinen Kopf in geziemendem Maße beugend, einen Mundvoll Worte echt empfundenen Dankes an ihn zu richten wissen.

Da sehe ich, dass das weiß beschürzte und weiß bemützte Mädchen, das auf einem ebenso schneeweiß bedeckten Tablett täglich mehrmals Tee hereinzutragen pflegt, gerade erschienen ist und das dampfende Teeglas geräuschlos sanft vor ihn hinstellt. Bislang war sie jedes Mal an mir vorbeigehastet, ohne mich mit einem Blick zu würdigen, als wäre ich aus Luft. Heute aber stellt sie ein Glas auch vor mich. Und nicht nur das: Sie öffnet ein Schrankfach an der Wand, holt daraus einen Kristallglasteller mit hohem Stiel, voll mit großen, teuren Schokoladenbonbons und stellt ihn auf die genaue Mitte des Tisches, der um einiges mir näher steht als dem Raumherrn.

Ich wage es nicht, den Henkel des Teeglashalters aus Silber als Erster zu berühren. So warte ich darauf, dass er anfängt zu trinken. Wie verwundert, aber auch erfreut bin ich, dass er dabei laut schlürft, nicht anders als einer vom Land, dem die feinen Sitten der Städter fremd geblieben sind! Nun ist es wieder er, der die Stille bricht. Er fragt, wo ich arbeite, was ich dort mache, auf welchem Weg ich diese fremde Sprache gelernt habe, ob ich auch weitere Sprachen beherrsche, was meine soziale Herkunft sei. Und schließlich: Aus welchem Bezirk und Landkreis ich käme. Ich antworte auf jede Frage sofort und genau. Auf meine letzte Antwort hin sagt er erfreut: »Ach, da bin ich doch gewesen!«

Auch ich kann meine Freude nicht verbergen: »Ja. Ihr Besuch ist im Gedächtnis des Volks als ein Meilenstein haften geblieben. Wenn man von jenen Jahren spricht, sagt man es etwa so: der Herbst, da unser großer Führer zu uns kam, oder im Winter danach oder im Sommer davor. Es ist wirklich ein geschichtsträchtiges Ereignis für diese Ecke und die Menschen gewesen!«

Ich merke, er hört mir gern zu. Ja, sein knochig glattes, fast viereckig wirkendes Gesicht strahlt. Gutmütig nötigt er mich, zuzugreifen und von den Bonbons zu essen. Worauf ich zögernd nach einem zweifingerdicken Krasnaja Schapotschka – Rotkäppchen – greife, es aber, unser süßes Nesthäkchen mit der Sonne in seinem kleinen, runden Gesichtchen, aber auch mit dem nach Liebe bettelnden Blick aus seinen leuchtend schwarzen Augen im Sinne, in die äußere Jackentasche einstecke. Mein Gastgeber sieht das und versteht wohl auch meine

Absicht. Er fragt mich, wie viele Kinder ich hätte. Ich antworte wohl ausführlicher darauf, als die Frage es bezweckt hat: drei Jungen und ein Mädchen. Da sagt er, ich solle für jedes Kind wenigstens eines mitnehmen. Was mich bis in die Innenwand des Zwerchfells trifft und rührt und schließlich ermutigt, noch drei, alle mit unterschiedlichen Verpackungen, zu nehmen. Ich bedanke mich mit bebender Stimme und gestehe, dass ich meinen Kindern sagen werde, das sei eine persönliche Gabe von unserem großen Landesvater für sie, die Knospen am mächtigen Baum der Mongolei. Er nickt mir zufrieden zu.

Während ich meinen Tee geräuschlos und in kleinen Schlucken trinke, entschlüpfen mir mit einem Mal diese Worte: »Auch ist jenes einschneidende Ereignis in das Leben im westlichsten Zipfel unseres Vaterlandes mit manch lustigem Vorkommnis bespickt gewesen, die das Gemüt des Volkes bis auf den heutigen Tag erheitern.«

Er hebt den gewaltigen Kopf höher und schaut mich erwartungsvoll an. »Lustige Vorkommnisse? Erzählen Sie!«

Ich erzähle die Geschichte der Begrüßung der obersten Führung der Partei und des Staats durch eine sorgfältig auserwählte Abordnung vom Volk und dann auch von der kleinen, harmlosen Disziplinlosigkeit, verursacht durch den alten Schwarzen Kalkabai.

So soll sich die Geschichte abgespielt haben: Der Tag der Ankunft des höchsten Gastes war bekannt, aber nicht die genaue Tageszeit, sodass die Kreisleitung aus Vorsicht schon am frühen Vormittag die Abordnung aus lauter herausgeputzten Vertretern der Partei-, Jugend- und Pionierorganisation sowie Produktionsbesten und Ältesten zusammenrief und in Aufstellung brachte. Unter ihnen stand eine Krankenschwester in Kittel und Haube und mit einer geheimnisvollen strahlend weißen

Mullverpackung, die sie mit amtlicher Miene beidhändig und würdevoll vor sich hertrug.

An zwei gut sichtbare Standorte, zum Pass von Haaktyg und auf die Anhöhe des Eer Hawak wurden zwei junge Motorradfahrer geschickt – beide mit Fernglas und einer Fahne an einer langen Stange, um sie zu schwenken, sobald die Staubfahne der Autokolonne sichtbar werden sollte.

Der Staub zeigte sich aber erst am späten Nachmittag, woraufhin die Fahnen auch in Aktion traten. Sogleich gerieten die müden Wartenden in ein beschwingtes Gewimmel, unter vielstimmigem Lärm aus endlich erlösten, hier bis zum Jauchzen gesteigerten, da bis zum Geflüster gedämpften Kehlen. Dann bezog ein jeder den ihm zugefallenen Platz mit der ihm zugewiesenen Aufgabe. So war es von der Leitung geplant: Die Menschenmenge aus fünfzig, sechzig Seelen bildet in zwei Reihen den Hintergrund, in jeder Hand eines von den Standardschmuckstücken – Fahnen, Losungen, Zedenbal-Fotos, Kunstblumen. Und einer dirigiert, flüstert oder ruft und gibt Zeichen, was nun gemacht werden soll: Ausruf, Winken oder Beifall. Diese Menschen sollen unter allen Umständen auf ihrem Platz bleiben.

Drei Schritte weiter vorne steht ein weiteres Dutzend Menschen in einer Reihe. Diese dürfen dem hohen Gast bei der Ankunft, sobald er aus dem Wagen steigt, einen Schritt entgegengehen und grüßen, durch einen höflich sanften Handdruck, sofern er seine Hand in ihre Richtung streckt. Daher verteilt die Krankenschwester vorher mit einer Pinzette unter all diese ausgesucht Glücklichen in Spiritus getränkte Wattekügelchen, auf dass sie damit ihre Hände reinigten.

Nun beginnt erneut das Warten. Obwohl es diesmal nicht länger als eine halbe Stunde dauert, kommt es allen wie eine

Ewigkeit vor. Da die Wache Haltenden auf der Anhöhe immer noch kein Zeichen geben, fängt der Beauftragte von der Kreisleitung mit den Versammelten zu üben an. Er lässt sie all die Losungen aus vollem Hals ausrufen, dann mit allem Schwung winken und schließlich auch mit aller Kraft klatschen. Auch zeigt er den Auserwählten, wie sie den höchsten Gast durch Händedruck zu grüßen haben: ihm die wertvolle, zarte Hand sanft, dennoch herzlich drücken und dabei ihn freundlich anblicken. Dabei macht der Bevollmächtigte selbst einen Fehler – er greift nach der Hand der Person, der er beibringen will, wie sie den höchsten Gast grüßen soll, mit der eigenen nicht gereinigten Hand. Die Krankenschwester protestiert so heftig, dass der Pflichtvergessene einen Schreck bekommt und auf sie zueilt, um eine spiritusgetränkte Wattekugel zu bekommen. Sie jedoch verweigert ihm das Erwünschte und sagt mit eisiger Stimme: »Du doch nicht, aber die Genossin, deren desinfizierte Hand du mit der deinigen soeben verunreinigt hast!«

Woraufhin dem Genossen Wichtigtuer nichts anderes übrig bleibt, als sich beschämt und gedemütigt zurückzuziehen, und die bereits desinfizierte Person von Neuem ein Wattekügelchen auf die Handfläche gelegt bekommt.

Dann kommt das lang ersehnte Zeichen von der Anhöhe. Und wenig später taucht die so heiß und lang ersehnte Kolonne tatsächlich und endlich ein!

Doch gerade in dem Augenblick, als der in dieser Ecke noch nie gesehene glänzend schwarze Wagen fast geräuschlos und behäbig sanft heranrollt, geschieht eine Kleinigkeit, von der ich später demjenigen, der im Wagen gesessen hat, selbstverständlich nicht erzählen werde, die aber das Volk auch nach Jahren nicht vergessen wird: Der Beauftragte der Kreisleitung befiehlt der Krankenschwester plötzlich, die Hände der Auserwählten von Neuem zu desinfizieren. Auf deren verblüffte Frage hin sagt nun er mit eisig amtlicher Stimme: »Nach so vielen Minuten seit deiner Desinfizierung der Hände, denkst du etwa, sie sind in dieser staubigen Luft steril geblieben? Im Namen der Kreisleitung und im Interesse der Gesundheit unseres geliebten Führers befehle ich dir eine neue Desinfizierung!«

Der Ärmsten bleibt nichts anderes übrig, als in panischer Eile mit zitternden Händen ihr Bündel wieder aufzuschnüren, mit der Pinzette aus einer Flasche Wattekügelchen herauszupicken und auf jede entgegengestreckte Hand zu legen. Später wird auch gemunkelt: Plötzlich sei die Krankenschwester im frisch und fast steif gebügelten Kattun starr und bleich geworden, mit Tränen in den Augen. Dies, weil ihr eine oder zwei Kügelchen gefehlt hätten. Dann aber habe ein lieber, findiger Mensch sie getröstet: »Macht nichts, Kind, wir teilen diese eine unter uns!«

Dann hat alles seinen sozialistischen Lauf genommen. Es lief wie am Schnürchen: Kolonne angekommen, Tür aufgegangen, Gast ausgestiegen, Wartende zugejubelt und gewinkt, Gast die Rechte hochgehoben und den Winkenden entgegengeschwungen und auf die Näherrückenden zugeschritten, jedem aus dem Dutzend die Hand gegeben, die von einem jeden beidhändig sanft und ergeben gepackt wird.

Doch dann … dann geschieht etwas Unerwartetes. Eigentlich etwas Harmloses, das aber der Anordnung, dem Protokoll widerspricht und einen Unverdienten nicht nur zum Tageshelden macht, sondern auch in die ferne Geschichte dieses wichtigsten Ereignisses katapultiert. Als der Gast das Ende der Reihe der Auserwählten erreicht, bricht einer aus der hinteren Reihe aus und stürzt auf ihn zu. Da bleibt dem Ankömmling nichts anderes übrig, als seine Hand auch diesem einen entgegenzustrecken. Bei dem ungehorsamen Ausbrecher handelt es sich um Kalkabai, einen alten Kasachen, Witwer und Metzger der Kreisgaststätte dazu, der seit vielen Jahren seine Waisenkinder mit den Abfällen der geschlachteten Tierkörper ernährt.

Der erste Gedanke im Hirn eines jeden der hinten so gehorsam Wartenden wird gewesen sein: Wenn sogar der Schwarze Kalkabai es tun darf, warum dann nicht ich? Also stürzen sich alle jenem hinterher. Und der nicht nur geliebte, in diesem Augenblick auch begehrte Führer des Volkes kann seine Hand keinem vorenthalten. Das Gedränge um die Führerhand dauert so lange, bis die Leibwächter heraneilen und sich zwischen die wogende Menschenmenge und ihren Schützling schieben und ihn zum Gasthaus davonführen.

So endet diese kleine Nebengeschichte, die aber, wenn sie nun erzählt wird, fast länger dauert als das Ereignis selbst.

Da bricht aus dem Hauptheld en der Geschichte ein Gelächter aus, dessen Lautstärke mich für einen Bruchteil des Herzschlages stutzig macht, ihn dann aber mir noch liebenswürdiger erscheinen lässt.

Dann kamen aber jene Fragen, jene sanfte Richtigstellung von seiner Seite, daraufhin meine Antwort und dann der unselige Schluss des so herzlich begonnenen und für eine traumhafte Weile so einträchtig weitergesponnenen Zwiegesprächs zwischen uns beiden, dem König und dem Untertanen.

»Im mongolischen Staat lebt kein einziger Tuwamensch, kapiert?«

Nach dieser Katastrophe für mich, den Untertanen, ist es selbstverständlich, dass ich die hohe Delegation ins Gelobte Land nicht begleiten darf.

Da ich dieser unbestreitbaren Hauptfigur der mongolischen Geschichte im Rahmen meiner schmalen eigenen Lebensgeschichte nun einmal so breiten Raum gegeben habe, möchte ich die weiteren Kreuzungen unserer Wege durch Zeit und Raum wenigstens kurz erwähnen. Es geschah noch zweimal.

Zuerst 1979 in Ostberlin während meiner Tätigkeit als Berichterstatter, und zwar anlässlich der Feierlichkeiten zum 30-Jahre-Jubiläum der DDR. Für mich bedeutete es zunächst schlaflose Nächte mit harter Arbeit, aber auch das wehmütige Ende jenes Amtes, welches ich als den Zenit meiner ganzen Berufsbahn bewerte. Mein Auftrag war klar – berichte von Erfolgen und Errungenschaften des Staates, der einem wichtigen politischen Ereignis entgegengeht. Als ich nur ein paar Schritte von mir entfernt das Oberhaupt meines Staats als Ehrengast an der Spitze einer beträchtlichen Begleitung sah und die Stimme seines Dolmetschers hörte, bekam ich gar heftiges Herzklopfen. Denn dieser Letztere war kein anderer als jener Junge, der im Studium seinem armen Zimmergenossen die ersten harten, aber auch nützlichen Lektionen erteilt hat: herausbrechen aus der unsichtbaren Schale der selbstgenügsamen nomadischen Einfältigkeit. Nun stand ich hier nur als Berichterstatter und musste sogar auf gehörigen Abstand zur Delegation achten, wie mir die Protokollabteilung eingeschärft hat. Während diesem anderen die vertrauliche Nähe zum König gewährt war!

Die Jubiläumsdelegation besuchte die Staatsfeierlichkeit mit Aufmarsch und Militärparade am Alexanderplatz mitten in Berlin und am Folgetag Dresden. Das Programm umfasste zwei Punkte: Besichtigung der Gemäldegalerie und der dort stationierten Panzereinheit der Sowjetarmee.

Dem »Erprobten und Geliebten Führer des mongolischen Volkes«, den wir in dieser Weltecke ein wenig anders zu benennen hatten, folgte einer seiner beiden Söhne in der Begleitdelegation. Er war ein hübscher, recht bescheiden, sogar befangen wirkender Jüngling, mit dem mich das launische Schicksal für ein paar Minuten näher zusammenbringen sollte. Dies kam in der Galerie dadurch zustande, dass der Dolmetscher die Ausführungen der Museumsführerin ins Mongolische dolmetschte, was aber unser Prinz nicht verstand. Also musste ich aushelfen und mit meinem bei Weitem nicht vollkommenen Russisch für ihn übersetzen. Wofür er mir dankbar zu sein schien, denn am nächsten Tag, als die Delegation wieder heimflog, war er der einzige Mensch, der mir die Hand gab. Für seinen Vater und meinen König wie auch für die gesamte Begleitung schien ich Luft zu sein. Als ich an der Gangway stand und mit Notizblock und Schreibstift festzuhalten trachtete, was da an Berichtenswertem geschah, gingen alle an mir vorbei, ohne mich eines Blickes zu würdigen. Brauche ich noch zu erwähnen, dass ein jeder der Gehenden sich von allen anderen Zurückbleibenden lärmend laut verabschiedete, da mit Händeschütteln und Schulterklopfen, dort mit Umarmung und sogar saftigen Küssen nach russischer Art? Ich allein blieb außerhalb dieses Schauspiels der ewigen, unverbrüchlichen mongolisch-deutschen Freundschaft.

Alle späteren Memoirenschreiber stimmen in dreierlei Hinsicht miteinander überein, wenn es um die Charaktereigenschaften unseres kommunistischen Zaren-Kaisers-Königs geht: erstens, sein herausragendes Gedächtnis, zweitens, seine meisterhafte Einbeziehung der Stasi in den Alltag der Staatspolitik und drittens, sein krankhafter Hang zum Nachtragen. Also scheint die kollektive Erinnerung zu stimmen.

Trotz dieser Kränkung auf dem Flughafen zu Berlin-Schönefeld darf ich wohl mit gutem Gewissen zu Protokoll geben, den mir anvertrauten Auftrag gut erfüllt zu haben. Zum Abschluss ein freundliches Gespräch mit dem Leiter der Presseabteilung des Außenministeriums der DDR, danach ein offizielles Essen mit einem ministerialen Dankes- und Abschiedsgeschenk »für meinen hervorragenden Einsatz« mögen es bestätigen. Zumindest habe ich als Berichterstatter drei Monate lang deutsch-ordentlich und galsanisch-ehrgeizig gearbeitet. Seit dreieinhalb Jahrzehnten denke ich jedes Mal, wenn ich bei feierlichen Anlässen das geschenkte Kristallgeschirr auf unserem Esstisch aufgereiht sehe, mit Herzklopfen an jene Biegung meines Lebensflusses, der beharrlich durch ein Bett voller Klippen und Drehungen dahinfließt, unklar, ob zum finsteren Abgrund oder zu einem lichten Horizont.

Immerhin hatte man mich, mit meiner fragwürdigen Herkunft und der angekratzten Vergangenheit, mit einem so ehrenvollen Amt betraut, wenn auch nur kurzzeitig. Die Arbeit selbst war ein Kinderspiel. Es ging nur um positive Berichte, um Erfolge eines Bruderstaates, und solches galt in der Journalistik als das Simpelste, das man gern grünen Anfängern überlässt. Mittlerweile beherrschte ich die Vokabeln, die zur Pflege jener »unverbrüchlichen Freundschaft« gehörten, und kannte die gestanzten Phrasen, deren sich die Genossen bedienten, in- und auswendig wie einen schamanischen Zauberspruch. Zum Beispiel: »Unsere beiden Staaten haben bei all den historisch bedingten Unterschieden einen gemeinsamen Auftrag angesichts der sozialistischen Völkergemeinschaft.« War diese Eröffnung aus dem Mund eines deutschdemokratischen Genossen gefallen, wusste ich sogleich, was nun kommen musste: »Uns, die Deutsche Demokratische Republik, die an der Westgrenze der sozialistischen Völkerfamilie steht, verbindet nichts mit der revanchistischen, imperialistischen Bundesrepublik Deutschland, aber alles mit der Mongolischen Volksrepublik, die an der Ostgrenze des realen Sozialismus steht und den Machenschaften des reaktionären chinesischen Maoismus standhaft die gebührende Abfuhr erteilt!«

So kommt es, dass ich die Prüfung der Stasi, die von beiden Seiten auf mich schielt und zielt, zu gutem Ende ungefährdet bestehe und mit einem bescheidenen Schuss Hoffnung auf meinen Weiterweg in die Heimat zurückkehre.

Am 22. Juni 1984 treffe ich den »Geliebten Führer« das letzte Mal. Es war der allerletzte Tag seiner Machtgewalt, die sich über ganze vierundvierzig Jahre erstreckte, am Vortag seiner letzten Reise. Stunden später, als er im Regierungsflugzeug nach Moskau am Himmel schwebt, neben seiner Gattin, war sein weiteres Schicksal längst besiegelt. Da war er schon kein König mehr, war nur ein Gefangener, ein politischer Leichnam. Der Kreml und dessen Steuermann Michail Sergejewitsch Gorbatschow hatten es entschieden.

Nun aber zu unserer Begegnung. Ich betrete als Dolmetscher zweier Mitarbeiter der Prager Redaktion der Zeitschrift *Probleme des Friedens und des Sozialismus*, die gerade im Land weilen, den gewaltigen Raum und trete meinem König und Richter entgegen, noch nichts ahnend von der nahen, nächsten Zukunft. Der Gehilfe des Chefs, derselbe liebe Batka, der sich über das Wiedersehen mit seinem einstigen Mitarbeiter, diesem ehrlichen Pechvogel, nach so vielen Jahren echt zu freuen scheint, bittet mich, dafür zu sorgen, dass die Begegnung nicht länger als zwanzig Minuten dauere. Allein, wir bleiben anderthalb Stunden. Zedenbal ist einfach nicht zu bremsen, und das, was da aus seinem Mund hervorsprudelt, ist alles andere als bloßes tagespolitisches Blabla. Es sind quicklebendige, hochkarätige Bekenntnisse eines Nomadenkindes, dem einst ein

Zauberstab auf den Schoß gefallen sein musste, der aus ihm einen echten König machte.

Er hat wohl selber gewittert, dass dieser Tag der allerletzte der längsten Thronzeit in der Landesgeschichte ist. Daher die Entscheidung, jede Minute der ihm noch verbliebenen kostbaren Stunden so sinnvoll wie nur möglich zu verwenden, während ringsum alle anderen nichts davon wahrnehmen.

Wir, denen er jene anderthalb seiner verbliebenen letzten Stunden schenkt, sind zu dritt, sind alles Journalisten, also Schreibende und Meinungen Verbreitende. Der Deutsche Georg Kwitowski ist ein ehemaliger hoher Funktionär der Westdeutschen Kommunistischen Partei. Dem Armenier Juli Stepanowitsch Ogenesjan merkt man seine Schlauheit sofort an. Und ich, sicher war er darüber unterrichtet, wer ich als Schreiber bin. Möglicherweise wird er an diesem letzten Tag damit gerechnet haben, dass Worte, vernommen von einem solchen Trio, irgendwie an die Öffentlichkeit gelangen werden.

Er, der damals in Berlin-Schönefeld, an der Gangway zum Flugzeug, sich demonstrativ geweigert hat, mir wenigstens zuzunicken, gibt mir nun die Hand. Ich schließe sie, glücklich und gerührt, in meine und stelle fest: Es ist nicht mehr die kleine, helle Knabenhand, sondern eine zwar unversehrt erhaltene, aber schlapp und leer wirkende Hand eines alten Mannes mit erlöschend dünnen Fingerchen und erbärmlich blasser Haut. Da er nun selber ahnt, sein Lebensmärchen wird zu Ende gehen, will er drei Journalisten aus drei Ländern seine wichtigsten Erinnerungen möglichst ausführlich und detailgetreu erzählen.

So tue ich hier und heute seiner Seele den Gefallen, indem ich einige Häppchen aus dem Gehörten herauspicke.

»Von wegen ein Held mit revolutionären Träumen! Nein, ich war der Sprössling von einfachen Hirten in einer ländlichen Ecke und träumte wohl eher davon, ein guter Lamaschüler zu werden, um meinen Eltern eine Freude zu bereiten. Da ich am Lernen Gefallen fand und mir Mühe gab, hatte ich weder Zeit noch Lust für etwas anderes, hockte in jeder freien Minute über meinen Lehrbüchern. Was so manchen meiner Landesleute, die mit mir zusammen dorthin gekommen waren, nicht gefiel. Sie hänselten mich. Ich lieferte ihnen ja reichlichen Grund mit meinem westmongolischen Dialekt, der in den Ohren derjenigen, die sich für richtige Vollblutmongolen hielten, putzig klang.

1939 war ich zum ersten Mal im Kreml auf einem Empfang. Der sowjetische Finanzminister Swerew goss ein Wasserglas voll Wodka, drückte es mir in die Hand und sagte: Trink! Ich stand auf, stieß mit Stalin an, der zu mir sagte: auf Ihr Wohl! Mir fiel der Unterschied gleich auf: Dieser siezte mich, während ich vorhin vom anderen so brutal geduzt wurde. Nun nippte ich an dem vollen Glas, stellte es demonstrativ weit weg von mir und schenkte mir aus der Flasche in ein normales, kleines Gläschen ein wenig Schnaps ein.

Während der Verhandlungen mit China sagte Dshou Enlai zu mir, die Mongolei solle zu den sowjetischen Genossen Abstand halten. Täten wir dies, würde uns Peking in kürzester Zeit bedeutend mehr Hilfe zukommen lassen, als Moskau es bisher getan hat. Darauf antwortete ich ihm, dass die mongolisch-sowjetische Freundschaft uns heilig ist und wir sie daher wie unser Augenlicht und Herzblut behüten werden. Was in meinem Verhandlungspartner einen Jähzorn auslöste. Er schnauzte die Kellnerin, die gerade dabei war, uns in Dampf erhitzte Tücher zu reichen, grob und grundlos an. Da sagte ich ihm: Genosse

Ministerpräsident! Obwohl ich jünger an Jahren bin als Sie, bin ich länger in der Politik. So darf ich Sie wohl daran erinnern, dass Sie als Vertreter des großen chinesischen Volkes auf der Arena der Weltpolitik nie vergessen dürfen, dass es Regeln gibt, die man einhalten muss! Ich glaube, er hat mich verstanden. Denn er schien seinen Zorn zu unterdrücken.

Mao Zedong empfing mich sehr freundlich, sagte zu mir: China, das die Mongolei zweihundertzwanzig Jahre lang unterjocht hat, wird nun diese alte Schuld begleichen, indem es uns alle erdenklichen Hilfen zukommen ließe. Worauf ich ihm antwortete: Besser, wir lassen die Vergangenheit vergangen sein. Denn wenn wir darüber reden, dann haben unsere Vorfahren den Ihrigen noch mehr Leid zugefügt und noch länger über Ihr Land geherrscht.

Beim Staatsempfang zur Verabschiedung unserer Delegation grüßten uns alle freundlich lächelnd, als hätte es keinerlei Meinungsverschiedenheiten gegeben. Ja, ein sehr schöner Empfang. Am Ende aber, als die Nachspeise herangetragen wird, bekomme ich einen Schreck: Denn sie besteht aus einer sehr ansehnlichen Torte in Gestalt eines gesattelten Pferdes. In mir blitzt es, während ich dieses Wunderstücks ansichtig werde: Was soll ich damit machen? Soll ich es anschneiden? Oder unberührt lassen? Beides geht nicht: Ich muss davon wenigstens kosten. Wenn ich der Figur ein Stück abschneide, das wäre nicht gut, denn ein Pferd unter Sattel, das ist das Sinnbild für eine selbstständige, unantastbare Mongolei. Was für eine böse Absicht hinter der Scheinfreundlichkeit meiner Gastgeber gesteckt haben muss! Indes steht die Kellnerin vor mir und wartet darauf, dass ich mich bediene. Gut gelaunt lächelnd schauen die Gastgeber zu, ihre Blicke zielen auf mich, auf das Pferd. In meiner Not nehme ich mir Zeit, beuge mich über das Besteck auf dem silbernen Tablett, hüstele, um Zeit zu gewinnen. Da endlich fällt mir etwas ein: Ich sehe genau hin und erkenne, der Sattel ist lose auf den Pferderücken gesetzt. Also hebe ich den Sattel mithilfe des Bestecks behutsam hoch, lege ihn neben das Pferd. Fahre daraufhin mit dem flachen Messer über den Rücken und beide Flanken des Pferdes, streiche das, was am Messer klebt, an der Gabel entlang und koste davon. Daraufhin setze ich den Sattel wieder auf den Pferderücken. Also habe ich meinem Pferd den Schweiß abgekratzt und es dann von Neuem gesattelt. Nichts beschädigt, nichts zerbrochen! Und die Erkenntnis, die ich soeben gewonnen habe: Vorsicht, Vorsicht und wieder Vorsicht im Umgang mit diesen Leuten!

Der Besuch der Delegation unter Dshou Enlais Führung bei uns verlief gut, bis zum mongolisch-chinesischen Freundschaftsmeeting in Kara Korum. Da sagte unser hoher Gast plötzlich etwas, das überhaupt nicht nach der Aussage eines Staatsmannes klang. Er sagte zu seinen Landesleuten, es waren ihrer Tausende: Es gibt keine Heimkehr für euch. Ihr werdet alle hierbleiben! Später ließ ich die Übersetzung dieser Aussage prüfen. Es lag keinerlei Fehler vor. Ab da zielte meine Anstrengung darauf, den Zustrom weiterer chinesischer Arbeiter zu stoppen und die bereits im Land Weilenden wieder hinauszubringen. Das war nicht einfach, uns wäre es lieber gewesen, wenn dies ohne Streitereien geschehen wäre. Aber es kam zu derartigen Streitereien, dass eines Tages aus den früheren Verbündeten Gegner wurden, die einander feindlich in die Gesichter schauten und noch schlimmer …«

Ein treuer Diener jenes heroisch-tragischen Ideals von Marx und Lenin war er wohl auf alle Fälle, denke ich heute von ihm. Das zündende Ideal, das die Weltgeschichte auf eine neue Bahn gelenkt hat, muss ihm den Blick für seine nächste Pflicht zuweilen getrübt haben, während er für das ferne Ziel, einen siegreichen Weltkommunismus, glühte und flammte. Seine nächste Pflicht wäre das Wohl des Volkes gewesen, dessen Oberhaupt er doch war! Und die Mongolei wurde im Unterschied zu dem aufgebauschten Bild, welchem so manche Patrioten einen Heiligenschein umzuhängen pflegten, ein armseliges, gewichts- und gesichtsloses Anhängsel am staubigen und rußigen Ende des schwer beladenen Zuges Sowjetunion. Es kann durchaus sein, dass dieser europäisch geschulte Geist von unserem Land nicht viel mehr als dieses nüchterne Bild hatte. Unser Steuermann hat eine beispiellose Bereitschaft zutage gelegt, zugunsten der Sowjetunion alles zu tun, ja, alles aufzuopfern. Er trat sogar seinen eigenen Geburtsort, Dawst Uul, den Steinsalzberg, an die Weltmacht ab, er überließ die Uranerze unter heimatlichem Boden zur Festigung des Verteidigungspotenzials der sozialistischen Völkerfamilie den Benutzern kostenfrei, er stufte den Sowjetmenschen zum unfehlbaren, unantastbaren Übermenschen hinauf …

Dann, bei der bitteren Wende seines Glücks, in der Stunde der Wahrheit, sorgte ausgerechnet der Kreml, der ihm am frühen Vormittag seines Lebens zum Thron verholfen hat, dafür, dass er nicht nur gestürzt, sondern auch zum Häftling degradiert wurde und bis zum Ende in Gewahrsam blieb. Währenddessen verdammten ihn in seinem eigenen Königreich die Gesinnungsgenossen, wobei sich diejenigen hervortaten, die soeben noch seine besonders ergebenen Lakaien gewesen waren. Sie sprachen ihm alle Verdienste ab, entzogen ihm alle Titel und Orden und schlossen ihn sogar aus der Partei aus – als deren denkendes, lenkendes Hirn und unermüdlich klopfendes Herz sie ihn bis zuletzt gefeiert hatten. Eine unblutige Hinrichtung also.

So denke ich heute, am Vorabend zur hundertsten Wiederkehr seines Geburtstages, da die erneut an die Macht gelangte Horde alles tut, um ihren geächteten Rudelführer nicht nur sauber zu waschen, sondern wieder auf den Sockel zu heben und als die zweitverdienteste Persönlichkeit in der mongolischen Geschichte neben Dschingis Khan zu stellen. O Geschichte, du Ungeheuer, gefüttert mit Leid und Tod, mit Treibstoff aus Blut und Tränen und mit Zugkraft aus List und Trick!

5

Eine Entlassung trifft den Betroffenen in alle Richtungen hin schmerzhaft. Am empfindlichsten trifft sie ihn an seiner menschlichen Würde. So war es jedenfalls für mich, als ich den Dienstausweis als Universitätslehrer abgeben musste. Das war die gröbste Beleidigung, die schlimmste Erniedrigung, die mir je zugefügt worden war. Am deutlichsten empfand ich dabei Scham, ein Schamgefühl, das mich, gleich lodernden Flammen, nicht nur am Gesicht zu versengen, sondern auch am ganzen Körper zu betäuben und zu verbrennen drohte.

Wofür, aber wofür?, hörte ich tief in mir eine Stimme fragen. Dafür etwa, dass ich mich am funkelnden und flammenden Anfang meines Berufslebens entschlossen habe, eigenhändig und eigenköpfig eine Brücke zwischen zwei Völkern und Kontinenten herzustellen? Dass ich diesem Ziel ganze acht Jahre meines Lebens bedenkenlos geopfert habe?

Erst ganz zuletzt wurde mir bewusst: Nun stand ich arbeitslos da, der Quelle meiner physischen Existenz, des Zuganges zum lieben Geld für das tägliche Brot beraubt. Doch das erschreckte mich nicht sonderlich. Meine Frau bezog weiterhin ihr Gehalt, und solange einer in der Familie verdiente, drohte nicht unbedingt der Hunger, zumal wir beide nicht nur sparsam erzogene, bescheidene Verbraucher waren, sondern auch über fleißige und geschickte Hände verfügten.

Was diese Berechnung allerdings gefährden könnte: Würden die Kontrollorgane herausbekommen, dass die Köchin des Politbüros einen politisch fragwürdigen Mann hat? Dann würde auch sie ihre Arbeit verlieren! In dem Falle wäre die einzige Rettung für meine liebe Hassaa und unsere unschuldigen Kinder, dass ich mich von ihr rechtzeitig scheiden ließe! In schlaflosen Nächten spukte mir dieser eine Gedanke immer wieder durch den brummenden Schädel. Du solltest diesen Schritt tun!, schien mir eine Stimme in der Dunkelheit zuzuflüstern.

Eines Morgens vertraute ich diesen Gedanken Hassaa an. Und das liebe, sonst so stille Wesen brach in Tränen aus: »Und wennschon! Ich werde zu dir stehen!«

In dieser Ungewissheit versuchte ich, nicht viel anders als ein Verbrecher, die Öffentlichkeit zu meiden. Müde und irre unter der Folter des Verfolgungswahns, behelligte ich meine gute Gefährtin noch einmal mit dieser Idee. Nun reagierte sie noch heftiger und fragte mich: »Oder hast du jemand anderes gefunden und willst nun diesen kleinen Vorfall zum Anlass nehmen, um uns ihretwegen loszuwerden?«

Dieser Argwohn traf mich so unvermutet, dass mir Tränen in die Augen traten. Ich schwor ihr, dass die Vermutung unbegründet sei. Und schwor in dem Augenblick ebenso mir selbst: Ich werde, was auch geschähe, sie nie verlassen und mit ihr altern!

Der zweite Grund, weshalb ich die Hungergefahr nicht allzu ernst nahm: Der mongolische Sozialismus, der sich berechtigt sieht, mich, einen seiner Bürger so grausam zu malträtieren, war auch verpflichtet, mich samt meiner Familie vor Krankheit und Armut zu beschützen. Ja, er hatte sich sogar verpflichtet, jedem Bürger im berufstätigen Alter, also auch mir, eine Arbeitsstelle bereitzuhalten, damit wir keine Armut und keinen Hunger leiden mussten.

Diese Gedankenschiene versah mich mit einer Krume Ruhe in der Brust. Allerdings: Was für eine Beschäftigung würde man mir zuweisen? Vermutlich etwas mit Muskelkraft zu Verrichtendes. Das würde mich nicht sonderlich stören. Denn ich verfügte, mehr als die meisten um mich herum, über Muskeln und Ausdauer und konnte auch mit Arbeitsgeräten und Werkzeugen umgehen. Doch innerlich wich ich, während ich alle Möglichkeiten in Gedanken durchging, vor zwei Aufgaben zurück: Das war zum einen, Kohle von Zügen abzuladen. Dabei atmet man zu viel Kohlestaub ein, hat nach zehn Jahren damit vollgestopfte Bronchien, und weitere zehn Jahre später stirbt man. Aber ich möchte mindestens sechzig Jahre auf Gottes Erde gelebt und dabei fünf Bücher geschrieben haben!

Schwer wäre auch zu ertragen, wenn man mich als Müllmann mit Besen und Schaufel auf öffentlichen Plätzen anstellen würde. Der Wechsel von der Lehrerkanzel aller vier Hochschulen des Landes zum Straßenkehrer wäre nicht nur für mich, sondern auch für die Aberhunderte von Studenten, deren überwiegende Mehrheit mich mochte, wenn nicht gar verehrte, und wieder Aberhunderte von Intellektuellen, denen meine kritische Haltung zur Führung unseres Staats bekannt sein dürfte, eine grausame Beleidigung!

Doch gerade deswegen, so kreisten meine Gedanken, um jedweden Funken der Kritik zur bestehenden Ordnung auf möglichst lange Zeit auszulöschen, würden die Machthaber mir diese erniedrigende Aufgabe übertragen, mich mit Besen und Schaufel und in der leuchtenden rötlich gelben Straßenreinigerweste als ein Schreckbild auf öffentlichen Plätzen ausstellen!

So weit kam es dann zum Glück doch nicht. Man gab mir einen Unterschlupf bei der Gewerkschaftszeitung *Hödölmör – Die Arbeit.* Derselbe Leiter der Kaderabteilung, der mir damals die Schleuse meines Lebensflusses durch die lärmende Ebene der Erziehung und des Wissens eröffnen durfte, musste sie nun, acht Jahre später, wieder schließen. Wie ich später erfuhr, telefonierte er mehrere Wochen lang mit anderen Kaderabteilungen, um diese eine Stelle ausfindig zu machen. O närrische, gleichzeitig aber auch löbliche sozialistische Gesetzgebung – derselbe Ermächtigte, der einen in die Flutwelle gestoßen, ist daraufhin verpflichtet, das Opfer vorm Ertrinken zu retten!

So nimmt mein gestörter, über die Ufer getretener Lebensfluss mit dem ersten November des Jahres 1976 jäh einen anderen Verlauf und jagt mich in das abwechslungsreiche, dornige Dickicht des Journalismus.

»Als Journalist hast du Aug, Ohr und Stimme der Partei zu sein!«, sagt der Propagandasekretär des Zentralrates der Mongolischen Gewerkschaften, der mich zum Vorstellungsgespräch empfängt, ehe ich mit meiner neuen Arbeit beginnen darf.

Der hohe Funktionär ist mir ein Bekannter aus früheren Zeiten. Den Herbst des Jahres 1961 verbrachte er wie ich unter den vielen Hundertschaften von Universitätsstudenten auf den Kartoffelfeldern des mittelmongolischen Staatsguts Dshargalant. Alle waren zum Ernteeinsatz eingezogen, wie es damals Herbst für Herbst üblich war.

Wir waren gleichrangige Mitglieder der Ersten Ladebrigade. Er hatte den Körper und die Miene eines längst erwachsenen Mannes mit strengen, auffallenden Zügen, einen für zumindest mongolische Zungen schwer aussprechbaren Namen – Sarymkhan – und nannte die Grubenstadt Nalaekh als seinen Herkunftsort. Er musste also Kasache sein. Eines Tages, als wir zu zweit ein Auto beluden, sprach ich ihn in seiner Sprache an, die ich im zarten Kindesalter von unseren Nachbarn erlernt hatte und damals besser beherrschte als das Mongolische, in dem ich mich noch sehr unsicher fühlte.

Er schien einen Herzschlag lang zu stutzen, antwortete dann aber mit einwandfreiem Kasachisch. Doch wenig später kehrte er ins Mongolische zurück und meinte, wir sollten lieber Mongolisch miteinander reden, sobald jemand dabei sei, der unsere Sprache nicht verstehe. Es gab aber fast immer jemanden in unserer Nähe. Damit war meiner Sehnsucht, mit jemandem eine kleine heimatliche Nische zu bilden, der Boden entzogen.

Mit dem welkenden Herbst fand auch die Erntearbeit ihr Ende. Wir kehrten in die Hauptstadt zurück, und das Studienjahr begann. Sein Fach war Philosophie und das meine Mongolistik. Wenn wir uns dann und wann bei Vorlesungen sahen, tauschten wir ein, zwei Worte miteinander. Zu mehr kam es nicht. Bald ging ich weg ins Ausland. Also sah ich ihn viele Jahre nicht mehr.

Nach meiner Rückkehr in die Heimat begegnete ich einmal in der Tagespresse seinem Namen, nun mit vorangestelltem »Dr. phil.«, als Verfasser eines länglichen Artikels mit dem umständlichen Titel *Die Rolle der internationalistischen Erziehung in der Zeit des ideologischen Kampfes zwischen beiden Weltsystemen.* Ich überflog ihn und merkte, dass der zufällige Bekannte meiner frühen Jugend sich zu einer hochoffiziellen Persönlichkeit mit passend amtlichem Sprachstil entwickelt hatte. Später las ich, dass er zum Sekretär des Zentralrates der Mongolischen Gewerkschaften berufen worden war.

Und nun sitze ich im noblen Dienstraum des Genossen Sekretärs und höre mir seine Lektion an. Ja, Lektion, vielleicht eher Kritik, die ich als Gestrandeter über mich ergehen zu lassen habe. Was mich schmerzhaft deutlich spüren lässt, er weiß bestens Bescheid, was mir zugestoßen ist und warum.

»Als taufrischer Uniabgänger, mit Theorien prallvoll gefüllt, hält man sich für gefeit vor jeglicher Prüfung des Lebens. Man nimmt sich einfach zu viel vor und kennt keine Grenzen. Da verliert man leicht die Kontrolle über sich selbst. Mal fehlt einem das Verständnis, mal die Bereitschaft zur Vernunft. Man verzettelt und verausgabt sich. Anstatt die Sinnlosigkeit solchen Unternehmens einzusehen und kehrtzumachen, gerät der Unvernünftige in eine Abwehrhaltung gegenüber allem, was nach Norm und Gesetz aussieht. Was ihn unweigerlich in Konflikt mit der Gesellschaft bringt, die veraltet und morsch sein mag, sich letzten Endes doch als stärker erweist als der Einzelmensch und daher imstande ist, diesen zu zerbrechen und zu zermalmen …«

Ich bin beeindruckt von seiner Redegewandtheit und der Sicherheit, die nicht nur seine Stimme, auch sein Blick ausstrahlt, der mir die ganze Zeit genau ins Auge zielt. Ich denke, er sitzt gewiss fest im Sattel seines Berufs und identifiziert sich voll mit dem herrschenden System. Dafür beneide ich ihn. Und dann, bei seinen letzten Worten über den Einzelmenschen, der zerbrochen und zermalmt wird, hebe ich unbeabsichtigt die Augenbrauen hoch.

Diese kleine Regung auf meinem Gesicht entgeht ihm nicht – er muss ein wirklich erfahrener Redner mit einer hoch wachen Beobachtungsgabe sein! Denn sogleich, ohne jegliche Zäsur in der Stimme, fährt er fort: »Daher darf ein Mensch, der ein fernes Ziel angepeilt hat, nie das Feingefühl verlieren, sich dann und wann zu bremsen und bei Notwendigkeit sogar einen Schritt zurückzutreten.«

Da lege ich, nun absichtlich, in meinen Blick eine leise Frage. Was ihm natürlich wieder nicht entgeht: »Du hast eine Frage?«

»Ja. Lenin hat nie aufgehört zu kämpfen, bis er die zaristische Macht schließlich zerbrach …«

»Habe ich etwas von Aufhören gesagt?«, protestiert er. Dass dabei seine Stimme nicht verärgert, sondern eher belustigt klingt, veranlasst den alles benotenden Lehrergeist in mir zu einem Pluspunkt für mein Gegenüber.

»Es geht nur um taktische Schritte zur Selbsterhaltung«, fährt er fort, »solch taktische Züge hat am Schachbrett der Weltpolitik der geniale Meister selbstverständlich hin und wieder auch machen müssen. Dass er 1918 den Brest-Litowsker Zwangsvertrag mit all den erniedrigenden Bedingungen, diktiert von fast allen Staaten Europas an die junge, sozusagen noch in den Windeln steckende Sowjetmacht, gegen Bedenken mancher Mitstreiter angenommen hat, ist ein Beispiel für seine Weitsicht. Er musste sich mit dem Diktat einverstanden erklären, um Zeit zu gewinnen, in der es galt, Kräfte zu sammeln …«

Hier macht er endlich eine Pause, greift nach dem Glas mit dampfendem Tee. Wort- und geräuschlos hat es eine Dame in hellem Kittel vor ihn hingestellt. Genüsslich, aber leise beginnt er zu schlürfen. Ich hole mir mein Glas näher, folge seinem Beispiel und schlürfe behutsam. So ein Schluck wirkt Wunder. Mit einem Mal fühle ich mich von tiefer Ruhe erfüllt. Dankbar schließen sich meine Hände um die Gabe, auch wenn ich darin nur ein Ritual höherer Behörden erkenne, eine harmlos anmutende, aber untergründig wirkende Bestechung für die Oberschicht, eine materialisierte Geste: Du verdienst diese Sonderportion an Aufmerksamkeit, denn du bist was Besonderes, Besseres als alle nebenan, bitte nimm und genieße!

Seltsamerweise regt sich bei dieser Erkenntnis keinerlei

Empörung in mir. Vielmehr schleicht sich ein Gedanke ein: Vielleicht werde auch ich eines Tages jemand sein, dem der Staat eine Sondergabe reicht?

Bin ich auf dem Wege zum sozialen Frieden?, denke ich ungläubig. Wäre nicht erstaunlich! In den bitter einsamen Wochen als Entlassener, was doch letztendlich heißen will: Ausgestoßener aus der Gesellschaft, habe ich mich so sehr danach gesehnt, morgens frisch aus dem Haus gehen und abends müde zurückkehren zu dürfen. Dabei habe ich mir vorgenommen, sollte ich wieder eine so sinn- und ehrenvolle Arbeitsstelle bekommen, wie ich sie bis vor Kurzem hatte, würde ich mich künftig zurückhalten mit lauthals geäußerten, eigenen Meinungen. Ja, ich habe mir vorgenommen, meinungslos zu leben, wie so viele, die ich in all den Jahren verachtet habe. Ja, meine Meinung in mir eingesperrt zu halten, wie eine Katze ihre versteckten Krallen, solange es keine Notwendigkeit gäbe, davon Gebrauch zu machen!

Ich betrachte die Gabe, die ich in den Händen halte. Das helle Sechseckglas wie auch der silberne Halter mit kunstvoll gebogenem Henkel ist von der gleichen Sorte wie auf den Bürotischen im Regierungshaus nebenan, einen Steinwurf von hier entfernt. Nur schmeckt hier der Inhalt anders, weil ungezuckert. So kommt das Aroma noch besser zur Geltung.

Meine Gedanken flattern hinüber und herüber. Ich finde meine Lage durchaus erträglich. Vielleicht bin ich nur gestrauchelt und gar nicht gestürzt? Der Leiter der Kaderabteilung der Universität, dieser lebenserfahrene Mensch, hat wohl recht: Mit dem Wechsel meiner Arbeitsstelle würde ich womöglich aufsteigen auf der sozialen Leiter.

Mit einem Mal sagt der neue Chef schlicht: »Du hast es in jede Richtung hin übertrieben.«

Ich muss erst einmal aus dem Wachtraum erwachen. Muss überlegen, wo wir denn vorhin waren, und wovon er jetzt spricht. Dann begreife ich es: Er hat mir vorhin sozusagen als Einleitung ein paar allgemeine Lehren erteilt, jetzt breitet er meinen Fall vor uns aus.

Ich bündele meine Gedanken, zähme meinen Blick und richte ihn direkt auf den seinigen. Und folge dem, was aus dem Mund des Mannes sprudelt, der mir in diesem Augenblick sehr viel älter als ich vorkommt.

»Fleiß ist eine Tugend, aber zu viel davon schadet dir. So geht es auch mit der Ehrlichkeit. Gewiss hebt sie deinen menschlichen Wert. Aber zu viel davon macht dich zum Gegner deiner Umwelt. Ähnlich mit deiner Bildung, deinem Wissen und Können. Du darfst dein ganzes Licht nicht auf einmal strahlen lassen, musst damit sparsam haushalten. Sonst fühlt sich dein Gegenüber davon in den Schatten geschoben, herabgezogen und beleidigt. Ja, gar bedroht.«

Ich glaube, ihn zu verstehen.

Dann kommt etwas, das ich ihm schwer abnehmen kann. Er erzählt, dass er Tage und Wochen hinter mir her gewesen sei und gegen zahlreiche Hindernisse gekämpft habe, um mich zu sich zu holen.

Wieso denn?, denke ich misstrauisch. Er hat doch gar keinen Grund dazu!

Zumindest einen kleinen Grund hatte er, wie ich später erfuhr. Seit geraumer Zeit suchte er einen vielseitig verwendbaren Mitarbeiter für seine Zeitung. Der Gesuchte sollte gewisse Lücken füllen, die sich bei der bisherigen Mannschaft immer wieder bemerkbar machten. Was ihm über meine Person ans Ohr kam, näherte sich wohl seinem Wunschbild. Außerdem war ich ja für ihn kein Wildfremder. Dass ich kein Faulenzer und

Dummerjan war, wusste er. Eine Schlechtigkeit nach der anderen wird er über meine Person gehört haben, bis zu dem erschöpften »Eigentlich …«: Eigentlich ist dieser Trotzkopf, dieses Scheusal … recht gebildet, begabt, gut in seinem Fach, ein unermüdliches Arbeitstier …

Da er selbst ein Arbeitstier ist, wollte er eines neben sich, unter seine Fuchtel gestellt wissen.

Er spricht immer leiser, als wolle er meine Seele mit Worten streicheln. Ich versinke in einem Frieden, der mich, gleich einer atemwarmen, flaumweichen Decke, einzuhüllen scheint. An jenem Tag, in jener Stunde, an der Schwelle meines Neustarts als nützliches Schräubchen der Gesellschaft, bei meinem Wiedererwachen als pochende und Sinn erfüllende Zelle im Schoß des Lebens geht er überaus sanft und liebevoll mit mir um. Später werde ich das an ihm, meinem Retter und Gönner, oft vermissen.

Zum Ende dieser für mich entscheidenden Lebensstunde kommt es unter uns zu einer Zwiesprache, die sich aus der anderthalb Jahrzehnte zurückliegenden Jugendzeit speist. Wofür er den Start gibt, indem er sagt: »Damals warst du in meinen Augen durch und durch ein Kind, ein sehr aufgewecktes, aber auch naives, und gerade darum liebenswürdiges. Ich konnte das nicht zusammenbringen mit dem, was mir dieser Tage zu Ohren kam.«

Was mir zunächst die Sprache verschlägt. Doch dann spreche ich es aus: »Bist du … sind Sie sicher? Wir hatten uns damals kaum wirklich kennenlernen können.«

»Zwei Monate sind genug, um einander kennenzulernen. Dazu kommen die schwere körperliche Arbeit und das Leben im Zelt bei jedem Wetter. Da bleibt keine Charaktereigenschaft versteckt!« Worauf er kurz innehält. »Übrigens ist es richtig, dass du mich siezt. Dies nicht nur, weil dies ein Amtssitz ist, sondern auch, weil ich wesentlich älter bin als du.«

»Ich dachte, wir sind Abgänger desselben Jahres!«

»Was auch stimmt, bezogen auf das Jahr des Schulabschlusses. Aber ich bin wesentlich älter als du. Ich kam mit zwölf Jahren erst in die Schule.«

»So spät?«

»Ja, es gab jede Menge Gründe. Meine Familie war arm. Der Vater ewig kränkelnd, und als Ältester musste ich mich um die vielen jüngeren Geschwister kümmern. Um den eigenen Hunger zu stillen und etwas Essbares für die Geschwister zu bekommen, ging ich zu den Nachbarn, sobald ich imstande war, Lämmer und Kälber zu hüten. Dazu sammelte ich brennbare Wurzeln und Stängel zum Feuern. Später hütete ich die Schaf- und Ziegenherde der Nachbarn.

Als Grubenarbeiter gesucht wurden, meldete sich der Vater trotz seiner schwachen Gesundheit. Unsere ganze Familie kam aus dem bergigen Westen nach Nalaekh. Erst dort kam ich in die Schule und schämte mich unter lauter kleinen Kindern. Wenigstens fiel mir das Lernen leicht, ich brachte nur eine Zensur nach Hause: sehr gut. Die Lehrer betrachteten mich wohl als ihren Gehilfen, die Mitschüler hörten auf mich.

Der Vater schaufelte in der Tiefengrube Steinkohle. Immer öfter musste er krankgeschrieben werden und lag tagelang hustend und stöhnend zu Hause. Aber schließlich ging er doch wieder arbeiten. Als er starb, war ich in der siebten Klasse. Das traf uns schwer. Etwas tröstend war es dennoch, dass meine Mutter jeden Monat Hilfsgeld bekam. Das reichte gerade für das tägliche Brot. Ich wollte die Schule verlassen und auch als Schaufler in die Grube steigen, um die Mutter mit den vielen hungrigen Mäulern zu unterstützen. Doch die Schulleitung gab mich nicht frei, setzte sich zudem für uns ein und erreichte, dass die Geldsumme, die uns Hinterbliebenen zukam, um einiges erhöht wurde.

Diese Zeit war hart, besonders für meine Mutter und meine Geschwister, die all die Jahre hindurch dieses schwere Leben ertragen mussten. Dennoch bin ich meiner Vergangenheit auch dankbar. Sie hat mich, hat uns gestählt und früh genug mit Erkenntnissen gesegnet, die bei einem satten, sorgenfreien Leben wohl kaum möglich gewesen wären.«

Ich bin gerührt und möchte dem Menschenkind, das in diesem Augenblick auf einem Achtung gebietenden Chefthron vor mir sitzt und mich nachdenklich anschaut, etwas Tröstendes sagen. Da mir aber nichts einfällt, will ich ihn für manchen unzutreffenden Verdacht um Entschuldigung bitten. Doch mir reicht der Mut nicht, und so möchte ich es wenigstens in Gedanken tun.

Diese Stunde endet damit, dass mein Gegenüber auffährt, wie aus einem Traum erwachend, und wieder im trockenen, klaren Chefton spricht: »Ich kann dir mitteilen: Du bist in die Redaktion der Zeitung *Hödölmör* aufgenommen, vorerst als literarischer Mitarbeiter. Dir übergeordnet sind: politischer Kommentator, Abteilungsleiter, Redaktionssekretär und Chefredakteur. Dein Gehalt wird zunächst um einiges tiefer sein als zu deiner Uni-Zeit. Doch für jeden Beitrag, der von dir erscheint, wirst du zusätzlich honoriert. Als Hochschullehrer hattest du bestenfalls zwanzig bis dreißig Studenten vor dir. Mit jedem Beitrag, der künftig von dir erscheint, wirst du sechzigtausend Menschen erreichen. Die Zeitung ist eine mächtige Bühne, um gesehen, erkannt und auch geachtet zu werden. Dafür aber musst du wirkliche Begabung zeigen und dazu Fleiß und Disziplin. Ob du das schaffst und wie weit du auf der Leiter vorankommst, die ich dir heute vor die Füße lege, hängt einzig von dir selbst ab!«

Dankerfüllt, erleichtert und begeistert verlasse ich den Dienstraum des Genossen Sekretärs. Bin voll und ganz entschlossen, mit dem Schaffensdrang, den ich in mir brodeln und klopfen spüre, neu zu starten. Freilich werde ich dabei an damals erinnert, als ich vor acht Jahren ins Berufsleben startete. Und dieser Erinnerung entströmt ein eisiger Hauch, der über mein Zwerchfell zieht und droht, die benachbarten Landschaften meines Innenraums mit dem Raureif der Traurigkeit zu überziehen: Ach, um ganze acht Jahre ist mein junges Leben ärmer geworden!

Doch ich fange mich sogleich ab, bekomme meine Gedanken wieder gebündelt und lasse sie vorwärtsschießen und Funken sprühen: Oh, um ganze acht Jahre ist mein damals so unausgegorenes Leben nun reifer und um so viele Lehren reicher geworden! Mit geputzter Seele und gewetztem Geist sehe ich die Zukunft dämmern und schlummern. Sie erscheint mit einem Mal all meinen Sinnen vertraut, beginnt vor mir, zu glühen und zu blühen. Eines nicht allzu fernen Tages werde ich es besser haben als all die Kreaturen, die ihre Freude nicht zu verbergen vermochten, als ich davongejagt wurde wie ein streunender Hund.

Dieser Tagtraum scheint später noch von einem Nachttraum Unterstützung, ja Bestätigung zu bekommen. Meine Tag- wie meine Nachtträume sind mir Botschaften, herübergesandt aus der Zukunft. Daran glaube ich, denn ich bin traumgläubig.

Am nächsten Morgen stehe ich ruhig und zuversichtlich auf und gehe mit festem, beschwingtem Schritt und kühlem, klarem Geist in den neuen Tag hinaus. Seit anderthalb Monaten bin ich erstmals wieder ordentlich angezogen, trage die leicht abgegriffene und gerade deswegen gewichtig, ja durch und durch professoral wirkende Rindsledertasche an der Seite. Mich beflügelt der Gedanke, dass meine Talfahrt beendet ist und es ab hier und heute wieder aufwärtsgeht. Meine liebe, arme Frau und meine lieben, unschuldigen Kinderchen haben keinen Grund mehr, sich meinetwegen zu schämen. Mehr noch, sie dürfen ihren Stolz auf mich wieder öffentlich zeigen.

Minuten später fasse ich den glänzenden, kühlen Messinggriff des kunstvoll geschnitzten und würdevoll verzierten gewaltigen Eichenholztors des vierstöckigen weißen Hauses, offiziell: Palast der Gewerkschaften, nun das zweite Mal. Dabei spüre ich wildes Klopfen in meinem Herzen. Doch es ist kein störendes, lähmendes, sondern ein antreibendes, beflügelndes Zeichen. Unter den nächsten Pulsschlägen spüre ich dasselbe Klopfen zu einem immer wilder wallenden und wogenden Gefühlssturm wachsen.

Ja, was verheimlichen: Ich stemme mich auf Geheiß meines Kontrolleurs im Oberhaus gegen die verlockenden Gespinste meines Herzens. Womit aber verlocken diese Herzensgespinste? In einem rosarot strömenden Lichtschein sehe ich vor mir ein Glücksornament, meisterhaft fein gewebt aus lauter Gold- und Silberfädchen. Es scheint mir zu bestätigen: Ich bin ja gar nicht bestraft und gefällt, sondern belobigt und befördert worden!

Gleichzeitig höre ich auf die warnende Stimme aus einer anderen Ecke in mir, gemäß der Erfahrung eines gebrannten Kindes. Vierzig Jahre später darf ich ein Urteil darüber fällen: So unrecht hatte mein Herz mit seiner Einschätzung nicht. Nach dem Sturz meiner einen Hälfte, der des bezahlten Pädagogen und selbst gebastelten Aufklärers, stand nun meine andere Hälfte, der Literat, auf der Startlinie und durfte sich erheben und Kreise über die Leserschaft ziehen.

Dabei war diese Kehre nur eine von den zahlreichen Abknickungen entlang meines Lebensflusses. Und jede dieser Krümmungen begann zunächst mit einem Scheitern und Verlusten. Doch hat sich später herausgestellt, dass damit ein Neuanfang geboren war, der Gewinne einbrachte, wenn ich aus heutiger Sicht auf mein verlebtes Leben schaue.

Ich zwinge mich, bedächtig zu bleiben und mich im Herzen zu bändigen, was mir nicht recht gelingen will. Im Gegenteil, jeder Blick eines Unbekannten auf mich lässt meine Aufregung wachsen. Ich rede mir gut zu: Du bist doch kein Junghase mehr, sondern ein erwachsener Mann, gegerbt vom Altaiwind! Das hilft wohl irgendwie.

Bald stehe ich vor der Tür: Chefredakteur. Ich klopfe an und vernehme sogleich ein dumpfes »Ja«. Links im geräumigen Zimmer, hinter einem breiten, von Stapeln aus Zeitungen, Zeitschriften und sonstigem Papier voll belegten Tisch, nehme ich einen älteren Menschen wahr, der auf den ersten Blick im Sitzen zu schlafen scheint. Später werde ich wissen: Es ist seine Art, bei angestrengtem Denken die Augen zu schließen und still zu verharren. Mein Blick streift auch über die andere Hälfte des Raums und nimmt den langen, leeren Sitzungstisch wahr, umstellt mit Stühlen. Woraufhin ich heftiges Herzklopfen bekomme, gekoppelt mit dem Gedanken: Säße ich doch recht bald an diesem Tisch, ein vollwertiges Mitglied des Zeitungskollektivs!

Diese Sehnsucht wird sich schon in ein paar Stunden erfüllen. Bis dahin aber wird sich so manches ereignen. Doch der Reihe nach.

Der Mann mit dichten Augenbrauen, dazu mit einer recht fortgeschrittenen Glatze an der Stirnpartie, öffnet die Augen und schaut mich fragend über seine Brille an. Ich grüße ihn und sage meinen Namen. Worauf er sich schnell erhebt und mir über den Tisch die Hand entgegenstreckt. Ich komme nicht dazu, ihm meine Angelegenheit vorzutragen.

»Ich weiß Bescheid«, sagt er lächelnd, »der Chef hat mich beauftragt, dich bei der Zeitung anzustellen. Also herzlich willkommen!«

Nun wird es mir recht peinlich zumute, als hätte ich etwas falsch gemacht. Habe ich ihn vielleicht mitten in einem Nickerchen überfallen und geweckt? Und warum ist er aufgestanden, anstatt sitzen zu bleiben und Stellung zu bewahren, wie seine leitende Funktion es doch verlangt? Sehr bald werde ich feststellen, er ist ein überaus bescheidener Mensch. Noch später werde ich erfahren, dass dies von so manchen als Charakterschwäche, als Ausdruck seiner Untauglichkeit für ein derartig wichtiges Leitungsamt ausgelegt wird.

Er bittet mich, Platz zu nehmen. Daraufhin weiht er mich so genau in die Redaktionsstruktur ein, dass sich mein schlechtes Gewissen erneut rührt. Während ich seinen Ausführungen folge, denke ich gequält: Wer bin ich denn, dass er es für nötig hält, mir das alles selber zu erzählen? Als wäre ich jemand aus einem Kontrollorgan? Ich bin doch ein Niemand, der Niedrigste unter seinen Untergebenen, ein Arbeitsuchender, der auch dann dankbar wäre, stellte er mich als Pförtner an!

Später werden so manche Nebelschwaden über meine Innenlandschaften ziehen und mich mit Vermutungen quälen: Da sein Vorgesetzter mich so prompt eingestellt hat, wobei unsere frühere Bekanntschaft möglicherweise erwähnt wurde, könnte er als Untergebener angenommen haben, ich wäre die Person, die im Schnellgang alle Stadien der Zeitungsarbeit zu durchlaufen habe, um ihn abzulösen. Später kommt mir tatsächlich das Echo des Geflüsters ans Ohr, ich sei der Mann des Ideologiesekretärs. Zwei Jahrzehnte später wird es zum ungeschriebenen

Gesetz, dass jeder neue Machthaber, auf welcher Ebene auch immer, die bisherige Mannschaft schnellstmöglich durch eine neue aus eigener Sippschaft ersetzt.

Doch wir befinden uns auf der Zeitleiter noch auf einer unteren Sprosse. Und da gewinne ich von meinem künftigen Vorgesetzten den allerbesten Eindruck, gar nicht zu vergleichen mit dem Vorhergehenden. Noch weiß ich nicht, wie er als Journalist ist, weil ich bislang seinem Namen nirgends begegnet bin, also von ihm keine Zeile gelesen habe. Aber sein Gesichtsausdruck ist offen und mild, sein Blick ruhig und warm, seine Stimme tief und sanft. Seine Sprache ist schlicht, direkt und ohne Hintersinn und Nebenklang. Ach, dieser Mensch, von dem ich bis vor einer halben Stunde noch nichts gewusst habe, gefällt mir in erschütterndem Maße. Er kommt mir ein wenig unwirklich und unzeitgemäß vor, schützenswert, nicht anders als ein, wie durch ein Wunder noch nicht verdorrtes, saftig grün gebliebenes Grasbüschel mitten im Winter. Dieser Eindruck wird mich durch die Jahre begleiten.

Er hat sich mir bei unserer ersten Begegnung als »Redakteur« vorgestellt, während später sein Nachfolger bei solchen Gelegenheiten sich immer mit einem Vorsilbchen als »Chefredakteur« vorstellen wird. Auch die anderen waren versessen auf solche Amtsbezeichnungen.

Während er mit mir dasitzt und erzählt, vernehme ich draußen im Gang das Geräusch von auf- und zugehenden Türen, und nicht lange darauf wird angeklopft. Menschen strömen herein. Da bekomme ich von meinem Gegenüber erklärt: Jedes Mal, wenn die frische Zeitung erschienen ist, kommen um zehn Uhr alle Mitarbeiter zu einer Besprechung des neuen Produkts und Prüfung seiner Qualität zusammen.

Die Eingetretenen setzen sich unaufgefordert hin, der Chef

nimmt an der Stirnseite des Sitzungstisches Platz. Es sind etwa fünfzehn, mehr Ältere und Männer, weniger Frauen. Die Männer tragen ohne Ausnahme Schlips zum Anzug, während die Frauen recht unterschiedlich bekleidet sind, in einer Hinsicht jedoch einander gleichen: Alle strahlen ein gepflegtes Aussehen aus, mit ihren ondulierten Haaren und bleich gepuderten Gesichtern. Ich bin heilfroh, dass auch ich mich heute früh dazu entschlossen habe, den ersten Tag an meinem neuen Arbeitsplatz, wo mir am Anfang die Fachkenntnisse sicherlich fehlen würden, ordentlich gekleidet anzutreten.

Der Redakteur weist mich umstandslos an, ich soll mich zu den anderen hinübersetzen. Worauf ich zum erstbesten freien Platz wechsle. Später werde ich erfahren, ich habe genau den richtigen Platz getroffen, denn der ältere Mann zu meiner rechten Seite ist der Leiter der Abteilung für Nachrichten, die etwas jüngere Frau seine Mitarbeiterin, und nachher werde ich zu den beiden kommen und mich dort an einem seit Monaten freien Tisch platzieren dürfen.

Der Chef fängt an zu reden, nachdem er sich vergewissert hat, dass alle da sind. Das Aufregende an der Sache ist, dass seine Rede zunächst meine Person betrifft. Er teilt seinen Mitarbeitern mit, was er über mich weiß, auf eine sehr ungewöhnliche Art und Weise. Er sitzt locker, wie ein Familienvater vor den Kindern.

»Ihr alle wisst es schon. Unserem neuen Mitglied sage ich es schlicht: Ich bevorzuge, mit offenen Karten zu spielen. Darum berichte ich, was ich über den jungen Mann, den ich erst seit einer halben Stunde kenne, erfahren habe und was ich selber darüber denke.

Seine Papiere berichten von sehr Erfreulichem: Universitätsstudium, abgeschlossen mit Rotem Diplom im Ausland, acht

Jahre Lehrtätigkeit an allen vier Hochschulen unseres Landes gleichzeitig, dabei hat er vielen Hunderten Personen Deutsch gelehrt. Er hat nicht nur etliche Bücher aus anderen Sprachen übersetzt, sondern gleichzeitig auch Werke selbst verfasst, die im In- und Ausland einige Aufmerksamkeit gefunden haben.

Aber dieselben Papiere enthalten auch Kritik, mitunter sogar sehr harte. Warum ich solch heikle Dinge, betreffend das Leben eines jungen Menschen, hier öffentlich mache?

Weil unsere liebe Sippenwelt Mongolei, wie ein jeder von euch weiß, seit Urzeiten als ein Land ohne Geheimnisse gilt – was heute in diesem Raum passiert, wissen morgen alle im ganzen Haus, übermorgen alle in den Nebenhäusern und in einer Woche die ganze Stadt. Klatsch ist wie ein Brand in der Grassteppe. Worte über andere verbreiten sich mit der Geschwindigkeit des Windes und richten Schaden an. Darum warne ich, jedem Hörensagen zu glauben. Bitte, nehmt euch Zeit. Wir alle in diesem Kreis haben den neuen Kollegen leibhaftig echt unter uns, sodass wir bald selber erfahren werden, was von dem Gehörten und Gelesenen stimmt und was nicht.

Darum sage ich unserem neuen Mitglied: Es war meine Pflicht, fremde Urteile über dich weiterzugeben. In vollem Bewusstsein, dass ich im Grunde von dir noch gar nichts weiß. Du bist für mich ein unbeschriebenes Blatt Papier, bist Neuschnee. Dabei will ich mit meiner Lebenserfahrung nicht verschweigen, dass die Beurteilungen in mir den Eindruck weckten: Du verfügst zweifelsohne über Vorzüge, die wir auf jeden Fall zur Kenntnis nehmen müssen, genauso aber über Schwächen, die du keinesfalls außer Acht lassen darfst.«

Er macht eine längere Pause und scheint zu überlegen, ob es noch etwas zu sagen gäbe. Dann spricht er, an die Runde gewandt: »Nun wünsche ich dem neuesten Mitglied unserer

Journalistenfamilie im Namen aller viel Erfolg auf seiner neuen Laufbahn!«

Worauf ein Applaus losprasselt, der mich verlegen, aber auch glücklich macht. Seine letzten Worte, wieder an mich gewandt, werde ich zeitlebens nicht vergessen: »Jetzt liegt es einzig an dir, junger Mann, die lichten Aussagen über deine Person zu beweisen und die schattigen zu entschärfen und zu tilgen! Ich möchte jedenfalls fest daran glauben, dass du es schaffen wirst! Und tust du das wirklich, dann kommst du genau richtig. Denn unser Kollektiv braucht schon lange jemanden, der einen Blick von außen, ich möchte sagen, einen Weltenblick hereinbringen kann!«

Vor lauter Freude und Rührung vermag ich nur schleierhaft zu erfassen, was dann geschieht. Die soeben erschienene Zeitungsnummer wird besprochen. Einer der beiden Ältesten macht den Anfang. Denn er habe »Signal gelesen«, flüstert mir mein Platznachbar zu, wovon ich zwar um keinen Deut schlauer werde, aber die freundliche Geste tut gut.

Der Alte, den ich bald unter dem Namen Gotschoo-guai als einen hilfsbereiten Menschen und erfahrenen Journalisten kennenlernen werde, erzählt eine Geschichte, die in meinen Ohren fremd und abenteuerlich klingt: Das Signalexemplar sei kurz vor drei Uhr nachts fertig geworden, er habe es zwei Stunden lang gelesen und dabei insgesamt vier Rechtschreibfehler entdeckt und alle unter eigener Aufsicht korrigieren lassen. Ferner habe er einen politisch bedenklichen Satz vorgefunden und ihn im Telefonat mit dem Autor geklärt und geändert, sodass er erst gegen halb sechs seine Unterschrift unter die Freigabe zum Druck habe setzen können.

An die fünf Leute melden sich zu Worte. Es fallen kurze, laue Lobe zu zwei, drei Beiträgen, dagegen wird ein längerer Artikel, eine Reportage, mit recht kritischen Bemerkungen bedacht. Einer macht die abschließende Bewertung, die unverkennbar nach der Erledigung einer dienstlichen Pflicht klingt. Mir wird erklärt, dass er einer der beiden Redaktionssekretäre ist, die abwechselnd die Tagesbesprechung der neuen Zeitung abschließen. Später werde ich mit dem älteren, wortkargen Mann in ein persönliches Gespräch kommen und erfahren, dass er ein namhafter Autor mit etlichen gedruckten Büchern und Mitglied des Schriftstellerverbandes ist! Was in mir den heimlichen Wunsch erwecken wird, mich mit ihm zu befreunden. Doch ich spüre, dass ihm an meiner Freundschaft wenig liegt. Außerdem werden mir bald beide Ohren mit Betriebsklatsch aufgefüllt. Der Mann, der mich sehr an eine kunstvoll ausgeführte Verpackung erinnert, sei zwar zu allen gleich freundlich, aber sehr verschlossen. Und er besitze ein privates Auto, als Einziger im fünfundzwanzigköpfigen Redaktionskollektiv – er sei ein Spießer! Ab da werde ich ihm eher aus dem Weg gehen.

Heute nun, während ich diese Erinnerungen niederschreibe, zähle ich selber längst nicht mehr zum Fußvolk – auch bei mir stehen zwei Autos in der Garage. Ich muss zwei davon halten, weil der Verkehr in der Stadt so geregelt ist, dass an einem Tag nur die geraden oder ungeraden Autonummern auf die Straße dürfen. Bin auch ich ein Spießer geworden, von Reichtum verblendet? Oder war ich es schon damals – von Armut betäubt?

Zurück nun zu jenem Novembertag des Jahres 1976. Vor Freude immer noch schwindlig im Kopf und wacklig in den Knien, vermenge und verliere ich mich in der lärmenden und wimmelnden Menschentraube.

Da ruft der Redakteur zwei Namen, einen »Dshigdshidsüren« und mich. Ich sehe, das ist mein Platznachbar. Eine kleine prickelnde Weile lang stehen wir beide stumm und still vor dem

Chef, der darauf wartet, dass alle den Raum verlassen und die Tür zugeht. Als es so weit ist, spricht er, immer noch stehend, zu uns: »Macht euch miteinander bekannt.« Worauf wir einander die Hand geben. Nun sagt er zu mir, auf den anderen mit dem Kopf deutend: »Er ist der Leiter der Abteilung, wo du arbeiten wirst. Ein erfahrener Journalist und ein umgänglicher Kollege. Er wird dir alles zeigen und dich in deine Aufgaben einführen.«

An ihn gewandt, sagt er: »Erkläre ihm besonders jene Kleinigkeiten bei der Zeitungsarbeit, die uns nichtig erscheinen mögen, für einen Neuling jedoch anfangs wichtig sind. Und noch etwas. Wenn einer ein Auslandsstudium abgeschlossen und an Hochschulen gelehrt hat und dann bei unserem auf Schritt und Tritt vernachlässigten Gewerkschaftsblatt landet, kommt es leicht zu allerlei Vermutungen und Unterstellungen. Bleib dann einfach locker und antworte den Klatschmeistern lediglich: Ach was! Er ist gekommen, um zu schreiben, wie all die anderen Schriftsteller ringsum auch!«

Bei diesen Schlussworten bin ich vor Rührung und Dankbarkeit erst recht ergriffen. Ich werde schreiben! Und schreibend werde ich meinen befleckten Namen reinigen, mein verwundetes Herz heilen!

Der sehr herzliche, in der Tat umgängliche Mensch, der das folgende Dutzend von Jahren mir nicht nur der nächste Arbeitskollege sein wird, sondern auch ein Herzensfreund und deshalb mit mir oft unsere gegenseitigen innigsten Gedanken teilen wird, führt mich durch alle fünf übrigen Zimmer der Zeitungsredaktion und stellt mir die anderen Mitarbeiter vor. Dabei erfahre ich, dass tatsächlich Dichter und Schriftsteller die knappe Hälfte der Mitarbeiter ausmachen und fünf schon Mitglieder des Schriftstellerverbandes sind. Jedes Mal, wenn ich so einem Mitglied die Hand drücke, empfinde ich einen Hauch heiliger Ehrfurcht samt einem weiteren Hauch unschuldigen Neids.

Ganz zum Schluss betreten wir das Zimmer, in welchem ich ab sofort meinen Beitrag leisten werde, damit *Hödölmör* dreimal in der Woche sechzigtausend Leser erreicht und sie mit frischer Geistnahrung versorgt. Es ist ein hell beleuchteter Raum mit hoher Decke, glattem Parkettboden und zwei Fenstern nach Westen, drei Schreibtischen, sechs Stühlen mit gepolsterten hohen Rückenlehnen, drei Panzerschränken, einem Kleiderständer auf Rädern. Alles so anders als in der Universität, sauber, vornehm und geräumig – eine einzige Augenweide!

»Hier ist dein Platz«, sagt er und deutet auf den Tisch vorne rechts. Ich berühre ihn beiläufig mit der Handfläche, bevor ich den Stuhl behutsam zurückschiebe und mich darauf niederlasse. Der andere Stuhl muss für Besucher sein, vermute ich. Demut packt mich.

»Dort ist dein Schrank«, sagt der freundliche Mann, der mittlerweile am Tisch links am Fenster Platz genommen hat, und deutet auf den mittleren der drei Schränke an der Südwand des Raums. Sogleich gehe ich hin. Der Schrank ist leer, hat drei Abtrennungen, wobei die oberste rechts ein Schließfach hat, an dessen Türchen Spuren von Gewalt zu erkennen sind. Vielleicht hat der frühere Besitzer den Schlüssel verloren und ihn dann aufbrechen müssen? Doch nun hängen im Schlüsselloch, mit einem vor Schmutz verdunkelten, vor Fett glänzenden Fetzen aneinandergebunden, ein kleiner und ein großer Schlüssel. Wer wohl Vorbesitzer war? Vielleicht werde ich ihn sogar kennenlernen?

Schon nach wenigen Minuten erfahre ich: Mein Vorgänger ist vor ein paar Monaten gestorben. Später sei eine Kommission gekommen und habe den Schrank aufgeräumt.

Nach dieser traurigen Auskunft ist mir, als wittere ich einen ziemlich unangenehmen Geruch, der sowohl vom Schrank als auch vom Schreibtisch ausgeht, sobald ich die Schubfächer aufmache. Doch das kindliche Glücksgefühl, in einem so vornehmen Raum zu sitzen und Schrank, Schließfach, Schreibtisch und Besucherstuhl verwalten zu dürfen, kann das kaum mindern. Am nächsten Tag werde ich die Hohlräume auswischen. Ich komme mit meiner kleinen, zusammenlegbaren Reisewanne aus Plastik, mit Wasch- und Spülmitteln. Ich putze und scheuere und besprühe die Innenräume mit Duftwasser.

Der Geruch bleibt, aber mein Arbeitseinsatz bewirkt etwas, das ich erst nach Jahren vom Hörensagen Dritter mitbekommen werde: Meine beiden Zimmerkollegen schauen dem Neuling, der den Arbeitstag damit anfängt, an diesem sozialistisch-staatlichen Niemandseigentum zu schrubben und zu putzen, fassungslos zu, gelangen dann zu der Ansicht, das habe mit der gepriesenen Kultur jenes gefürchteten wie auch bewunderten Landes Germanien zu tun.

Schon in einer der ersten Stunden dieses schwebend schwerelosen Tages denke ich mit lohender Ungeduld daran, so bald wie nur möglich meiner lieben Hassaa, die ja nur wenige Hundert Meter von hier entfernt ihrem schweren, ehrenvollen Dienst nachgeht, zu zeigen, wo und wie ich untergebracht bin. Monate werden vergehen, bis sie an einem späten Frühsommernachmittag, an einem Sonnabend des Jahres 1977, mich und meine beiden Zimmergenossen besucht. Vorher werde ich sie am Telefon bitten, genau auf die Uhr zu schauen, wenn sie dort losgeht. Bei uns angekommen, wird sie sagen, dass sie sieben Minuten unterwegs war.

Da werde ich verwundert ausrufen: »So lange?«

»Ich musste doch zweimal Kontrollen passieren, hier und dort auch.«

Während ich dieses niederschreibe, spüre ich eine tiefe Sehnsucht in mir. Sie gilt nicht nur meiner Hassaa, die mir nun schon seit endlos langen 1775 Tagen und Nächten fehlt, sondern auch jener Zeit, die trotz aller ihrer Mangelhaftigkeiten eine friedfertigere und vertrauensvollere gewesen ist als die heutige, von den Machthabern lauthals als menschlich und gerecht gepriesene. Stellen wir uns vor, eine Köchin käme heutzutage auf die Idee, schwer beladen das Regierungshaus zu verlassen und schräg gegenüber das Gewerkschaftshaus zu betreten – welchen Verdächtigungen wäre das arme Menschenkind ausgesetzt!

Denn Hassaa kam mit frisch gekochtem, dampfheißem Milchtee in einer großen Thermosflasche und einem prallen, warmen Bündel. Eine angemeldete Gruppe von Partei- und Regierungsführern habe sich um Stunden verspätet und werde so bald nicht auftauchen. Also wurde alles, was in der Backröhre wartete, vom diensthabenden Hygienearzt abgeschrieben und der Küchenchefin zu freier Verfügung überlassen. Und diese, die Chefköchin Hassaa, erklärt dem Personal, unter dem sie sonst das abgeschriebene Essen zu verteilen pflegt, diesmal würde sie es gern ihrem Mann und seinen Kollegen im Haus nebenan bringen. Der Türwächter der eigenen Dienststelle wie der Pförtner im anderen Haus verstanden das sofort.

Eine Köstlichkeit nach der anderen kommt zum Vorschein, jedes Stück kunstvoll in schneeweißes Pergament eingepackt, nicht zu vergleichen in Aussehen und Duft mit dem, was die gewerkschaftliche Betriebskantine uns sonst liefert. Und im Geschmack erst! Hassaa hat an alles gedacht, hat alles mitgebracht, was wir zu einem behaglichen Genießen der Leckerbissen brauchen.

Dass die voll bepackt Eintretende mit der unübersehbaren Gepäckmenge meine Frau ist, sage ich gleich, mehr aber vorerst nicht. Der gesprächige Dshige legt sogleich los, erzählt und fragt und verleitet meine Gute mit dem arglos offenen Wesen sehr bald dazu, ihre Dienststelle zu benennen. Was die beiden verstummen lässt. Auf ihren Gesichtern ist Bestürzung zu sehen. Das kennen wir zwei inzwischen. Sobald vom Politbüro die Rede ist, wird es erst mal still im Raum.

Die Köstlichkeiten scheinen nun noch besser zu schmecken. Und ihre Spenderin ist flugs mehr als die Ehehälfte eines Kollegen, sie wird zur Vertrauensperson und Verantwortungsträgerin, die es geschafft hat, auf ihrer Berufsbahn ganz hochzuklettern.

Von diesem Besuch und der Bewirtung aus der höchsten Küche des Staats erfährt bald die ganze Redaktion. Die Leute begegnen mir mit einem Mal achtsamer und höflicher. Und meine beiden Raumgenossen erkundigen sich immer wieder nach meiner Frau und bestellen ihr Grüße aus. Kurz und gut: Hassaa erweist mir bei der Festigung meiner Stellung im Kollektiv große Hilfe.

6

Ich bin fest entschlossen, meine Fähigkeiten zu beweisen und die Anfangsmühsal, wie groß sie auch sein möge, still hinzunehmen und auszuhalten. Dass mich, den Gescheiterten, in diesem Hause so viele mild und wohlwollend empfangen, löst in mir ein Hochgefühl aus, das mir über die Unbeholfenheit des Anfängers hinweghilft. Ich fasse so schnell und so gut Fuß, dass diese Redaktion zu meiner literarischen Wiege wird.

Meine Hauptaufgabe ist ja, gut lesbare, gehaltvolle Texte abzufassen. Darin bin ich durch meine Schreibleidenschaft seit frühen Jahren geschult. Schon die ersten Probeberichte aus meiner Feder gehen ohne ernsthafte Ausbesserungen durch die Prüfung aller drei Leitungsstufen – Abteilung, Redaktionssekretariat und Direktion – und finden Platz in der Zeitung. Als Autorenangabe steht: »Unser Korrespondent«. Das ermuntert mich, andererseits fordert es mich auch heraus. Also entschließe ich mich, meine Fähigkeiten an einem Essay zu probieren, diese neueste Gattung in der mongolischen Literatur. Mit ihr lassen sich heikle Dinge in poetischer Tarnung aussprechen. Dazu gehört für mich der einseitige Stolz nationalistisch Gesinnter auf ihre Herkunft, weil sie dabei dummdreist versuchen, andere schlechter zu machen. Mein »Essee« – so die Einbürgerung der Gattung ins Mongolische – heißt »Anders, aber weder besser noch schlechter« und erscheint nur Tage später, nun unter meinem vollen Namen. Bei der täglichen Blattbesprechung fallen aus dem Mund zweier erfahrener Literaten ermunternde Worte zugunsten des Neulings.

Am gleichen Tag bekomme ich vom Chefredakteur den Auftrag, zu einem Lkw-Park zu fahren und über den Verlauf des sozialistischen Wettbewerbs dort zu berichten. Ich werde mit dem Dienstauto der Redaktion hingebracht. Der Fahrer meint, man würde mich wahrscheinlich zurückbringen, und wenn nicht, würde ich leicht eine Bushaltestelle finden. Also setzt er mich ab und fährt zurück.

Als ich aus dem da und dort verbeulten, schwarzen Wolga steige, muss ich an meine Lehrerzeit denken, als ich von einer Lehrstätte zur nächsten gefahren worden bin. Die Erinnerung versetzt mir einen Stich ins Herz. Ja, ich habe es geschafft, mich wieder hinaufzuarbeiten und zu beweisen, was in mir steckt. Doch eines werde ich erst später erkennen: Als Reporter bin ich auch spähendes Auge, horchendes Ohr und richtende Zunge von Partei und Staat. Und ich verfüge über gewisse Vorrechte in unserer sozialistisch-mongolischen Familie.

In den nächsten anderthalb Jahrzehnten werde ich Tausende Kilometer durch die Weiten des Landes zurücklegen. Wo immer ich aus der Hauptstadt her mit einem Auftrag angeflogen komme, bekomme ich gegen Vorzeigen meines Dienstausweises einen Wagen zur Verfügung gestellt. In der Regel wird es ein UAZ-Geländefahrzeug sein, das ich bei der örtlichen Gewerkschaftsleitung am Ende gegen Unterschrift und Angabe der gefahrenen Kilometer zurückgebe. Alle Kosten werden vom Staat getragen. Ich selbst werde, wo ich auch sein werde, von anderen Menschen ständig als Auge und Ohr der Partei und des Staats wahrgenommen. Und alles, was ich schreibe und veröffentliche, hat für den weiteren Lebensweg der Helden jener Gespinste meines Geistes unmittelbare Folgen, fördernde wie hemmende. Im extremen Fall wird das, was mein Hirn und meine Feder an die »öffentliche Meinung« liefern, die Fließrichtung des Lebens von Menschen vollkommen ändern – Menschen, die ich vorher nicht gekannt habe, die danach aber zu Dauerbewohnern in einer Nische meines Gewissens werden.

Also bin ich auf dem Wege, zu einer mächtigen Figur zu werden. Oder etwas bescheidener gesagt: zu einem winzigen, aber wichtigen Rädchen der mächtigen Staatsmaschinerie. Theoretisch glaube ich schon zu wissen, was von mir dafür verlangt wird: bedingungsloser Gehorsam vor Partei und Staat. Was dies in all seiner Nacktheit bedeutet, da werde ich erst manche schmerzhafte Erfahrung machen müssen, um es einigermaßen zu begreifen. Meine begrenzte Erkenntnis am Ende der journalistischen Strecke meines Lebensflusses wird lauten: Ich stehe auf einer der untersten Trittsprossen einer langen Leiter aus lauter Sklaven, die bis zu den höchsten Sklaven, mit ihrem vergoldeten Schein, alle ebenso schwer schuften und schwitzen, um ja keinen Fehler vor dem allerobersten Herrn zu machen. Dieser thront ganz oben auf einer noch längeren Leiter mit Namen Kreml. Ein Herr, der zwar weit weg ist, der aber mit unzähligen Fäserchen seiner fünf Spürsinne überallhin verbunden ist und sich übermächtig wähnt. Gerade infolge dieser Fehleinschätzung wird ihm sein sechster Sinn vollständig versagen, sodass er zuletzt auf die Nase fallen wird.

Einmal, mit Dshige unterwegs, werde ich angeweht von etwas Unsichtbarem, gegen das ich mich zu wehren versuche: »Weder Faulenzer noch Schmarotzer sind wir zwei, die hier stehen! Der eine wie der andere von uns beiden ist ein nützliches und wertvolles Glied, nicht nur der sozialistisch mongolischen, sondern auch der buntscheckig zusammengestrickten

Weltgemeinschaft, ein jeder eine lebendige Zelle des eigenen Volkes wie auch der großen Menschheit! Dabei ein jeder genug mit irdischen Bürden belastet, aber auch berechtigt zum eigenen Anteil an irdischer Freude! Jawohl, und entschlossen, dieses ihm Zustehende gegen alle Widerstände zu verteidigen! Deshalb fühle ich mich verpflichtet, mein inneres Kind wach zu halten, zu verteidigen und in keiner meiner gezählten Lebensstunden darauf zu verzichten.«

In der darauffolgenden Nacht werde ich lange wach liegen, von der Herzseite her angenehm bestrahlt vom glühenden Körper und betört vom milchigen Duft meines lieben Weibes, das dicht an mich geschmiegt sanft ruht und dabei beneidenswert gleichmäßig und urfriedlich atmet. Von der anderen, meiner Peitschen- und Dolchseite her aber unangenehm bedrängt von etwas nicht Fassbarem, dennoch Spürbarem. Der ganze Tag und die rätselhafte Empfindung, die Stunden zuvor auf dem fast menschenleeren, gewaltig geräumigen Zentralplatz der Hauptstadt mich angeweht, wollen offensichtlich von mir nicht ablassen. »Ein nützliches Glied der sozialistischen Gesellschaft, eine lebendige Zelle ...«

Nun, die Zukunft wird mich und den von mir so hoch Geschätzten eines Besseren, in diesem Falle aber eines Herberen belehren. Zu jener Stunde, unter den gnadenlosen Hieben der herben Lehren, werden wir zwei, wie so viele andere um uns herum auch, sprachlos und kopfschüttelnd daran denken, wie dumm und blind wir doch gewesen waren! Dennoch werden wir dann versuchen, jene Einstigen zu verstehen. Und wir werden es verstehen, weil darin ja nichts dazu Erdichtetes vorhanden, weil es eben das durch uns hindurchgeflossene Menschenleben in natura gewesen, jener merkwürdige Fluss, der in sich die Zeit ersäufend am Ende auch sich selbst ertränkt.

So werden wir den guten Mannen ihre Blindheit mit derselben Hochherzigkeit und der gleichen Sanftmut verzeihen, wie wir es von eh und je gewohnt sind, auch unseren Kindern und Kindeskindern ihr Verfehlen und Versagen zu verzeihen. Unser Urteil über sie wird lauten: Sie waren eben Kinder ihrer Zeit und daher ahnungslos wie andere Kinder auch!

Ja, in jener Stunde waren wir beide, wie viele andere auch, tatsächlich ahnungslos angesichts der Zukunft, die sich, einer Lawine gleich, längst auf uns alle und alles um uns herum zubewegte. So standen wir in vielerlei Hinsicht tatsächlich in Kinderhemden da, steckten noch in Kinderschuhen. Daher hat man trotz der Prügel, die man immer wieder zugeteilt bekam, so staatsgläubig und welpenblind hinter einem Vorhang gelebt, der es schier unmöglich machte, einen wirklich durchdringenden Blick in die Zukunft zu senden. Daher auch ist einem jeder Gedanke an ein mögliches Ende der Ordnung, die einen väterlich streng bevormundete und prägte, aber auch mütterlich treu ertrug und versorgte, völlig fremd geblieben. Darum hat man ihr mit derselben Geduld und Hingabe gedient, mit welcher in unserer Stammesgesellschaft ein jedes Kind seinen Eltern eben zu dienen pflegte.

Die Lawine wird nicht nur der seit Jahrzehnten herrschenden Ordnung den Garaus machen. Sie wird auch die Grundfesten der seit Jahrtausenden geltenden und gefestigten Innenregeln des Sippenlebens zertrümmern. Die Großfamilie wird Sprünge bekommen, die sehr bald zu Brüchen führen. Diese Zerstörung wird sich schnell und unaufhaltsam in wachsenden Ringen ausdehnen, wie in Wellen, bis zu den entferntesten Ecken des einst mächtigen und heute immer noch geräumigen Steppenreiches. Somit wird auch ein tiefer Sprung am Gesamtkörper der Mongolei entstehen, der durch das Land hindurchgehen und es zunächst entzweien und mit der Zeit auch die eine wie die andere Hälfte in Scherben legen wird, sodass das einige Reich am Ende in zwei Bünde aus lauter eigenen Klassen und Unterklassen zerfällt, von denen ein jeder eine Bevölkerung mit eigener Sprache, eigener Uhrzeit und eigenen Lebensregeln aufweist.

Bei alldem werden unsere beiden Helden – vielleicht lieber: Unhelden, da sie ja zu den Verlierern zählen – die tragikomische Lage der Dinge erkennen, denn sie verfügen ja zum Pech der Sieger immer noch über ihre erklecklich geschulte, durch die Niederlage nun noch einmal geschärfte Intelligenz. So zum Beispiel: Die in deutschen Landen in das harmlose Wort »Wende« gesteckten Geschehnisse werden in der mongolischen Hauptstadt auf demselben Platz, wo unsere beiden an jenem ersten Tag gestanden, ziemlich genau dreizehn Jahre später innerhalb von dreißig Stunden unter der hochtrabenden Bezeichnung »Politischer Hungerstreik« ihren Höhepunkt erleben und mit dem genauso hochtrabenden, aber auch vielversprechenden Namen »Unblutige Demokratische Revolution« in die Landesgeschichte eingehen. Dabei werden in einem versteckten und schmutzigen Konkurrenzkampf mit brutalsten Methoden die Schlitzohren sich ein Plätzchen am Machttisch sichern und die Wegbereiter aus dem Weg schaffen. Dabei wird ihnen eine doppelgesichtige Rolle zufallen: Sie werden sich selbst das Recht sichern, grenzenlose Macht auszuüben und grenzenlosen Schutz zu genießen, und so als Herren in der eigenen Bude Mongolei thronen. Nur, dieses Vorrecht wird sie dazu verpflichten, als Lakaien anderen Herren zu dienen und denen wiederum jeden ihrer Wünsche sofort und bedingungslos zu erfüllen.

Während sich dies im Dachgeschoss des Lebenshauses abspielen wird, wird das Kellergeschoss zum Zerbersten vollgestopft sein mit Abgestürzten, die um das Überleben kämpfen. Diese werden, um ihres nackten Lebens willen, vor eine Wahl gestellt sein: entweder kriminell werden oder den Machthabern als Sklaven dienen.

So werden unsere beiden die mongolische Fassung der Herrschaft der Zwillingsgottheiten Freiheit und Demokratie wahrnehmen: voll schrillster Misstöne.

Dies ist ein schwer verzeihliches Voranpreschen. Doch ich möchte an dieser Stelle endlich einmal Rechenschaft ablegen darüber, wieso mir dies immer wieder passiert.

Die Sache ist die: Ich bin nicht viel mehr als Zuschauer, Zuhörer und Federführer von Geschehnissen, die sich auf einer Bühne abspielen, vielleicht gleich hinter meiner Stirne, möglicherweise aber auch weit weg, irgendwo, drinnen oder auch draußen. Dabei muss ich das Paar meiner Schlitzaugen schließen und meine Ohren abschalten und in mich hineinhorchen und hineinspähen. Da tauchen nach einigem Flimmern, ähnlich wie bei einem Fernseher aus den ersten Zeiten, Dinge auf, die über den Bildschirm ziehen. Ich kann sie sehen, hören, riechen, schmecken. Manches Kommende kündigt sich so an, manches weit entfernt Liegende wird sichtbar.

Jedes Wissen hat, wie jede Schönheit und jeder Erfolg auch, seinen Preis. Der Preis für dieses mein Wissen wird sein, dass ich anfange, ungehorsam zu werden, und das endet damit, dass ich zuletzt abermals hinausgeworfen werde. Doch so weit ist es noch lange nicht. Jetzt stehe ich am Anfang, und zwar in der rosig grünen Phase der längsten und ergiebigsten Zeitstrecke meines Berufslebens.

Erstmals werde ich als Journalist von Leuten empfangen, sehe mich im Lkw-Park um und führe Gespräche. Zum Schluss werde ich tatsächlich zurückgefahren. Bald erscheint die Reportage auch, wieder unter meinem Namen, und wird von den Kollegen wieder gut aufgenommen.

Ein paar Tage später folgt meine erste größere Dienstreise aufs Land hinaus. Der Auftrag lautet: vom Kampf der Landbevölkerung gegen Dsudd, den Frost, berichten. Denn wieder einmal litt die Viehwirtschaft unter ungewöhnlich häufigen Schneefällen bei ebenso ungewöhnlich grimmiger Kälte. Deswegen war auch die Stadtbevölkerung früher als in anderen Wintern beauftragt worden, Bauch- und Rückendecken für Großtiere und Tragebeutel für Jungtiere herzustellen und sie an die Viehzüchter zu spenden.

Das Fahrzeug ist alt und klapprig und kommt nur mühsam vorwärts. Doch was macht das schon – Hauptsache, es fährt. Ich verfüge über ein Auto mit Fahrer, der übrigens ein angenehmes Wesen ausstrahlt, und habe ganze fünf Tage vor mir, und um mich herum die majestätischen Winterlandschaften, die unermesslich und unbezwingbar wirken.

Wir fahren und fahren, in den Westen, immer auf der einzigen befestigten Straße des Landes. Ringsum liegt, so weit das Auge reicht, die Hügelsteppe unter einem dicken Schneepanzer. Ein einziges glänzend weißes, fröstelnd kaltes Meer, wie für alle Ewigkeit erstarrt. Die nahen Hügelwellen und fernen Bergketten linker Hand zeigen keinerlei Spuren von Leben; ihre Nordseite ist bis auf die gähnend schwarzen Felsen tief in Weiß getaucht und strahlt eisig grelle Kälte aus. Rechter Hand dagegen, am Südhang der Berge entlang des Horizonts nehmen wir in der Ferne hin und wieder den einen oder anderen dunklen Flecken wahr und meinen, das müssten die Winterbleiben von Nomaden sein. Doch wir können weder Jurten noch Herden ausmachen.

Auf der Straße, die wie ein unermüdlich fliegender dunkler

Pfeil durch das endlose Weiß führt, sehen wir hin und wieder mit Heu beladene Lastwagen vor uns. Sie fahren noch langsamer als wir. Also überholen wir sie ständig. Dabei sahen wir an den Flanken oder über dem Fahrerhaus ein langes, breites Tuch gespannt, auf dem in großen Buchstaben geschrieben steht, wie: »Heiße Grüße an die Helden im Kampf gegen Dsudd!« Oder: »Für eine verlustarme Überwindung des Winters!« Ich finde, das waren sinnvolle Losungen – vielleicht werden die Menschen bei Ankunft der Fuhre diese Worte lesen und sich freuen.

Dann gibt es auch bedenkliche Parolen, wenn man ein wenig nachdachte: »Dem Himmel sei der Krieg erklärt!« Oder: »Dsudd gibt es nur, wo Faulheit und Fahrlässigkeit zu Hause sind!« Hinter diesen Parolen steht gewiss ein kleiner Ideologe, ein mit dem Namen der Partei Gepanzerter. Und so manche Menschen werden nun zusätzlichem Druck ausgesetzt! Wer hat wohl entschieden, welche Worte auf das tadellos neue und saubere und feuerrote Baumwolltuch gemalt werden? Der Parteisekretär selbst? Oder nur ein Büromitglied des Parteikomitees?

Mit einem Mal wird mir selbst bewusst, was für dummen Gedanken ich nachhänge. Oh, wäre mir jetzt der erfahrene und auch schlagfertige Leiter unserer Abteilung zur Seite, er würde bestimmt schnell eine passende Bemerkung zu dieser Geistlosigkeit abzufeuern wissen. Und dies, obwohl auch er in der Partei ist. Dann könnte ich ihm wenigstens einen kleinen Zipfel von dem anvertrauen, was aus mir so sehr herauswill. Ob er das aus meinem Mund Gehörte weiterträgt, weiß ich nicht, hoffe aber, nein.

Ich müsse gerade in der Anfangszeit auf der Hut bleiben, hat mir meine Hassaa ans Herz gelegt, da die Gerüchteküchen von vier Hochschulen mit aller Sicherheit dabei sein werden, alle Nachrichten aus der Redaktion zu verfolgen. Immer wieder muss ich daran denken. Ich bin eben das gebrannte Kind, mit immer noch offenen blutenden und schmerzenden Wunden am ganzen Körper.

Indessen überholten wir einen Lkw nach dem anderen, die gepresstes Heu vom Staatsfonds in die westlichen Dsudd-Gebiete bringen. Sie verleihen meiner journalistischen Jungfernfahrt zusätzlichen Nachdruck und wecken in mir das Gefühl ehrfürchtiger Dankbarkeit, Teilnehmer an einer Schlacht für eine große Sache zu sein. Auch geben sie mir die Gewissheit, dass in dieser unermesslichen Ödnis aus Schnee und Eis und Kälte um uns herum immer noch Leben pocht. Wovon ich jäh ein schweres Heimweh, eine fast stechende Sehnsucht nach meinem lieben Waisenwesen fühle – so nenne ich meine Hassaa im geheimsten Winkel meines Inneren jedes Mal, wenn ich sie vermisse. Daraufhin versprach ich ihr in Gedanken, dass ich den Auftrag der Redaktion schon gut erfüllen werde. Ich werde gute Beiträge liefern und meine journalistische Feuertaufe ehrenvoll bestehen. Das wird mein Vorschuss in unsere Zukunft, mein Geschenk an dich sein!, denke ich.

Lange gibt es so gut wie keinen Gegenverkehr. Erst am Nachmittag setzt er ein. Es sind lauter Laster mit leeren, laut rumpelnden Anhängern. Woraus ich schließe, der Heutransport müsse vor kurzer Zeit erst, vielleicht gestern oder vorgestern begonnen haben. Demnach könnte es gut sein, dass ich einer der ersten Journalisten bin, die über den Feldzug zur Eindämmung der ausgebrochenen Katastrophe, dem seit Jahrtausenden gefürchteten Dsudd, berichteten.

In Erdinsant, zweihundertachtzig Kilometer von der Hauptstadt entfernt, kommen wir erst bei Einbruch der Nacht an.

Der Chefredakteur hat mir dieses Ziel empfohlen, weil Radioberichten zufolge von hier an weite Teile des Landes zum Katastrophengebiet erklärt worden seien.

Der Erste, den wir bei der Einfahrt in das Siedlungszentrum fragten, verwies uns auf eine gewaltig große Jurte, dort befinde sich die Einsatzleitung. Um den geräumigen Bretterzaun um die Jurte herum stand, wie ausgestellt, eine vollständige Sammlung aller Mittel der Fortbewegung: ein Auto, ein Traktor, ein Motorrad, zwei Pferde und ein Kamel – die laufenden Motoren in einer brodelnden Dampfwolke und jedes Tier unter Sattel mit dichtem, hellem Reifbehang. Das macht mir einen so gewaltigen Eindruck, dass ich Gänsehaut bekomme. Noch stärker wird mir bewusst, was mir bevorsteht: etwas Außerordentliches, das ich in meinem bisherigen Leben noch nie erlebt habe!

Auf dem Weg von etwa fünfzig Schritten, die wir bis zur Tür der Jurte mit der leuchtenden Dachluke und dem rauchenden Ofenrohr zurückzulegen haben, drohen uns Ohren und Backen zu erfrieren – so kalt ist es. Als ich einen Fuß über die Türschwelle setze, beschlägt mir die Brille. So nehme ich im Kerzenlicht alles verschwommen wahr: ein dampfender Kessel, den Ofen mit unverkennbaren rosa Strahlen an der Seite, den auf uns gerichteten Blick aus einer Menge Menschenaugen, das umfassende Innere einer sehr vornehmen Riesenjurte.

Gleich nach den Grüßen sage ich, noch bevor die Fragen in den Augen über die Zungen gehen, wer ich sei und weshalb ich hier sei. Sogleich höre ich beruhigende Worte, die mich glauben lassen, längst erwartet und auch willkommen zu sein.

Ein knochiger, langgliedriger Mann mit auffallend dichten, langen Augenbrauen und markanten Gesichtszügen spricht als

Erster. Mein vom Gedröhn der Motoren draußen und dem Gewirr menschlicher Stimmen hier innen arg abgelenktes Gehör kann seine Worte nur mit Mühe einfangen. Sie sind zunächst an mich gewandt: Sei unser Gast, Kollege! Woraus ich schließe, er ist der Gewerkschaftsmann am Ort, vielleicht gar ein Korrespondent unserer Zeitung. So ist es, wird sich nur wenig später herausstellen.

Daraufhin sagt er, an die Runde gewandt, bei den Hochschulen kenne man mich schon mit dem Beinamen »der Germane«, und seit Kurzem sei ich in der Redaktion der Gewerkschaftszeitung.

Was mich arg verschreckt, ja, schwer beschämt. Woher weiß er denn das alles?, denke ich, halb betäubt vom Pochen des eigenen Bluts in den Adern im Hals und im ganzen Schädel. Und gleich wird er meine Entlassung aus dem Hochschuldienst auch noch erwähnen, o Himmel!

Doch dann kommt etwas anderes: Der erst vor wenigen Tagen erschienene »Essee« sei nicht nur in der Zeitung *Hödölmör*, sondern in der ganzen mongolischen Presse etwas Neuartiges gewesen. Da heiße es: Wir Mongolen, herangewachsen in jahrtausendlanger nomadischer Lebensweise auf dem kargen, kahlen, kühlen Steppenboden Zentralasiens, seien durchaus ein eigener Menschenschlag, anders als Russen, Chinesen, Germanen und alle anderen. Was aber lange nicht heißen wolle und dürfe, wir seien besser oder schlechter als jene. Wer von unseren Literaten habe das so direkt und mutig ausgesprochen? Wir hätten seit vielen Jahrzehnten gesungen: »Unerschöpflich die Ausdauer des mongolischen Pferdes / Unermesslich der Mut des mongolischen Menschen! …« Und sooft wir dieses Lied sängen, drohten uns vor lauter Stolz die Brustkörbe zu platzen, nicht wahr? Denn ungenannt stecke doch darin immer die selbstgefällige Einbildung: Ätsch, nur wir sind so mutig, und die anderen nicht …

Endlich schließt er diese hier so unangebrachte, für mich sterbenspeinliche Rede ebenso pathetisch: »Ich freue mich, dass ihn der Wind des Schicksals gerade in dieser Stunde des erbitterten Kampfes zwischen Leben und Tod zu uns herübergeweht hat, und bin aufs Höchste gespannt auf die Berichte aus unserer Ecke!«

Dem folgt ein schwacher Applaus, an dem sich, wie ich sehen kann, nicht alle beteiligen. Der Älteste von den drei Männern an der Hauptseite des Tisches, er steht in ihrer Mitte, sagt: »Danke für die gute Einführung. Jetzt wissen wir Bescheid und was wir erwarten dürfen.«

In seinem Blick, der den Vorredner mehr als einmal streift, glaube ich, aufrichtige Billigung zu entdecken. Außerdem fällt mir dabei ein, er hat vorhin am heftigsten geklatscht. Zum ersten Redner aber werde ich später auch unerfreuliche Bemerkungen hören.

Ehe der väterlich wirkende Älteste fortfahren kann, ertönt von der Küchenseite her eine weibliche Stimme mit unverkennbarer Entschiedenheit: »Essen fertig!« Alle Männer gehorchen sofort und drehen sich zum Kessel, aus dem ein ziemlich dickflüssiger Hausnudeleintopf eingeschenkt wird. Aus der Haltung der Menschen schließe ich, sie müssen ziemlich Hunger haben. Wie wir zwei auch.

Die wortkarge, junge Frau, von der ich die ganze Zeit keinen vollen Satz hören werde, trägt die gefüllten Essschalen zu den Leuten. In der Stadt hätte ich zumindest bei den ersten vier Personen ihre Stellung erkennen können, entsprechend der Reihenfolge, wem wann was zukommt. Dort hat sich nämlich die starre Abfolge eingebürgert: Partei, Betrieb, Gewerkschaft,

Jugendverband. Doch hier auf dem Land und zumal in einer Jurte war es unmöglich – hier richtet man sich immer noch nach dem Alter.

Also wird zuerst dem Ältesten seine Schale gereicht. Er führt sie beidhändig an die Lippen und tut auch so, als würde er davon kosten, stellt sie aber sogleich auf den Tisch. Die am Tisch Sitzenden folgen seinem Beispiel. Ich auch, denn ich bin gleich am Anfang zur rechten Stirnseite des Tisches gebeten worden, zu einem hohen Bürostuhl. Die Schale ist wirklich sehr heiß, so heiß, dass ich es nicht einmal schaffe, daraus zu kosten, ehe ich sie abstelle, trotz des Hungers. Sie muss etwas abkühlen.

Der Älteste schickt einen nachdenklichen Blick über die Runde, räuspert sich und stellt sich schließlich, an mich gewandt, als – doch, tatsächlich! – Darga von Ssumm und Vereinigung Erdinsant vor. Dann folgen die anderen Anwesenden, nun schon in den wohlbekannten Abstufungen: Partei, Gewerkschaft, Jugendverband. Danach die Vertreter von Massenorganisationen, angefangen, natürlich, bei der Mongolisch-Sowjetischen Freundschaftsgesellschaft. Schließlich all die anderen Vereinigungen zur Verbreitung von Wissen, zur Unterstützung von Arbeit und Verteidigung, zur Förderung von Gesundheit, Kultur und Aufklärung …

Zum Ende fällt der Blick des Darga auf die einzige Frau unter den Mitgliedern des Stabs, die nun gegenüber der Köchin am Herd sitzt. Seine bis hierher ruhig dahinfließende Stimme stockt plötzlich. Dann sagt er laut: »Ach, unsere gute Zewilmaa, die Vertreterin des Frauenkomitees, das natürlich eine sichtbare Stellung innerhalb der Leitung unseres Kollektivs einnimmt … Wie könnte ein Ssumm ohne Frauen, wie könnte die Familie ohne sie bestehen, nicht wahr?«

Er will wohl mehr sagen, ganz einfach deswegen, weil er die schüchterne, aber gar nützliche Person und die Einrichtung hinter ihr offensichtlich vergessen hat, und dies ausgerechnet vor Ortsfremden. Doch in diesem Augenblick geht die Tür auf, und es kommt ein junger Mann hereingestürmt. Worauf die Köchin eilig nach einer Schale greift und ruft: »Wie gut, Brüderchen Hujgaa, du kommst genau zum rechten Augenblick!«

Aber der so Angesprochene ruft mit überstürzter Stimme: »Geht nicht, große Schwester! Die Zentrale hat angerufen. Der Darga muss dringend ans Telefon!«

Der Alte, der auf mich bisher einen recht ausgeglichenen Eindruck gemacht hat, schnellt sogleich in die Höhe. »Genosse Parteisekretär, informieren Sie unseren Genossen Reporter über die augenblickliche Lage!« Er hastet zur Tür.

Der Parteisekretär, ursprünglich rechts vom Darga platziert, beginnt, mit einer ruhigen Stimme zu erzählen. Der erste Schnee sei schon Ende Oktober letzten Jahres gefallen. Nach jedem weiteren Schneefall sei es zunächst windstill und mild geblieben, sodass der Schnee angefangen habe, unter der Mittagssonne zu tauen. Darauf aber seien die Nächte immer kälter ausgefallen, was zu der vom Hirtenvolk arg gefürchteten Eisdecke führte. Nach dem fünften Schneefall am vorletzten Tag des Neujahres sei die kritische Grenze erreicht gewesen. Der Ausnahmezustand wurde ausgerufen, Schulen und Kindergarten geschlossen und alle staatlichen Einrichtungen verpflichtet, Hilfskräfte für die Viehwirtschaft freizustellen. Erstmalig sei die traditionelle Silvesterfeier im Kulturhaus ausgefallen. Stattdessen hätten in dieser Nacht die Stabsmitglieder diese Gästejurte aus dem Lagerraum geholt und aufgebaut, während ringsum Traktoren und Autos die freigestellten Beschäftigten aufs Land brachten und als Gehilfen unter die Viehhalterfamilien verteilten.

Der Darga kommt nicht wieder zurück. Stattdessen kommt der stürmische Bursche mit der Nachricht, dass der schnell hat wegfahren müssen. Er hat ein Blatt Papier in der Hand und reicht es dem Gewerkschaftsmenschen mit dringlichem Ton: »Sie sollen diese Aufgaben an die Verantwortlichen weiterleiten und selber den Genossen Reporter bei seiner Arbeit begleiten!«

Er bekommt seine Portion Essen. Allein, wie er isst, o Himmel: Er schlingt den Inhalt der reichlich großen Schale in drei, vier Zügen geräuschvoll hinunter und ist fertig! Auf die liebevolle Frage der Köchin, ob er noch einen Nachschlag wolle, brummt er nur dumpf und winkt ab mit einer Handbewegung, die fast genervt wirkt. Dann federt er in die Höhe, dreht sich zur Tür, und weg ist er!

Der Parteichef, der gemerkt hat, dass ich meinen Blick von dem Burschen nicht lassen kann, sagt mit der leicht beschämten Stimme eines Vaters, der für die Unbeholfenheit eines eigenen Kindes um Verständnis wirbt: »So ist einfach seine Art. Abgesehen davon ist er die Verantwortung in Person. Die Leute hier nennen ihn Schuurgun-Borr, wegen seiner stürmischen Art.«

Braun sieht er tatsächlich aus, tief und rötlich braun, wie aus Bronze gegossen. Aber leicht wie aus Vogelknochen gebastelt, flink und federnd. Irgendwie gefällt er mir sehr. Ich werde ihm später auch ein paar Fragen stellen, was den guten Kerl so in Verlegenheit versetzt, dass er fleht, ich solle seinen Namen bitte, bitte auf keinen Fall in die Zeitung setzen! Mit der Zeit werde ich von anderen den Grund für diese Abwehr erfahren: Eine Gefängnisgeschichte liege hinter ihm. Das macht mich noch neugieriger auf ihn. Wesentlich ist aber die natürliche Scham und Bescheidenheit bei so einem schäumenden und sprühenden Tatendrang. Später werde ich ihn in einen Zyklus von Beschreibungen über bewundernswürdige, dennoch bescheiden gebliebene Menschen einweben, wobei ich seinen Namen ändere, aus Braun wird Gelb, Scharaa. Sollte er einmal meine Erzählung lesen und sich selbst erkennen, wird er sich nicht schämen müssen. Und ich kann ihm sagen: Ich habe deinen Namen nicht in die Presse gesetzt, aber Menschen wie du müssen öffentlich gewürdigt werden!

Nachdem der allgemeine Hunger und Durst gestillt sind, stapfen die Menschen durch Winterschnee und Nachtkälte in unterschiedliche Himmelsrichtungen und gehen ihren Aufgaben nach. Zurück bleiben nur wir drei: die Köchin, der Gewerkschaftschef und ich.

Der Stab ... Dieses Wort aus der Sprache der Germanen ist also bis in die Nomadenjurten der asiatischen Steppe vorgedrungen. Ausnahmezustand ... Notstand ... Umverteilung von Kräften ... Kampf ... Schlacht ... Front ... In der Tat: Es ist ein Krieg im Gange, in welchem wir, alle Lebewesen in dieser winterkalten Steppe, uns zu wehren haben gegen eine Übermacht, die Dsudd heißt. Dieser Krieg könnte, falls wir versagten, unsere ganze Lebensgrundlage auslöschen. Das Dsudd-Ungeheuer im Jahre des Affen 1944 hat die Hälfte des ganzen Viehbestandes dahingerafft. Den überlebenden Rest haben die Menschen unter Einsatz von Leib und Leben in erbittertem Widerstand irgendwie den gnadenlosen Krallen des Ungeheuers zu entreißen vermocht. Wie viele dabei ihre Ohren und Nasen, Finger und Zehen, auch ihr Leben haben hingeben müssen, darüber schweigt die Statistik. Obwohl man weiß, dass sich dieses Ungeheuer jedes Mal, sooft es auftaucht, mit Menschenleben mästet. Was wird das Dsudd diesmal den Staat und das Volk kosten!

Die Köchin ist nicht minder gesprächig als der Gewerkschafter, der mir irgendwie unheimlich vorkommt, weswegen ich darauf bedacht bin, vorerst einen gewissen Abstand zu ihm zu bewahren. Darum streue ich immer wieder Schnipsel von Worten und Gesten in unsere Unterhaltung, um der guten Frau Gelegenheit zu bieten, mit ins Gespräch zu kommen. Sie nutzt die Gelegenheit, so erfahre ich durch sie eine Menge über das Leben der Menschen hier, über das Unwetter und den Ausnahmezustand.

Sie sei seit nunmehr zehn Jahren Köchin. Keine mit Diplom und fertigen Rezepten im Kopf, sondern eine, die wie jede mongolische Frau in der Lage sei, ihre Familie am Leben zu erhalten und ihre Gäste mit dem Verfügbaren so zu bewirten, dass alle zufrieden seien. Einmal sei eine Kommission aus dem Aemik gekommen, die wollte ihr Berufszeugnis sehen. Da habe sie gesagt, Papiere habe sie nicht, aber zwei Hände und zehn Finger. Sie würde ihnen in kurzer Zeit ein fertiges Gericht auf den Tisch stellen. Nach einer halben Stunde habe sie drei Schalen vor die Kommission hingestellt, die Suppe aus einer Schüssel ausgeschenkt und einen weiteren zugedeckten Topf danebengestellt und gesagt, darin seien die Huuschuur, die man noch eine Weile zugedeckelt lassen müsse, je länger, desto besser. Aber sie habe sich beeilt, wie versprochen.

Die Kommission war zufrieden, dem Himmel sei Dank. Die drei Gesättigten schlugen der Köchin vor, in die Hauptstadt zu kommen und an einem Lehrgang von einem Monat teilzunehmen, um ein Zeugnis zu erhalten.

»Wo sollte ich meine Kinder so lange unterbringen?«, lacht sie nur, doch ich spüre einen bitteren Begleitgeschmack in diesem Lachen.

Ja, Kinder. Damit beginnt der zweite Teil des Lebensdramas,

das nicht nur mich allein zu fesseln scheint. Denn der Gewerkschafts-Darga, der anfangs durch sein Hineinreden die Köchin immer wieder zu unterbrechen gewusst, hat mit einem Mal angefangen zuzuhören. Wodurch ich, der ich seine Nähe erst als ziemlich störend empfunden, mich ab da wieder um einiges milder zu ihm verhalte.

Sie habe fünf Kinder, die zwei Ältesten lernten im Aemik. Das Jüngste besuche noch den Kindergarten, während die beiden Mittleren in die hiesige Schule gingen. Nun aber müssten alle drei den ganzen Tag zu Hause hocken. Sosehr sie dem Ältesten, einem elfjährigen Jungen, jeden Morgen strengstens ans Herz lege, den Herdofen nicht ausgehen zu lassen, finde sie in der Nacht, wenn sie endlich nach Hause komme, die Jurte eiskalt. Solange das Leben seinen gewöhnlichen Fluss hatte, habe sie ihrem Beruf einigermaßen unbesorgt nachgehen können. Aber jetzt? Da höre ich sie erstmals seufzen.

Hat sie keinen Mann, der ihr beisteht?, denke ich betroffen. Dieser Gedanke muss sie erreicht haben, oder realistischer, sie las den Ausdruck auf meinem Gesicht richtig. Denn sogleich erzählt sie, ihr Mann sei seit Jahren im Gefängnis. Oh, was hat er denn verbrochen? Auch diesen Gedanken liest sie aus meiner Miene.

Wegen Diebstahl, drum muss der Ehemann, vielleicht auch der leibliche Vater ihrer Kinder, Jahre hinter Gefängnismauern und Stacheldraht verbringen. Doch dann macht sie eine Ergänzung: Die Nomaden seien, ehrlich gestanden, von Kindesbeinen an geübt in der Dieberei. Das sei etwas anderes als wirklicher Diebstahl, denn Diebstahl sei etwas Großes, Schwerwiegendes. In den meisten Fällen lasse man einfach etwas mitgehen, weil man es bitter nötig brauche. Gut, dabei denke derjenige, der etwas mitgehen lasse, nicht gut genug; sonst würde er ja herausfinden, dass derjenige, dem das Zeug gehöre, es ebenso brauche. Aber dürften wir denn von jedem Menschenkind ein Hirn verlangen, das auf Schritt und Tritt einwandfrei tickt? Würden wir alle in unseren Schädeln ein so vollkommenes Hirn tragen, dann wären wir ja nicht Nomaden geblieben, die in Filzjurten hausen, den Launen der Natur ausgeliefert sind und ihre ganze Lebenszeit mit Tieren vergeuden, die, bevor wir sie aufessen können, längst unsere Jugend und unsere Gesundheit verfressen haben. Ja, wären wir nicht so einfältig, dann wären auch wir all jenen Gescheiten gefolgt, die in Städten, in festen Häusern wohnten, um sich von uns füttern zu lassen!

Worauf sie dem Mann mir gegenüber zuzwinkert und loslacht. Wir müssen beide mitlachen. Dann wird ihr Gesicht, das soeben gestrahlt hat, ernst, und sie fährt fort: Mit ihrem Mann aber sei es doch etwas anderes – er sei diebessüchtig. Anfangs habe sie seine kleinen Diebereien verständnisvoll ertragen. Aber der Dieb, der neben ihr lebte, sei nicht nur ein kleiner, sondern auch ein kleinlicher und darum schmutziger Dieb gewesen. Seine fortlaufenden Diebereien hätten sie schließlich zur Verzweiflung gebracht. Darum seien die ersten Tage und Monate nach dem Verschwinden dieses Dreckskerls für sie recht erholsam gewesen. Als dann ihr Körper und ihre Seele anfingen, ihn zu vermissen, habe sie versucht, sich mit dem Gedanken zu trösten: Die drei Jahre werden schnell vergehen, für den Vater meiner Kinder wird es eine nützliche Lehre sein! Tatsächlich war die Strafzeit irgendwann vorbei, und er kam zurück. Doch, nein! Zu den schlechten Gewohnheiten hatte er sich weitere Schlechtigkeiten zugelegt. Nach kaum einem halben Jahr ertappte ihn die Justiz auf frischer Tat und holte ihn erneut ab. Diesmal hätte es eigentlich noch länger gedauert, doch nach drei Jahren fiel er unter eine Amnestie. Aber er war noch eine

Stufe tiefer gerutscht. Nicht einmal einen Monat nach der Entlassung ging es wieder zurück für weitere fünf Jahre.

Sie stochert mit der langen Feuerzange im Ofen herum und legt ein paar Scheite nach. Keiner von uns spricht ein Wort. Nur das soeben in die Hitze geratene Lärchenholz fängt an, knallend und krachend zu brennen. Abgesehen davon herrscht Stille im jurtenrunden Raum. Diese Stille drückt anfangs, hebt aber zu guter Letzt doch.

Sie fährt fort, und zwar mit einer Stimme, als wenn sie alles Liegengebliebene zusammenpackt und zum Ziel trägt: »Jedes Mal, wenn der Kerl wieder hier war, hatte es die gleichen Folgen – jedes Mal blieb ich geschwängert zurück. Was natürlich eine zusätzliche Belastung ist für mich und die Kinder, und für meine Arbeitsstelle auch. Doch inzwischen habe ich mich daran gewöhnt. Ich kann meine Kinder über Wasser halten und bekomme auch Unterstützung vom Staat und dem Kollektiv. Ich fühle mich mittlerweile sogar freier und leichter ohne ihn. Meine größte Angst ist, dass er wieder heimkehrt und meinen Kindern und mir etwas antut.«

Damit endet unser erstes Gespräch, bei dem ich lediglich Zuhörer bin. Jahre später – nun schon als ein erfahrener, die Lande kreuz und quer bereisender Reporter – werde ich mit ihr wieder zusammenkommen. Da wird der Mann immer noch im Gefängnis sein. Während unseres Gesprächs bei einer Schale Milchtee tauchen ein Mädchen und ein kleiner Junge in der Tür auf und werden von ihr sofort recht heftig weggeschickt. Auf meine Frage errötet sie, völlig gegen ihre sonst beneidenswert lockere Art, und gibt schließlich zu, es seien ihre neuen Kinder.

Dann werde ich noch weitere berührende Fetzen aus dem Lebensalltag einer kinderreichen Familie erfahren, die mir, dem Ehemann einer Köchin, nur allzu bekannt vorkommen. Sosehr sie ihre Kinder auch mahne, während ihrer Arbeit nicht zu ihr zu kommen und abends, wenn sie heimkehre, nicht an ihre Tragetasche zu gehen, würde es hin und wieder doch vorkommen, dass sich die Kinder nicht daran hielten. Dann wird es schwer, sie nicht davonzujagen. Der Blick der Kleinen zielt dann so bettelnd auf die Mutter, dass sie ihnen eine Kleinigkeit ins Mäulchen stecken müsse. Natürlich sei dies eine Art Diebstahl am Staatsgut. Aber begehen andere nicht tagtäglich viel größere Diebstähle, und dies sogar ganz offen und dazu auch noch auf eine prahlerische Art? Was sei es, wenn ein Darga mit dem Dienstauto und Staatsbenzin auf eigenes Vergnügen unnötige Strecken fahre?

Die vielen Bekanntschaften, welche ich meinem Reporterberuf verdanke, werden mir lange die eigene Verwandtschaft, fern hinter Dutzenden von Flüssen und Hunderten von Bergen, ersetzen. Auch den stürmischen »Braunen« werde ich wiedersehen. Da werde ich wieder einmal heftig an das große Rätsel denken, das bislang ungelöst über allem und allen im großen Raum hängt. »Schicksal« heißt das Ersatzwort für das Gesuchte. Dem einen heißt es »Karma«. Dem anderen »Geschick«, dem Nächsten »Los« oder »Vorsehung«. Wohl wird das Rätsel ewig unlösbar bleiben, da die unzähligen Exemplare der Gattung Mensch nach innen so unterschiedlich gewebt und gestrickt sind, obwohl sie nach außen ziemlich gleichartig geformt aussehen. Bei solcher Unübersichtlichkeit versuche ich, wie so oft, in den tiefen Flözen meiner Muttersprache zu graben, und finde heraus: Bei uns heißt das »Schicksalsbeutel«. Was mich weiterspinnen lässt: Jedes menschliche Wesen kommt im Leben mit einem vorerst noch unsichtbaren Beutelchen an, in welchem seine längst vorgefertigte Zukunft liegt. Was noch später, in der Ära von Elektronik und Computer die Auslegung zulässt: Jeder von uns kommt im Leben an wie ein fertig programmiertes Gerät. Was später durch Erziehung, Bildung und Erfahrung hinzukommen mag, gleicht wohl dem Formatieren und der Bedienungsanleitung.

Dieser Gedanke ist nicht mehr als ein weiterer winziger Strich auf der Riesenfläche im Spurengewirr der Suche nach einer Lösung. Und die Menschen, die Schöpfer dieses Wortes und der ganzen Sprache drum herum sind selbst auch Werk der Schöpfung und ernähren ihre Seele noch von dem Urglauben, alles sei eins. Daher lässt dieser Glaube allen und allem Platz, auch dem Unerklärlichen.

Rings um diese einfache Art des Glaubens wetteifern mittlerweile eine Unzahl verschieden verzierter und verschnörkelter Arten von Glauben, wodurch das Zusammenleben der Menschheit immer schwieriger wird. All jenen Auswüchsen von Glauben scheint eines gemeinsam zu sein: Eine jede hält sich für besser als alle anderen und erklärt sich darum für allein berechtigt, im Namen des Allmächtigen zu reden und zu handeln.

Wer auf einer schier endlos erscheinenden Steppeninsel geboren ist, welcher wiederum beschieden ist, wie vergessen zwischen zwei Riesenräumen zu liegen, möchte keinesfalls selbst verloren leben oder vergessen werden von der Außenwelt, die er sich gern groß und schön und gerecht und freundlich vorstellt … Nur, kaum kommst du mit jener dir so ausgemalten Welt in Berührung, machst du die schmerzhafte Erfahrung, dass du keinem ihrer Bewohner so recht gefällst. Du bekommst zu hören oder zu spüren, dass dich dein Gegenüber irgendwie fremd und anders, am liebsten aber als seine eigene Kopie sehen will. Wobei er dich keinesfalls fragt, ob du das auch willst.

Genauso will er dein Land, deine Welt ändern, obwohl die Weiten ihn auf den ersten Blick tief beeindrucken. Immer hat er daran etwas auszusetzen. Entweder ist die Steppe, die ihn zuerst verzückt hat, dann doch zu groß, zu kahl, zu trocken, oder die Bewohner sind zu primitiv. Oder … oder …

So treten sie auch dir gegenüber. Am Anfang und auch zwischendurch sparen sie nicht mit Lobesworten. Sie bezwecken dabei nur dein Bestes. Zuerst betrifft das dein Äußeres. Du sollst dich stilbewusst kleiden, der Außenwelt zeitgerecht zeigen. Dann geht es ans Innere: deine Weltanschauung, dein Glaube, oje. Alle wollen dich an ihren eigenen Glauben heranlocken. Die einen versuchen, dich christlich zu beeinflussen. Die anderen atheistisch, sozialistisch.

Die Ersteren haben in der damaligen Zeit, in deinem Umkreis, so gut wie keinerlei Aussicht auf Erfolg. Die Letzteren dagegen so gut wie alle Chancen. Denn dein Land liegt eingezwängt zwischen zwei Riesenreichen, beide ein Nährboden für die Ungläubigkeit und dadurch dicht genug abgeschirmt vor den Einflüssen der restlichen Welt, wo das Gebüsch von allerlei Glaubensarten wuchert.

So hat man seine befristete Lebenszeit trotz aller Weiten auf Gottes Erde in einem Gewirr von sichtbaren und unsichtbaren Grenzen und Gittern, Mauern und Zäunen, Wänden und Schranken zu verbringen, dazu verdammt, einen Daueralbtraum zu sehen. Dazu noch verpflichtet, ihn mitzugestalten. Bedenken werden nicht geduldet. Widerstand ist strafbar. Ergebnis: Auf dem Boden der sonst so kargen Steppe treibt und wuchert bedrohlich die Ungläubigkeit als der einzig zugelassene Glaube. Es ist, als wenn die Menschen, die sich vorerst weder schuldig noch verdient gemacht haben, reihum die Heldenhaube mit dem fünfzackigen Stern und der blutroten Beschriftung »Atheismus« aufgesetzt bekämen, und dabei der Partei und der Regierung Treue aus vollem Hals zubrüllten.

Dieses »es ist, als wenn« am Anfang des Satzes kommt aus dem mit Vorsicht gefüllten Blinddarm meines Verstandes aus jener Zeit. Es ist durchzogen von Ängsten. Nicht nur ist es so gewesen, sondern auch: Ich, der ich hier und heute über die Vergangenheit so kritisch Bericht erstatte, bin einer von denen gewesen, die militärisch-forsch über den Sühbaat'rplatz der Hauptstadt paradierten, die knallroten Fahnen, Losungen und die riesigen Porträts unserer »Führer« trugen, Wimpel und Kunstblumensträußchen in Richtung der Tribüne schwenkten und mit Leibeskräften – auf Russisch »Ura! Ura! Ura!« brüllten, obwohl es dafür in unserer Sprache das Wort »Hurae!« gab. Es ergab sich sogar, dass bei jeder Parade eine der Hauptlasten mir zufiel, weil mein Körper so robust war. Gleich, ob ich eine der schweren Fahnen eines der Führer-Porträts trug, wegen meiner lauten, klaren Stimme war ich immer als Hauptbrüller vorgesehen. Ja, auch das gehört zu meinem Leben.

Atheismus, die Gottlosigkeit, ist auch eine Art Glauben. Mit einem, der sich ihm verschrieben hat, über das Rätsel, das uns auf den Weg mitgegeben ist, reden zu wollen, ist sinnlos. Er wird vermutlich die Nase rümpfen und verkünden: »Ich glaube nicht an das Schicksal! Auch nicht an Gott und den Teufel! Nicht ans Paradies und die Hölle! Ich glaube einzig an …!« Man braucht das Bekenntnis nicht bis zum Ende zu hören, gleich nach dem ersten Wort weiß man, da kommt wieder ein Befehlssatz, der nach einem weiteren Ausrufungszeichen verlangt. Wer einmal dabei ist, Befehle zu erteilen, der vermag weder Fragen noch Erklärungen zu ertragen, geschweige denn Widerreden. Auf Gespräche dieser Art lasse ich mich nicht mehr ein. Zumal ich den weit und breit anerkannten Weisen aus unserem Volk, den seit vielen Jahren erblindeten Gök-Anaj, kurz vor seinem Erlöschen sagen hörte: »Ein ungläubiger Mensch ist wie ein Bulle ohne Nasenstrick. Darum gleicht jedes gut gemeinte Wort an ihn einem Furz in der nächtlichen Wintersteppe im Schneesturm.«

Ich nehme bestürzt wahr, wie die Menge erklärter Ungläubiger um mich herum zunimmt, und denke dabei verzagt: Ist das der Lauf dieser Welt? Sie muss mit einem Mal auf eine verkehrte Schiene geraten sein.

Doch, Himmel und Erde! Schreck und Schande! Nur siebzehn Jahre später werde ich vom Leben eines anderen belehrt. Da werde ich mit eigenen Augen sehen und eigenen Ohren hören, wie die neue Verfassung des »demokratischen« mongolischen Staats von dessen höchster Körperschaft verabschiedet und der erste Präsident ernannt wird. Da werde ich erfahren, wie sich alles im Handumdrehen und von Grund auf verwandeln kann. Ich sehe zwar immer noch die alten, bis zur Langweiligkeit bekannten Gesichter der Vorreiterhorde des realen Sozialismus, aber an ihren vorgewölbten Brüsten fehlen die vielen Orden und Medaillen, an denen sie sonst immer schwer getragen haben. Hinter ihnen die ebenso bekannte Vorzeigeherde und unter diesen ein paar neue Gesichter, die allerdings meist auch zum Oberststock des Gesellschaftshauses gehören.

Die Schlauen wissen schon, dass nun Glaube und Gläubigkeit, nebst dem Besitz, die Gesellschaftstauglichkeit eines jeden bestimmen wird. Im Gegensatz zu dem Zeitalter, das gerade krepiert ist und weggelegt wird wie ein altes, abgetragenes Kleidungsstück, in dem Ungläubigkeit und Armut die Tauglichkeit eines jeden für Politik und Gesellschaft bestimmt hat.

So wird der frischgebackene »Herr Präsident« – den so lange Jahre hindurch alle »Genosse Minister« nannten – vor seinen Untertanen seine neue Rolle zu spielen wissen. Auf dem Bildschirm werde ich verfolgen, wie gekonnt er in seine Amtsrolle hineinschlüpft, in einer geschickten Inszenierung mit zum Schreien komischen kabarettistischen Momenten. Und der Höhepunkt ist erreicht, wenn der Hauptdarsteller immer wieder die typische Körperhaltung eines buddhistischen Mönchs einnimmt.

Nun bin ich aber weit von der Hauptströmung meines Lebensflusses abgekommen und an der Mündung eines Seitenarmes gelandet.

Kehren wir also in die Dsudd-Jurte zurück. Die Köchin hat ihre Erzählung beendet und kümmert sich um den Herd. Stille herrscht. Ich widme dem Raum, der mich beherbergt, endlich einen aufmerksamen Blick. Es ist wirklich eine gewaltige Jurte, ein Prunkstück, bei welchem Formen und Farben geschmackvoll zusammenfinden. So etwas ist mir noch nirgends begegnet. Später jedoch werde ich öfters auf solche Jurten stoßen, und zwar immer dort, wo ein unternehmungslustiger und dazu auch noch musisch veranlagter Chef am Steuer ist. Ihre Pracht soll Würde, Verdienst und Freude betonen. Die Jurte meiner Eltern würde mit zehn Personen ziemlich gefüllt wirken, diese hier könnte ohne Weiteres ein Zehnfaches davon in sich aufnehmen.

Jetzt verlässt der Gewerkschafter die Jurte. Die Köchin scheint sehr viel von ihm zu halten, nennt ihn einen hochgebildeten, aber auch mutigen Menschen, der alles beim Namen nenne. »Gewiss gefällt das nicht jedem«, sagt sie. »Aber ich kenne ihn seit bald zwanzig Jahren und weiß, in ihm steckt ein sehr edler menschlicher Kern, trotz seiner scharfen Zunge, die oft verletzend wirkt.«

Warum erzählt sie mir das in dieser Eile?, denke ich und komme auf die Antwort: Sie muss mein Unbehagen neben ihm irgendwie gespürt haben und gibt mir zu verstehen, so gefährlich sei er gar nicht. Ich werde ihr später dafür dankbar sein.

Der Mann kehrt endlich zurück und wird von der Köchin mit der Frage empfangen: »Wie schaut es mit dem Himmel aus, Professor?«

Mit einem leicht beschämten Lächeln und einer halb erfrorenen und darum noch strenger wirkenden Miene sagt er, an mich gewandt: »Die Hiesigen necken mich mit diesem Spitznamen.« Während er seine Hände über dem Herdofen aneinander reibt, gibt er ausführlich Auskunft: Es sei wieder windstill. Wolkenmassen aus Nordosten seien dabei, den Himmel gänzlich zu überfluten. Und dort, wo der Mond stecken müsste, sei eine ganze Herde von schwachen hellen Flecken zu erkennen, woraus sich schließen lasse, der Mond habe etliche Höfe bekommen.

»Und was bedeutet das?«, will ich wissen.

»Es wird die Nacht oder spätestens morgen Vormittag wieder schneien. Also dauert die schwierige Lage vorerst an, denn bis jetzt hat es immer jeden zweiten Tag geschneit, und dazwischen ist es sonnig und windstill geblieben.«

Er kehrt zum Tisch zurück, nimmt seinen Dienst wieder auf und berichtet mir Namen und Zahlen, die ein Berichterstatter vermutlich wissen müsste. Ich lausche und schreibe alles auf, in der Annahme, er wird erfahren genug sein mit solchen wie mir. Dabei redet er tatsächlich wie ein diktierender Lehrer im Unterricht, so langsam, damit ich alles aufschreiben kann. Jede dieser Angaben hat existenzielle Bedeutung für mich. Denn noch ist mir das Leben auf dem mongolischen Land, statistisch zerhackt, fremder als die Anatomie der germanischen Sprache oder die Zeitchronik der europäischen Literatur. Ich weiß nicht einmal, wie viele Menschen in meinem eigenen Aemik und Ssumm wohnen und über wie viele Tiere sie verfügen.

Doch mit jeder künftigen Landfahrt kommen neue Kenntnisse dazu, und eines Tages werde ich nicht mehr wissen, was ich eigentlich bin – ein diplomierter Germanist, ein rasender Reporter oder ein statistisches Taschenbuch zur mongolischen Landwirtschaft.

Ja, Awirmid. Er weiß ausgezeichnet, einem etwas beizubringen. Spalte um Spalte öffnet er meinen durch die Akademikerjahre da getrübten, hier betäubten Blick. Bald glaube ich, einen Überblick von der Lage zu haben, über die ich berichten soll. Dann stelle ich mit einem Mal fest, dass wir in ein eifriges Gespräch hineingeglitten sind, das sich rasch erweitert.

Die Tochter seines jüngeren Bruders sei meine Studentin gewesen. Und habe in den Ferien begeistert von mir erzählt. Je fester unser Gespräch ins Persönliche greift, desto näher kommt mir dieser Mensch. Ich glaube, an diesem Mann Ähnlichkeiten mit meinem Abteilungsleiter zu entdecken, ja, in ihm eine verwandte Seele zu entdecken. Das Endergebnis wird sein, dass wir als gute Bekannte noch lange Jahre in Verbindung zueinander bleiben. Erst der Untergang des Systems wird wie so vielem anderen auch dieser Bekanntschaft ein Ende bereiten. Entgegen unserer Erwartung, wir würden jetzt erst recht einander näher rücken, um unsere Kräfte zusammenzulegen, denn auch er war ein durchaus kritischer Geist, ein Suchender und Handelnder.

Ich muss zu meiner Schande gestehen, dass ich in all den Jahren nicht oft an ihn gedacht oder versucht habe, den verblassten Pfad zu ihm, wie manch anderen sonst auch, aufzufrischen. Nach der großen Erschütterung haben sich unsere Wege gegabelt und haben sich bis auf den heutigen Tag nicht wieder gekreuzt – Allmacht des Zeitstaubs.

Zwischendurch taucht dieser und jener von den Stabsmitgliedern immer wieder in der Jurte auf, um zu erfahren, ob neue

Nachrichten eingetroffen seien. Oder um sich bei einer Schale Tee ein wenig zu wärmen. Die Köchin hat alle drei Thermosflaschen damit randvoll gefüllt, bevor sie gegen zehn Uhr endlich nach Hause gehen durfte, bis fünf Uhr morgens, wie die Verordnung lautet.

Hier einige Nachrichten: In der Brigade Eins sind verendet: 13 Pferde, 27 Rinder, darunter 9 Mutterkühe und 221 Kleinvieh. Alle brauchen dringend Heu. Eine Stunde später aus der Brigade Drei: Ein Lkw mit 10 Tonnen Futter steckte seit gestern im Schnee und wurde vor zwei Stunden befreit. Gegen Mitternacht kommt Nachricht aus dem Aemik: 8 Tonnen Treibstoff, davon 4 Tonnen Diesel sind vor einer Stunde auf den Weg gegangen. Um 2 Uhr 20 Minuten aus der Brigade Zwei: Alle Wege zu 4 Herden gesperrt, es wird dringend ein Kettenfahrzeug gebraucht …

Da ist ans Schlafen nicht zu denken. Wiederholt haben mir die Chefs angeboten, in die, leider ungeheizte, Gästehütte zu gehen und mich auf ein Bett zu legen. Doch ich habe mich entschlossen, die ganze Nacht hierzubleiben, um nichts Wichtiges zu verpassen. Hier in der Wärme kann ich zwischendurch auch einnicken.

Der Druck in der Blase wird zu groß, irgendwann muss ich das warme Nest doch verlassen und in die Nacht hinaustreten. Es ist stockfinster. Die Dieselmaschine schweigt, um Treibstoff zu sparen. Es ist bitterkalt und still, bis auf das einsame, heisere Getucker des Motors von unserem Jeep. Nicht einmal ein Gebell ist zu hören in den vielen Jurten ringsum. Also sind selbst die Hunde, die sich sonst die endlos lang erscheinenden Winternächte durch Wechselgebell verkürzen, von der Kälte gedemütigt und gebändigt. Ich gehe dem Motorengedröhn, dem Benzingestank und der kaum wahrnehmbaren hellen Dampfwolke nach, finde den Jeep und klopfe mit behandschuhter Faust an die schwach schimmernde Türscheibe. Die dumpfe Stimme des Fahrers kommt wie aus einem fernen, abgedichteten Raum. Er will wissen, ohne die Tür zu öffnen, was los sei. Ich schreie gegen die Fensterscheibe, ob er nicht friere. Er verneint meine Frage. Also muss er den Innenraum warm bekommen haben. Ohne die Tür unnötig aufzumachen und ihm die Wärme zu stehlen, gehe ich wieder. Die große Jurte mit der hell leuchtenden Dachluke und dem rauchenden Rohr ist deutlich zu erkennen und leicht zu finden. Noch ein paar Herzschläge lang bleibe ich stehen, den Blick nach oben gerichtet. Es ist nicht viel zu erkennen, doch ich glaube, fleckige helle Stellen auszumachen, das könnte der Mond mit seinen vielen Höfen sein.

Wir Kinder hatten von den Älteren gehört, dass Sonne und Mond solche Ohren bekommen – so heißen die Flecken in unserer Sprache –, wenn sich das Wetter auf längere Dauer verschlechtern will. Das fällt mir ein, als ich nun durch die steinhart gefrorenen und darum beinah eisern tönenden Stiefelsohlen hindurch das Klimpern und Scheppern der in Eis und Stein verwandelten Erde spüre und das beklemmende und bedrängende Nahen weiterer Massen schneidender und stechender Schnee- und Eiskristalle wittere.

Der nächste Morgen beginnt wie ein Abenteuerfilm. Der erwartete Schnee ist gefallen, und zwar in einer solchen Fülle und auch Eile, wie man es nicht für möglich gehalten hätte. Die Schneedecke liegt um eine weitere Handspanne gewachsen da, aber der Himmel ist völlig klar, wie soeben umgekrempelt, ausgebrüstet und abgestaubt und dann auch noch sorgfältig überzogen mit einem Schmelz, der brennend hell leuchtet.

Ein Riese von einem Raupenfahrzeug reißt sich unter wirbelndem und strudelndem Qualm und grollendem und dröhnendem Getöse vorwärts, ringsum alles umknickend und zerbrechend. Ihm folgen am Ende einer Trosse zwei lange Schenkel aus schwerem, kantigem Eisen. Eine kahle Spur öffnet sich, vier Meter breit, mit zwei hohen Schneewällen rechts und links. Die Mienen der Stabsmitglieder heitern sich auf, trotz aller Müdigkeit und Schlaflosigkeit. Aus dem Fahrerhaus des Fahrzeugs springt federnd leicht ein schmächtiger Bursche und kommt mit forschen Schritten und einem leicht verschämten Ausdruck auf seinem fast kindhaften Gesicht zur Menschenmenge, die ganz gebannt scheint von seiner so hilfreichen, kraftstrotzenden Arbeit.

Die Erneuerungsidee des jungen Traktoristen, den der Revsomol in die Landwirtschaft delegiert hat, habe sich hiermit erfolgreich bewährt und werde sofort in die Produktion eingeführt, heißt es nach einer kurzen Beratung in Gegenwart des jungen Fahrers. Die so gezogene kahle Spur ermöglicht nicht nur anderen Fahrzeugen das Vorankommen durch die sonst unüberwindliche Panzerdecke aus vereistem Schnee, sie legt auch das Steppengras darunter wieder frei.

Mit meinem Wagen folgen wir dem Raupenfahrzeug auf dessen kahl gezogener Spur. Ungehindert, aber natürlich langsam, kommen wir voran. Doch von Langweile kann keine Rede sein.

Awirmid, mein Fahrer, ist ein vorzüglicher Gesprächspartner. Seine Gedanken sind von tiefer Folgerichtigkeit und weitem Raum. Seiner klangvollen, leidenschaftlichen Stimme möchte ich ohne Ende zuhören. Er beschließt aber, mich zum jungen Traktoristen hochzuschicken. In dessen Kabine sitze ich unter Gedröhn und Geschüttel Schulter an Schulter mit ihm und kann ihn dabei ein wenig riechen und spüren und seine Innenwelt auskundschaften.

Boldoo, mein neuer Bekannter, ist erst achtzehn Jahre jung und erweist sich als recht gesprächig. So erfahre ich im Laufe zweier Stunden, die zu den ungewöhnlichsten in meinem Leben zählen, eine ganze Menge. Er ist das Jüngste unter drei Geschwistern. Geologe zu werden, war sein Wunsch in der Schulzeit. Er träumte davon, unter dem heimatlichen Boden reiche Funde zu entdecken und berühmt zu werden. Doch es kam anders. Der Halbwüchsige brachte es nicht übers Herz, die schutzbedürftige Schwester, die zwanzig Jahre älter war und ihn großgezogen hatte, und deren kleinen Sohn, der ihm wie ein kleiner Bruder vorkam, allein zu lassen. Dann fing auch noch der Vater an zu kränkeln. Während die meisten aus seiner Schulklasse in die Stadt fuhren, um zu studieren, beschloss er, in der vertrauten Welt zu bleiben, zu arbeiten und Geld zu verdienen. Er wollte zum Grundpfosten seiner Familie wachsen.

Da kam aus dem Zentrum ein abgestempeltes Blatt Papier für ihn: Ernennung zum Delegierten des Revsomol! Das macht neuerdings die Schule mit allen, die mit dem Weiterlernen aufhören, um endlich Geld zu verdienen. Nun gut, wer dieses Papier vorzeigt, hat die Aussicht, schnell eine Arbeitsstelle zu finden. So hat es auch unserem Helden geholfen, einen technischen Eillehrgang zu bekommen und dann als Traktorist zu arbeiten.

Batbaat'r weiß nicht, ob er überhaupt studieren will. Sein alter Wunsch, Geologe zu werden, habe sich mittlerweile geändert. Was bleibe von Gold, Silber, Erdöl und allen anderen Bodenschätzen zurück? Wunden am Körper der Erdmutter. Leere, Löcher, Abfall, Halden von zermahlenen, abgetöteten Gesteinen. Nun träume er lieber von Getreide, das wie aus dem Nichts hervor wächst und im Herbst ganze Täler, weite Steppen auffüllt.

Er hält sehr viel von seinem Vater. Der sei ein helllichter Träumer. Weshalb die von Enge geprägten, von Angst gefesselten Spießer ihm einen Beinamen verpasst haben: der große Spinner. »Ich muss Ihnen das unbedingt sagen, wenn Sie über mich schreiben wollen«, sagt er vorsichtig in der Art eines lebenserfahrenen Erwachsenen. »Denn es ist durchaus möglich, dass einer in diesem Ort dann abschätzig sagt: Der kleine Spinner gerät ganz nach seinem Vater, dem großen Spinner. Noch habe ich die schriftliche Bestätigung über den guten Ausgang meiner Erneuerungsidee nicht in der Hand. Aber ich habe die Zuständigen gebeten, im Zeugnis unbedingt den Vatersnamen vollständig und in großen Buchstaben zu drucken. Denn auf die Idee hat mich mein Vater gebracht, und nun soll er, wo er das Krankenlager hüten muss, das lesen und sich darüber freuen.«

Fast ein Jahrzehnt später werde ich meinen Helden bei einem landesweiten Treffen von Neuerern treffen und erfahren: Der Vater hat das Zeugnis gelesen und vor Freude geweint. Und auch ich werde stolz und gerührt auf diesen feierlich gekleideten jungen Mann schauen und dabei an meine eigenen Söhne denken.

Batbaat'rs Spur folgend, erkennen wir endlich eine schneefarbige Schafherde mit einigen dunkelroten Ziegen. Sie taumelt, schnuppernd und schnaubend, auf den freigespurten Erdteppich mit den sonnengelben Tüpfelchen zu. Wir halten an und warten bei laufendem Motor. Sogleich spielt sich ein gewaltiges, heroisch-tragisches Naturschauspiel ab, dem wir erschüttert zuschauen. Die Herde, die ich als sechs- bis achthundertköpfig schätze, strömt heran wie eine unaufhaltsame Lawine. Man sieht die Gier und Entschlossenheit, die jedes der Tiere antreibt: die Körperhaltung, die Bewegung, der Blick. Ja, ich spüre sogar den Geruch, den diese kollektive Aggressivität ausströmt. Mein ganzer Körper überzieht sich mit Gänsehaut. Doch dann die Blindheit einer jeden dieser Kreaturen: Kaum erreichen die Ersten den Rand des kahl geschabten Steppenbodens, bleiben sie am erstbesten Grasbüschel kleben. Doch der Druck von hinten, der auch den kleinsten Halt nicht zu dulden vermag, ist so gewaltig, dass sie weitergeschoben werden. Viele stürzen, ziehen viele weitere mit zu Boden, was weitere Stürze nach sich zieht. Dies hört erst dann auf, wenn irgendwann die von hinten schiebende Kraft der Masse nach und nach doch erlahmt.

Wie gierig, wie fleißig die Mäuler fressen! Da die enge Fläche schnell abgeweidet ist, dehnt sich die Herde entlang des Streifens aus.

Mittlerweile ist auch der Hirte hinzugekommen. Es ist ein älterer Mann, der an etlichen Stellen seines mit Furchen durchzogenen, breiten Gesichts ziemlich mitgenommen aussieht. Die schwarzen Flecken dürften Spuren von Kesselruß sein, aufgelöst in erhitztem Murmeltierfett, das in der Nomadenwelt als Heilmittel bei erfrorener Haut von Mensch und Tier bekannt ist. Als ich ihn begrüße, denke ich, nachher ein Foto von ihm zu machen, denn so sehen Menschen aus, die Heldentaten vollbringen. Als ich aber sehe, wie verdreckt auch sein Hemdkragen ist, lasse ich es lieber. Denn jetzt fällt mir mein Vater ein, den es seit ungefähr tausend Tagen nicht mehr gibt und der so manches Mal nicht viel anders ausgesehen hat. Würde ich ihn so auf einem Foto festhalten und es auch noch in eine Zeitung setzen, wäre das in den Augen seiner Nächsten eine schwer verzeihliche Erniedrigung gewesen.

Die ersten Worte wechseln wir umringt von den nach jedem Grashalm gierenden Tieren. Dann übermannt mich das Gefühl, die Kälte würde mir manche Gesichtsteile abzwicken, und Hände und Füße würden trotz der dicken Fäustlinge und gefütterten Stiefel jedes Gefühl verlieren. Also bitte ich ihn ins Auto. Vom Beifahrersitz aus, mit halb gedrehtem Kopf und immer noch zittrigen Lippen stelle ich ihm die üblichen Reporterfragen und versuche, alles mitzuschreiben, was ich von hinten zu hören bekomme.

Wie sehr werde ich mich später darüber schämen! Was hat sich der gute Mann dabei wohl gedacht? Vielleicht: Dieser dumme Städter, der hat ja keine Ahnung von allem!

Vielleicht war er aber auch weniger streng, wie es Menschen gegeben ist, die inmitten der endlosen Weite und namenlosen Ruhe des zwar zwischendurch, wie jetzt gerade, höllisch grausamen, meistens aber paradiesisch sanft dahindämmernden mongolischen Landes verbringen zu dürfen: Bestimmt bist auch du in der Jurte geboren und mit Tieren aufgewachsen, dennoch scheinst du dich, mein Junge, von deinen Wurzeln entfernt zu haben.

Das Unbehagen rührt aber wohl vor allem von der Sitzordnung her. Warum habe ich Awirmid nicht nach vorne gebeten und bin selber hinten neben ihm eingestiegen? Dann hätte ich meine dürftigen Fragen wenigstens nicht ins Unsichtbare schicken müssen, um wiederum nach Antworten aus dem Unsichtbaren zu lauschen. Dazu kommt auch, dass mein Mongolisch nicht bis in so manche Innenfalten des Lebens hineinreicht. Ich bin in einer anderen Sprache geboren und gefestigt. Inmitten einer ausgehungerten Tierherde war ich das allererste Mal vor die Notwendigkeit gestellt, mit einem gebürtigen Landmongolen ein Gespräch zu führen, das in die Tiefe seiner Lebenswelt, seines Alltages und Berufs führt. Unbekannte Wörter und Wendungen tauchen auf, und am Ende wird mein Selbstwertgefühl ganz arg zapplig.

Dann geschieht mitten in diesem vielleicht ungeschicktesten Interview zwischen einem Reporter und seinem Opfer etwas sehr Merkwürdiges, ja Tragisches. Während ich meine vor Kälte längst schmerzenden Finger krampfhaft um den Griff des Stifts kralle, um die dem Unsichtbaren abgelauschten Worte auf dem eisig kalten und glatten Papier festzuhalten, schlägt hinter mir die bisher eher sanfte und tiefe Stimme mit einem Mal bedrohlich in die Höhe, wie nah am Ersticken. Er brüllt: »Kinder, lasst mich sofort raus!«

Awirmid kommt dem Nachbarn schnell zu Hilfe, streckt seinen langen Arm an jenem vorbei und drückt die Türklinke hinunter. Da springt der Alte mit der Geschwindigkeit eines Jünglings aus dem Wagen und eilt, nun allerdings humpelnd, schnurstracks davon. Wie Hirten es tun, war sein Blick wachend der Herde gefolgt, während er sich mit meinen Fragen abplagte.

Wenige Wimpernschläge später entdecke ich, was er gesehen hat: Da liegt eine Ziege auf der Seite, und ich glaube, an den Hufspitzen der bereits starr ausgestreckten Beine eine kleine, letzte Bewegung gesehen zu haben, die mich später immer wieder an den letzten Zug einer dahin gekritzelten Unterschrift durch eine menschliche Hand erinnern wird.

Dann umringen wir vier Männer den toten Tierkörper, der sogleich steinhart gefriert. Die aufgesperrten, gläsernen Augen starren in den so wunderbar klaren, aber auch so erbarmungslos kalten, mörderischen Winterhimmel. So lange, bis die Elstern, Krähen und Raben herbeigeflogen kommen, diese Augen zerhacken, bis zwei albtraumleere Höhlen zurückbleiben und, wie verständnislos anklagend, in den Himmel starren würden. Doch weil der Hirte danebensteht, lässt er seine nackten Finger über die noch laue Schnauze des soeben erloschenen Wesens fahren, zieht beide Hautdeckel nieder und schließt damit beide Augen zu. An diesen stummen Abschied des Menschen von einem Tier werde ich immer wieder denken und mich dabei an meine eigene nomadische Vergangenheit erinnern. Ja, da spürt man jedes Mal einen Stich durch die Leber, als müsse man sich von einem seiner Kinder trennen. Man möchte es, kosend wie trauernd, ein letztes Mal berührt haben, ehe man es als ein Stück erstarrenden Stein der Steppenödnis überlassen muss. Ja, dieses tränenschwere, blutend wunde Gefühl ist in mir, inzwischen Mietbewohner am Außenrand einer Weltstadt, frisch geblieben, wie ich erschüttert, aber auch erfreut feststellen muss. Ich bin dankbar, ein Sprössling meiner nomadischen Eltern und meines vergehenden Zeitalters zu sein, dessen Erinnerungen auch weiterhin in mir ruhen. Und ich versuche, sie dem papiernen Gedächtnis einzuhauchen, damit die fortbestehen, wenn ich vom Fluss der Zeit unwiederbringlich hinter das Ufer der Vergangenheit gespült sein werde.

Die Hand des Hirten wandert tastend über den Hals in Richtung des Bauches. Dann sagt er: »Das Fettpolster entlang des Bruststücks ist noch prall genug, also kann es nicht der Hunger gewesen sein. Es liegt am soeben eingenommenen Futter.«

Später werde ich diese Aussage erklärt bekommen: An jedem Grashalm hängt eine Menge Raureif aus Eiskristallen. Da das Tier das Gras überstürzt in sich hineingestopft hat, ist ein Großteil des Eises in den Pansen geraten. Der Leib wurde auch von innen her gekühlt, was das Erfrieren beschleunigt hat. Also ist die ganze Herde in Gefahr. In der nächsten Stunde geben weitere Ziegen und Schafe den Geist auf. Die Ziegen stoßen einen kurzen, spitzen Schrei aus, machen einen Sprung, der im Fall endet. Das Schaf lässt keinerlei Laut hören, fängt mit einem Mal zu straucheln an und stürzt schließlich hin.

Im Freien komme ich dazu, dem lebenserfahrenen, von der Härte des Lebens so gebeutelten Mann weitere Fragen zu stellen. Eine davon betrifft die toten Tiere. Was er damit mache. »Man sollte ihnen wenigstens das Fell abziehen. Aber wie soll das jetzt gehen!«, sagt er bedrückt und senkt den Blick. Schon schäme ich mich über diese Frage und komme mir schuldig vor wegen meiner so ungeschickten journalistischen Neugier, die ihm nichts einbringt und ihn nur belästigt. Ich weiß ja aus Kinderzeiten, was es heißt, einem Unwetter ausgeliefert zu sein und Tiere, die man selber mit so viel Liebe und Mühe aufgezogen hat, deren Gesichter, Gestalten, Stimmen einem so vertraut geworden sind wie die der Nachbarn, mit einem Mal nacheinander sterben zu sehen. Da fühlt man sich wie vom Himmel vergessen und von allen guten Geistern verlassen. Wie viele Tage und Nächte hat dieser Mensch schon in körperlicher Ermüdung und seelischer Anspannung gelebt und immer wieder vergeblich auf eine winzige Milderung der beißenden Kälte gehofft, o Himmel!

Mittlerweile ist der Schneebrecher längst aus dem Blick verschwunden. Wir müssen weiter. Es fällt mir so schwer, in den beschützten und warmen Innenraum des Fahrzeugs einzusteigen und auf flinken Rädern wegzufahren, während der alternde, ausgelaugte Hirte weiterhin inmitten seiner ebenso ausgelaugten, vom Untergang bedrohten Herde in der Schneesteppe mit den reißend scharfen Windstößen zurückbleiben muss. In mir strudeln wilde Gedanken. Irgendwie hat er mich an meinen Vater erinnert. Sind wir zwei nicht durch unsichtbare Fäden verbunden? Sind wir uns nur darum wie Fremde vorgekommen, weil wir zu unterschiedlichen Zeitpunkten die Lebensbühne betreten und zwei voneinander entfernte Winkel des Landes bewohnt haben? Kaum gefunden, muss ich einen Verwandten schon wieder verlassen!

Zu meiner Betrübnis finde ich bei mir nichts, was ich erübrigen und ihm schenken könnte. So kann ich nur seine eiskalte Hand voller Schwielen lange und kräftig drücken. Und dabei sagen: »Bitte, halten Sie weiterhin durch. Des Himmels Hässlichkeiten vergehen, während die des Menschen bleiben, sagen unsere Leute. Die Kälte wird spätestens nach der vierten Neun abstumpfen … Bestimmt …«

Er lässt einen kurzen Gegendruck spüren und sagt leise: »Danke, Sohn. Ich wünsche gute Fahrt.«

Dabei vermeiden wir beide jegliche Blickbegegnung. Auf der Weiterfahrt denke ich verwirrt und verlegen: Wofür sagt er Danke? Ich habe ihm nur Unannehmlichkeiten bereitet und konnte mit gar nichts helfen. Ich konnte nicht einmal die Worte aussprechen, die in meinem Hirn brodelten: »Von Ihnen und all denen, die um den Erhalt des Viehbestandes kämpfen, hängt das Geschick aller ab. Darum spreche ich Ihnen im Namen der sechzigtausend Leser der Zeitung *Hödölmör* und der eigenen sechsköpfigen Familie aufrichtigen Dank aus, kommend aus der Tiefe meines Herzens!«

Vielleicht haben meine Gedanken, auf welchem Weg auch immer, seinen Innerstraum erreicht und ihm einen Dank abgeschält, welcher sein Geschenk an mich war. Vielleicht hat er in all meiner Unbeholfenheit den Diensteifer für Staat und Volk erkannt und ihn auf nomadisch wache Art sanft geschätzt.

7

Die Nacht verbringen wir in der Jurte eines älteren Ehepaares, das Awirmid gut zu kennen scheint. Die Frau ist eine weitherum bekannte Persönlichkeit, ausgezeichnet als »herausragende Rekordviehzüchterin« und eine ehemalige Deputierte des Großen Volks-Hur'l der Mongolischen Volksrepublik. Schon während wir uns der Jurte und dem Viehstall nähern, merken wir, dass hier Menschen mit wachen Hirnen und geschickten Händen wohnen. Durch den Schnee sind in drei Richtungen hin Wege freigeschaufelt, mehrere Dutzend Meter lange, knietiefe Gräben. Und um Jurte und Stall herum hat man den Schnee so geschickt aufgestapelt, dass er zu einem Schutzwall angewachsen ist.

Die Jurte ist geräumig, sauber und scheint sanft die Sinne zu streicheln. Die Herrin dieser Wohnstätte ist eine Mittfünfzigerin und wirkt jugendlich. Hinzu kommen noch ihre sanfte, klangvolle Stimme und ihre Geduld, dem Gegenüber zuzuhören. Das Familienoberhaupt, das erst bei Einbruch der Dunkelheit mit den Herden auftaucht, wirkt zwanzig Jahre älter, ein immer noch kraftstrotzender Muskelberg mit tief gefurchter, fast schwarzer Haut. Seine Stimme ist dröhnend und gebieterisch. So unterschiedlich sind diese Menschen. Weil Gegensätze sich anziehen? Oder könnte dies das Ergebnis einer dauerhaften Entwicklung gewesen sein, dass ein zunächst nur leiser

Unterschied im Laufe der langen Ehe so gewirkt hat, dass er immer bestimmender werden konnte, während sie immer gehorsamer werden musste?

Dieser beiläufige Gedanke wird mich später immer wieder quälen: Kann es sein, dass meine liebe Hassaa jener sonnigen, einem jeden entgegenleuchtenden Frau glich, während in mir und jenem tatendurstigen und machtbewussten, vor Schroffheit nicht zurückschreckenden Mann die gleiche Kraft wütete? Habe ich sie von Anfang an zu sehr bevormundet? Wieso habe ich mich in meinem Bestimmungsdrang nicht ein wenig zurückhalten können, um ihr mehr Raum zu lassen? Warum, ach, warum habe ich nichts unternommen, als sie vor meinen Augen immer gedämpfter und verschlossener wurde? Habe ich sie nicht allein gelassen, als ich, dem Sog des Ruhms nachgebend, immer länger in der Welt herumgeisterte, wo doch in der Tiefe ihres Körpers die mörderischen Krebszellen des Teufels Krebs längst zu wuchern begonnen hatten?

Nun, im Hier und Jetzt, stecke ich arg- und sorglos in den Fängen des Magiers Leben und hänge wie gebannt an den Lippen des Familienoberhaupts. Dieser, Najintae mit Namen, entpuppt sich als ein packender Erzähler. Er ist nicht nur weise und wortgewandt, sondern auch schonungslos ehrlich und direkt. Ein gewesener Ringer, belohnt mit dem Titel »Elefant des Ssumm«, ist er von Natur aus eher ein rüder Typ und verwickelt sich schnell in Streitigkeiten. Seine zwei Fäuste neigen zur Lockerheit, und seine Zunge ist spitz. So habe er früh erkannt, dass er beim Staat anecken würde. Aber er war auch zu einer anderen Erkenntnis gelangt: Alles, was ihm fehle, liege in Überschuss bei seiner Büdshin, die er sich mit dem Wahnsinn eines brunftigen, jungen Kamelhengstes und der Schläue eines alten Junggesellen erkämpft habe. Also habe er beschlossen, sie mit seinem angeborenen Tatendrang anzustecken und sich selbst in ihrem Schatten vor der Öffentlichkeit zu verstecken.

Dann stößt er aus seiner breiten Brust ein laut dröhnendes Gelächter hervor. Worauf seine Frau den Blick senkt und nach einer Weile sagt: »Hör mir bitte zu, Reporter. Der redet halt so, wie die Ringer eben sind. Nimm diese Übertreibungen nicht ernst. Darum meine Bitte an dich, kleiner Bruder. Schreib das nicht in der Zeitung. Aber schreib darüber, wie es um die Herden, um unseren Herd und Hof steht. Denn Najintae ist in der Tat ein besonderer Mensch, ein Denker und Macher. Und unter seiner Anleitung habe auch ich gelernt, wie man arbeiten und leben muss.«

Oh, welch eine Stimme – als ob sie die Seele bis in alle Fasern hinein berührt und sich mit ihrem ganzen Klang und Ton, Schall und Hall auf die Haut legt und erquickt! Ich spüre, ich bin von dieser Stimme betört und benommen. Sie strömt eine übermenschliche Kraft aus, die mich in Bann hält. Ich bin gewillt, unter der beseligenden Wirkung dieser fremden Frau sitzen zu bleiben, nicht anders, als man manchmal unter der bestrickenden Wirkung eines Kunstwerkes sitzen bleibt. Ich sehe mich der Macht einer jener unnennbaren Kräfte ausgeliefert, denen es freisteht, wen und wann und wie sie einen überfallen wollen, um sich Ergebenheit erschaffen. Angesichts dieser Übermacht und der eigenen Hilflosigkeit bewusst, bin ich auch noch beglückt und begeistert – ein vollkommen verdrehter Fall!

Dabei unterhalte ich mich, nach außen ganz normal, mit dem Jurtenherrn, der längst in vollem Schwung ist und dröhnend und lachend in alle Richtungen hin neckt und stichelt und erzählt. Dabei vergisst er nie, in kleinen Abständen etwas Schäkerndes in Richtung seiner Frau zu schicken, hier übertreibend, dort untertreibend, wie es nun einmal seine Art ist.

Er habe seine Frau vorangebracht, zum tätigen, aktiven Dasein angeleitet. Der Anfang sei recht schwer gewesen, weil die gute Seele zu schüchtern gewesen sei. Aber nach den ersten kleinen, bescheidenen Auszeichnungen, nach der ersten Delegierung zu einer wichtigen Versammlung, spätestens nach dem ersten Kongress, sei sie wie verwandelt zurückgekommen. Ab dann sei alles wie von selber gelaufen. Und so sei aus ihm, dem einstigen rüden, sauf- und raufllustigen Ringer ein zahmer Bürger, ein williger Laufbursche der berühmten Genossin aus dem landwirtschaftlichen Betrieb geworden, haha! So habe er seinen Traum erfüllt sehen dürfen. Nun müssten sie bei keinem betteln, könnten ohne Knappheit und frei von jeglichem Geltungsbedürfnis leben, weiterhin hart arbeiten und Frieden mit jedem und allen anstreben, zufrieden mit sich und der Welt.

Seine Herde weise so gut wie keine Verluste auf. Es seien aber einige Tiere, wie in anderen Jahren, notgeschlachtet worden.

Wo das Fleisch der notgeschlachteten Tiere hinkommt, will ich wissen. Naj'ntae schaut mir verwundert ins Gesicht und sagt dann eher mitleidig als spöttisch: »Wohin denn sonst als dahin?« Wobei er mit dem gespreizten Kleinfinger seiner Rechten auf die eigene Kehle deutet und daraufhin einen Strich in Richtung Magen zieht. Alle anderen vier Finger sind anders beschäftigt: Zwischen Daumen und Zeigefinger steckt eine soeben abgeschnittene Scheibe Fleisch, während Mittel- und Ringfinger den breiten Horngriff des Messers gegen die Handfläche gedrückt halten. Wir sind beim Nachtmahl.

Dann muss ich eine reichlich strenge Belehrung über mich ergehen lassen. »Das Fleisch von einem geschlachteten Tier, so abgemagert, gealtert oder beschädigt es auch sei, ist selbst für den viehreichsten Nomaden gut genug zum Verzehren! Auch bei den Wohlhabenden unter ihnen gilt der Grundsatz:

schirwidsh id – geschont und gepflegt, während die Habenichtse ihre Finger gleich nach den besten Stücken strecken, verblendet von der Gier: schildsh id – ergattert und geprasst! Die meisten unserer Zeitgenossen pflegen so zu handeln, da neuerdings Sparsamkeit und Bescheidenheit mit Geiz und Armut verwechselt werden! Woher dies kommt, will ich dir auch sagen: weil sie zum genossenschaftlichen Eigentum keine so enge Beziehung mehr fühlen wie zum eigenen!«

Erst nach dieser kräftigen Standpauke fällt die Antwort auf meine Frage: Auch sie verwenden es für den Eigenverbrauch, und zwar immer vermischt mit fettem Pferdefleisch. Getränkt in Pferde- und Murmeltierfett, würde selbst das magerste Fleisch ganz normal schmecken.

»Trotzdem ist hier in der Schüssel anderes Fleisch«, erklärt die Jurtenherrin mit ihrer klangvollen, weichen Stimme. »Das hier ist von der gewöhnlichen Winterschlachtung, alles von ausgewachsenen Schafen. Ich habe bewusst nichts vom Pferd dazugegeben, weil ich hörte, manche Menschen aus bestimmten Landesteilen mögen es nicht.«

Ich bin beschämt wegen meiner dummen Frage, denn was Naj'ntae gepredigt hat, stimmt. Ich sage: »Auch wir zu Hause pflegen alles zu essen, was durch Menschenhand geschlachtet wurde. Sogar wenn ein Tier durch einen Unfall vor unseren Augen zu Tode kommt, beeilen wir uns, es zu stechen und das Blut rauszulassen, damit das Fleisch essbar bleibt. Sogar wenn ein gesundes Pferd oder Yak soeben vom Wolf gerissen wurde und ein größerer Körperteil unversehrt geblieben ist, verzichten wir nicht darauf und schauen, dass das Fleisch herausgenommen wird und in unseren Kochkessel kommt.«

Nun sehe ich im Geiste angewiderte Gesichter und erhobene Zeigefinger. Vielleicht denken sie: Was ist, wenn es sich da um einen tollwütigen Wolf gehandelt hat? Muss ich mich entschuldigen?

»Wir kochen ja alles, dabei geht jedes Tollwutvirus zugrunde!«, sage ich. Auf Büdshins Gesicht scheint das eine unverkennbare Verwirrung auszulösen. Vielleicht aber auch Mitleid mit mir oder meinen Leuten? Und was mich selbst auch verwirrt: In ihrem Gesichtsausdruck sind jetzt die Linien der welken, von Wetter und Wind gegerbten Haut weicher geworden, wodurch die Frau noch anziehender auf mich wirkt. Ich fühle ihren Blick, gleich einem sengenden Strahl, auf mich gerichtet. Hat sich vielleicht klammheimlich einen Zugang verschafft in jene innerste Nische meiner Seelenräumlichkeit, womöglich weil sie die mir zugefallene Gefährtin auf der Bühne des Schauspiels Leben ist? Ja, sie darf das! Weil sie bescheiden, weil sie vernünftig ist – weil ich weiß, dass sie immer wissen wird, wo die Grenzen des Dürfens im Wünschen und des Müssens im Aufhören verlaufen.

Awirmid isst ruhig und selig weiter, keinerlei Anzeichen darüber verratend, ob er dem, was ich gerade zum Besten gegeben habe, überhaupt zugehört hat. Wie er dasitzt und sich in den betörenden Geschmack des fetten Hammelfleisches versenkt, beeindruckt er mich. Er, der mir zunächst recht geschwätzig vorgekommen ist, kann also auch schweigen.

Erst als er endlich hinuntergeschluckt hat, sagt er: »So war es früher auch bei uns. Inzwischen geht es den Leuten zu gut. Die Genossenschaft füttert und versorgt alle so sehr, dass selbst die Untüchtigen bis zum oberen Rand ihres Magens gesättigt dastehen. Wovon die Menschen vergesslich, übermütig und denkfaul werden. Und eitel!« Dieses letzte Wort spricht er so laut aus, dass ich leicht zusammenzucke. »Ja, eitel, wählerisch und dumm! Viele gehen nur davon aus, was die Nachbarn über sie denken und reden würden, wenn sie dieses und jenes machen würden. Die Hauptstadt ist die Quelle dieses Wahnsinns. Ihr folgt die Bezirksstadt, dieser dann die Kreissiedlung und so weiter, bis zu der letzten Jurte. Es geht eine Fäulnis von der Hauptstadt aus, in wachsenden Ringen, die am Ende das ganze Land verderben wird.«

Die Unterhaltung um die Fleischschüssel, die in mongolischen Landen meist innig und saftig ausfällt, droht nun zu einem endlosen Monolog auszuarten.

Da aber tritt eine Wende ein. Denn Awirmid meldet sich, sagt, an mich gewandt: »Ihr seid also ziemlich am Rande des Landes zu Hause, nicht wahr?«

Vorerst, ohne zu wissen, worauf er hinauswill, sage ich, dass ich in Baj'n-Ölgii-Aemik, und zwar am westlichsten Zipfel der Republik zu Hause war, direkt angrenzend im Norden an Russland und im Süden an China.

»Also habt Ihr recht, geschätzter Elefant, mit Eurer Theorie, dass die Fäulnis unseres Landes von der Mitte ausgeht und sich in wachsenden Ringen verbreitet.«

»Genau das meinte ich«, bestätigt Naj'ntae eilig. Und fährt im selben Atemzug fort: »Es gibt also Leute, die ihren Wurzeln immer noch näher leben als die modesüchtigen, russisch beseelten Hauptstädter und wir, die wir uns zwar als Landbevölkerung, als Stammhalter des heldenhaften mongolischen Nomadentums, ja, hinter vorgehaltener Hand sogar als blausteißige, heldenmütige Nachkommen von Dschingis Khan rühmen, aber von der Fäulnis aus der Mitte längst angesteckt sind!«

»Baj'n-Ölgii …«, haucht Büdshin mit gesenktem Blick leise vor sich hin. Hebt daraufhin den Blick, schaut mich sanft an und sagt: »Also tragt ihr Kasachen manchmal auch mongolische Namen?«

Ich schaue sie einen Pulsschlag lang verwirrt an. Dann platzen Worte aus mir heraus: »Wir Kasachen? Nur das nicht – bitte – nicht Kasachen!« Sogleich tut mir dieser unvermittelte Ausbruch sehr leid. Überhaupt rutschen mir an diesem Abend immer falsche Worte aus dem Mund heraus. Vielleicht bin ich doch nicht tauglich für diesen Beruf?

Da fällt mir ein, dass ich in meinen Studentenjahren mehr als einmal für einen Chinesen gehalten wurde. Was mir jedes Mal wie ein Faustschlag ins Gesicht vorkam. Der Gipfel war, dass ein wintergrasblondes Mädchen mich bei unserem ersten gemeinsamen Bekanntschaftstee gefragt hat, ob ich Chinese sei. Die Frage war mir schlimmer als ein Faustschlag, eine schwere Beleidigung, wie mitten ins Gesicht des mir eingeimpften mongolischen Nomadenstolzes. Ich sprang auf und forderte das Wesen auf, den Raum sofort zu verlassen. In jenen Jahren meiner Gärung und Garung wurde ich mehr als einmal gefragt, ob ich aus Bolivien sei. Was mich gar nicht störte, im Gegenteil, ich fühlte mich sogar geschmeichelt, merkwürdig!

Ein andermal hörte ich einen Mann sagen, ich käme wohl aus Schweden. Was mich beinah umhaute. Ich fragte: »Wie kommen Sie nur darauf?«

»Gerade komme ich aus dem schwedischen Norden, dort bin ich Menschen begegnet, die sehen wie Sie aus!« Das verwunderte mich zwar sehr, beleidigte mich aber überhaupt nicht. Heute vermute ich, es könnten Lappen oder auch Inuit gewesen sein.

»Dann müsstest du ein Urianhai-Mann sein«, sagt Büdshin, wohl bestrebt, ihren Irrtum, der mich, ihren Gast, offensichtlich unangenehm getroffen hat, sogleich wieder zu berichtigen.

Ich schüttle den Kopf.

»Dörwüd!«, sagt ihr Mann.

Ich verneine wieder.

Awirmid schaut auf: »Urianhai nicht, Dörwüd auch nicht. Was haben wir denn da noch?« Nach einer Weile sagt er: »Ach ja, natürlich Torguud!«

Abermals schüttle ich den Kopf, diesmal heftiger und spüre dabei kindische Lust in mir, mit ihnen ein wenig zu spielen. Alle drei überlegen sichtbar angestrengt. Aufs Geratewohl werden verschiedene Völkerschaften genannt, die in der Westmongolei zu Hause sind, jedoch nicht in unserem Aemik: Ööl'd … Mingad … Dsachtschin … Hotun … Baj'd … Dann sogar welche, die in der fernen, fernen Ostmongolei beheimatet sind: Daergang' … Hamnigin … Buriad … Bargud …

Schließlich dröhnte der Jurtenherr aus seiner gewaltigen Elefantenkehle: »Schluss jetzt! Ich gebe mich geschlagen. Unser gutes Schöpsenfleisch wird kalt!«

Dieselbe Bitte lese ich auch aus den Blicken der anderen beiden. Also sage ich: »Wir nennen uns D'wa, in Mehrzahl: D'walar. Und die Russen, die sich nicht scheuen, Ulaanbaat'r, die Hauptstadt ihres treuesten Verbündeten, zu Ulan-Bator und deren Mutterfluss Tuul zur Tola zu berichtigen, haben unsere Eigenbezeichnung zu einem fremden Wortstamm verdreht: Tuwa. Und die Mongolen, die allem Russischen, auch wenn es grundfalsch ist, nacheifern, machen da natürlich auch mit.«

Auf den Gesichtern der drei, die gerade mit dem behaglichen Essen endlich fortfahren wollten, zeigt sich Verwirrung, sobald ich meine Herkunft genannt habe. Knisternde Stille herrscht für eine Weile in der Jurte, bis Awirmid mich mit einer recht unsicheren Stimme fragt: »Du bist doch mongolischer Staatsbürger?«

»Ja, freilich, wie alle die letzten rund viertausend Mitglieder unseres Stammes, genauso wie alle im Versteck ...«

Awirmid unterbricht mich: »Halt! Die Letzten? Und dann auch noch im Versteck? Das verstehe nicht!«

Ich überlege, wie ich mich klarer ausdrücken kann. »Zum einen ist es unsere Sprache. Es ist eine Altturksprache, verwandt mit dem Kasachischen, Kirgisischen, Usbekischen und vielen anderen Mundarten des Türkischen. Aber verwandt auch mit dem Mongolischen, weil das Türkische und Mongolische eine gemeinsame Wurzel haben, das Altaische. Beide Sprachen haben den gleichen Aufbau. Kennst du die Wörter, kannst du den fertigen Satz hinüber- und herübertragen. Deine und meine Muttersprache sind die zwei Töchter unserer gemeinsamen Großmutter mit dem Namen Altaisch.«

Awirmid schaut mich so nachdenklich an, wie es ein Professor nicht besser könnte. Und Naj'ntae sagt schnell: »Ich glaube dir schon.«

Er hat es nicht verstanden, denke ich entmutigt.

Da sagt Büdshin, mit deutlicher Begeisterung in der Stimme: »Das war doch klar erklärt!«

Also fahre ich fort: »Warum aber haben sich die beiden Schwestern so sehr verändert, dass sie uns heute völlig anders vorkommen? Von der Geheimen Geschichte der Mongolen habe ihr bestimmt schon gehört. Das Buch wurde vermutlich kurz nach Dschingis Khans Ableben geschrieben, was gut siebenhundert Jahre zurückliegt. In allen neueren Ausgaben steht auf der inneren Titelseite geschrieben: aus der altmongolischen Sprache ins heutige Mongolisch übersetzt. Eure Muttersprache hat sich in dieser Zeitspanne so sehr verändert, dass es da eine Übersetzung braucht. Die Türken sind vor tausendzweihundert Jahren von hier, wo wir alle vier leben, fortgezogen. Was beträchtlich länger her ist. Irgendwann in undenkbar früheren Zeiten muss es jene gemeinsame Sprache, das Altaische, gegeben haben …«

Mit einem Mal wird mir bewusst, dass ich wieder einmal zu weit gehe und zu breit erzähle. In mir ist wohl der aufklärungswütige Lehrer erwacht. Mich tröstet, dass alle drei wie gebannt zuhören.

»Meiner Vermutung nach haben unsere Vorfahren irgendwann recht weit entfernt voneinander gelebt. Durch die jeweilige Umgebung und Lebensumstände kam Neues in die Sprache, sodass eine jede der Mundarten eines Tages für die anderen nicht mehr verständlich war. So entstanden neue, selbstständige Sprachen. Doch das ist, wie gesagt, eine Vermutung von mir. Das kann aber auch grundfalsch sein. Tatsache ist: Ich selbst habe die Sprache der Mongolen erst lernen müssen. Drum kann ich in diesem Augenblick hier sitzen und mit euch dreien Essen und Gedanken teilen.«

»Jetzt ist alles klar«, sagt Awirmid mit einem Schuss Ungeduld in seiner Stimme. Ich habe Verständnis, dass es ihn zu dem verführerisch duftenden Fleisch vor seiner Nase zieht. Aber weshalb lassen sie ihre Münder nicht weiter werken, während ihre Ohren mir zuhören? Das darf man doch. Ich jedenfalls mache es meistens so, während ich zwischen Funktionären dolmetschen muss – sonst käme ich nie zum Essen! Wollen die Gastgeber dadurch ihre Hochachtung vor dem Genossen Staatsreporter zeigen?

Ich fahre fort: »Unsere Selbstbezeichnung lautet d'wa. Das Land zwischen den Fünf Flüssen unterhalb der Besch Bogda, den berühmten Fünflingen aus Gletschergipfeln, nennen wir d'wa dshurtu. Und die Sprache, die wir mit der Muttermilch eingesogen haben, heißt d'wa d'l – d'wa-Sprache oder d'wa-Zunge. Also verständigen wir d'walar uns untereinander auf d'wa d'l, verwandt miteinander nachweislich auf Blut und Knochen, jedoch abgeschnitten voneinander in unterschiedlichen Zeiten infolge einer Neuziehung von Grenzen auf Druck des jeweils mächtigeren Nachbars. Alle diese Menschen, südlich wie auch nördlich des Altaigebirges, sprechen jene Sprache unserer gemeinsamen Vorfahren.«

Da ereilt mich wieder eine gewisse Scheu. Ich zögere und überlege. Es ist mir, als hörte ich in einem Ohr die Flüsterstimme: genug der Worte. Lass endlich die Leute weiteressen, bevor das Fett am Fleisch gänzlich gerinnt! Gleichzeitig aber ist mir, als vernähme ich im anderen Ohr eine weitere Stimme: Dein Volk braucht Gehör, um endlich bemerkt zu werden von der Welt, deren Taubheit und Blindheit mit jedem Tag zunimmt!

Verwirrt lasse ich meinen Blick über die Runde huschen. Ich glaube, keinerlei Zeichen von Ungeduld, aber umso mehr ein gewisses Mitgefühl zu erhaschen.

Also spreche ich weiter: »Doch geraten wir damit mit den Behörden in Konflikt. Mit unseren Alltagsnöten werden wir nur dann gesehen und gehört, wenn wir uns als Urianhae ausgeben. Die sind nichts anderes als die Nachkommen jener D'walar, die in der Vergangenheit den östlichen und südlichen Rand des D'wa-Landes bewohnten, das an die Gebiete der mongolischsprachigen Öleten und Torguten heranreicht. So muss es zwischen den Nachbarn zu natürlichen Berührungen gekommen sein. Das waren nicht nur Viehdiebstähle und Fehden wegen Jagdgründen und Weideflächen, sondern auch Erfreulicheres wie Freundschaften und Liebe. Es kommt zu Heiraten und Mischehen, es gibt Nachwuchs, Verwandtschaften. So vermischen sich allmählich zwei verschiedene Menschengemeinschaften.

Wir sehen es bis heute um uns herum: Die kulturell jeweils höherstehende Seite hat mehr Gewicht, im Großen wie auch Kleinen. Die D'walar steckten in der Urgesellschaft – zumindest mit dem einen Bein sind wir es bis heute. Die Öleten und Torguten standen im Feudalismus und hatten sich vom bittend wartenden Wirgefühl längst verabschiedet. Für sie zählten Ich und Mein, Faust und Ellbogen mehr als Wir und Unser, Erdulden und Ertragen. Also wurde der neugierig hitzige Teil unserer Vorfahren, die Jugend, von ihrer Sprache und Kultur stärker angezogen als von der Erfahrung der eigenen Älteren. So schälte sich entlang der Berührungsstellen zwischen den beiden Menschengemeinschaften eine neue heraus, die zunächst aus einem notdürftig zusammengeworfenen Mischmasch aus beiden Kulturen bestand. So kam es auch zu einer neuen Sprachmischung, mit einem ganzen Schwarm von Ausdrücken aus unserer Sprache. Ihr solltet auch wissen, wir haben bislang keine Schrift, daher kennen wir nur die mündliche Literatur.

Nun, woher kommt die Bezeichnung Urianhae? Die Völkerschaft mit diesem Namen gab es seit Langem, aber weit weg im Osten. Es ist jener Volksstamm, dessen junge Männer sich als besonders kräftig und geschickt erwiesen und sogar den Kern der Armee von Dschingis Khan bildeten. Der erfolgreiche Herrscher hat nur zwei Jahre nach seiner Thronbesteigung im allerersten Krieg nach außen das an sein Steppenreich direkt grenzende Waldgebiet im Norden, das Land der D'walar, erobert und es mit der Benennung Urianhaen hizgaar, das Urianhae-Gebiet, bedacht. Dies aus zweierlei Überlegungen: erstens, um seine Elitekrieger für diese bisher bedeutendste Beute zu ehren, und zweitens, um die Fremdheit des anderssprachigen Volkes zu verschleiern. Er verfolgte das Ziel, die in endlosen Fehden einander zerfleischenden mongolischen

Stämme unter einem Hut zu vereinen, und hatte die Vision, sich ein Weltreich zu erkriegen. Nach dem geglückten Anfangsschritt zu diesem Ziel hat er dem ersten Opfer wohl bewusst eine mongolische Benennung verpasst. Das hat er später mit jeder weiteren Beute getan. Nächstes Beispiel: Die Nachkommen der zweitausend Handwerker, die er nach seinem erfolgreichen Feldzug, der ganze sechs Jahre gedauert hat, 1225 aus dem heutigen Usbekistan herübergeschleppt hat, heißen Ssartuul und werden längst für Mongolen gehalten.«

Naj'ntae zuckt zusammen und stammelt: »Soll damit gesagt sein, dass die Ssartuul keine waschechten Mongolen seien?«

Erfreut über dieses plötzlich aufgeflammte Interesse und auch mein schlechtes Gewissen ein wenig beruhigt, weil ich die Leute vom Mahl abhalte, fahre ich fort: »Das war damals! Vor siebeneinhalb Jahrhunderten waren ihre Vorfahren Usbeken. Doch im Laufe der Jahrhunderte ist von ihnen alles abgefallen, was sie anfangs von den Hiesigen unterschieden hat: Sprache, Kleidung, Gewohnheiten, Religion. Das muss ein Vorgang gewesen sein, vergleichbar mit dem unbemerkten Abschuppen unserer Haut, die unaufhörlich von den neu keimenden Zellen darunter abgestoßen wird. Heute sind die Ssartuul natürlich Mongolen, sind es so gut wie alle Mitglieder der Sippen und Stämme, zu denen ihr drei gehört!

Dennoch darf man eine Sache nicht vergessen: Wir haben bis auf den heutigen Tag weder hörbar protestiert noch spürbar gekämpft. Doch sind wir in einer Hinsicht unbeugsam geblieben: Wir nennen uns weiterhin D'walar und benutzen unsere Sprache. Was möglicherweise die uns eigene Art von Widerstand ist. Manchmal denke ich, wenn ich von Mahatma Gandhi höre: Vielleicht haben wir, im weltabgeschiedenen Versteck in einer Falte des Altai, ohne eine Silbe von seinem gewaltfreien

Kampf gehört zu haben, die gewaltfreie Abwehr auf unsere Art schon praktiziert?

Doch welche Macht schaut einem Widerstand, so klein und harmlos er auch sei, gern und ruhig zu? Keine! Auch unser Staat nicht. Das verspüren wir immer wieder, besonders dann, wenn es um Anstellungen, Beförderungen und Belohnungen geht. Und am deutlichsten bei der Aufzählung der Mitglieder unserer Vielvölkerfamilie, als welche sich unser Staat rühmt. Da fehlt die korrekte Bezeichnung von uns nach wie vor. Darum verzichtet der schlauere Teil von uns D'walar auf die Selbstbezeichnung und lässt sich auf amtlichen Papieren lieber als Urianhae eintragen. Und dies schon seit Jahrzehnten. In der letzten Zeit scheuen manche sogar davor nicht zurück, sich – wennschon, dennschon! – auf die Frage des Personalbogens nach Nationalität als reinblütige Mongolen auszugeben!«

Endlich halte ich den Mund, lehne mich erleichtert zurück gegen den teppichbedeckten Stapel aus Wintervorräten, Kleidern, Lagermatten und Schlafdecken. Still, den Blick starr nach vorne gerichtet. Denn ich habe mich endlich ausgesprochen. Nur, da geschieht nicht, was ich erwartet habe. Nein, keiner stürzt sich auf den längst nicht mehr dampfenden Fleischhaufen. Alle drei bleiben sitzen, wie erstarrt. Was mir wie ein stummer Ausdruck schreienden Mitgefühls vorkommt, mich berührt und auch beruhigt. Den peinigenden Druck auf den Bauch, die Leute vom Essen abgehalten zu haben, spüre ich nicht mehr.

Stille ist in der Jurte. Je länger sie andauert, desto fühlbarer und hörbarer wird sie. Ja, ich glaube, sie hauchleise knistern zu hören.

Awirmid bricht als Erster die peinliche, Ohr und Seele peinigende Stille: »Aus wie viel Seelen besteht denn euer Volk?«

Ich staune über diese Bereitschaft, das Gespräch noch auszudehnen. »Weltweit vielleicht knapp dreihunderttausend. An die zwei Drittel von ihnen in der Sowjetunion, in einer autonomen Region. Wieder zwei Drittel von diesen sind D'walar. In der Mongolei dürfte ihre Anzahl, meiner groben Schätzung nach, an die sechzigtausend heranreichen. Es gibt einige auch in China. Als die Staatsgrenzen gesetzt wurden, hat ein Teil unserer Bevölkerung am Südhang des Altai gewohnt. Den Aussagen der von dort stammenden Leute nach, zu dem Zeitpunkt, als die schwer passierbaren Grate unserer Schneeberge zu Staatsgrenzen erklärt wurden, dürfte die Zahl jener Bevölkerung nicht viel mehr als zweitausend sein.«

Darauf fallen weitere Fragen, das Gespräch dehnt sich in eine Länge, die nur dann zulässig gewesen wäre, wenn alle dabei weitergegessen hätten. Doch das tut keiner, weswegen ich erneut ein schlechtes Gewissen bekomme. Da aber geschieht etwas, das alles ins Heitere wendet. Die Frau, diese wunderbare Jurtenseele, sagt mit einer lockeren Stimme, wie nebenbei: »Die Glut vom Dung geht nicht so schnell aus. Ich stecke das Fleisch, das ein wenig abgekühlt ist, wieder kurz in die noch heiße Brühe im Kessel.« Sogleich erledigt sie es auch, fast geräuschlos, geschickt, wie sie ist.

Ihr Mann neckt: »Das tun wir sonst auch immer mit dem Ziegenfleisch.«

Was der Frau eine kleine, ungewollte Peinlichkeit bereitete. Schnell, leicht erschrocken sagt sie: »Aber das Fleisch hier ist vom Hammel!«

Das Familienoberhaupt eilt dem schlau entgegen: »Das weiß ich doch, liebste Frau! Ich kenne doch den Ehrgeiz der Genossin Deputierte! Als Dienerin des Volkes setzt Ihr jedem Mitglied Eurer engsten Familie nur das Beste und allen anderen sogar das Allerbeste von diesem Besten vor!« Der streichelnd warme Ton der verhaltenen Lachsalve aus seiner mächtigen Kehle, gepaart mit dem lausbübischen Blick seiner Augen oberhalb dicker Tränensäcke und unterhalb schwerer Lider, verrät die liebevolle Neckerei.

Die Zielscheibe dieser Fopperei tut fein beschämt und sagt, leicht zögernd, mit einer Stimme, hinter welcher sich, kaum spürbar, die Spitze einer noch feineren Nadel vermuten lässt: »Ach, Alter. Kannst du es immer noch nicht verwinden, dass ich dich zweimal im Jahr für ein paar Tage verlassen und mich unter so viele vornehme Männer begeben muss?«

Nach diesen kleinen, gegenseitigen Sticheleien prusten die beiden zeitgleich los. Wir Gäste sind zumindest anfangs ein wenig verwundert, aber dann erfreut, denn der laute Gefühlsausbruch ist fröhlich. Das herrliche Lachduett dauert eine gute Minute lang oder noch länger.

Darauf aber schickt sie, diesmal nun echt beschämt, einen verstohlenen Blick zu uns herüber. Ihr Gesicht verwandelt sich blitzartig, wie in einem Zauberstück. Aus einem kecken Mädchen wird blitzartig wieder die reife Frau, gezeichnet vom Ernst des Lebens und unter dem fühlbaren Gewicht des Alters. Mit einer Stimme, die Stolz wie auch Wehmut verrät, sagt sie: »Ja, es hat Zeiten gegeben, da ich mich tatsächlich als Dienerin des Volkes gefühlt habe. Nun aber sind andere, vielleicht Bessere, Gebildetere dran.«

Ich fühle ungeteilten Stolz für sie und ihren Mann, der älter und zumindest in seiner kleinen Welt sogar noch berühmter ist als sie. Mein Stolz gilt nicht ihren früheren Erfolgen, sondern der andauernden Kraft des Bandes zwischen ihnen.

Jene Kraft verträgt keine aufdringliche Nähe, kein allzu häufiges Darüberreden, sie will nicht strapaziert werden. Denn wo sie auseinandergenommen wird, gleicht sie bald einem Stück zerschlagenen Gesteins oder einem Haufen zersägten Holzes. Sobald sie ihres ansaugenden Geheimnisses beraubt wird, scheint sie nicht mehr zu wirken. Diese beiden sind immer noch im Bann jener Kraft geblieben, die sie am anderen Ende der Zeit zueinandergezogen und miteinander verbunden hat. Und dies unter dem pausenlosen Ansturm des Dämons Zeit und dessen gnadenlos zerstörenden Ausscheidungen, wo zum Schluss das frühere Selbst oft nur noch als Schreckensbild zurückbleibt: entkräftet, entseelt und entstellt.

Dann lenkt die gewesene Genossin Deputierte, die sicherlich mehr als einmal den Ablauf so mancher Versammlungen bestimmt hatte, das Gespräch in eine andere Richtung: »Nicht umsonst heißt es doch: Das Leckerste an Speisen setze dem Gast vor, und die schönste Kleidung trage selber!«

Der Spruch ist in der Nomadenwelt allgemein bekannt. Ich habe ihn viele Male gehört, auch aus dem Mund meiner Mutter. Ich frage mich: Wie kommt diese Person gerade auf diesen Spruch?

Sosehr ich Gedankenpfeile dahin und dorthin aussende, bringt mir keiner von ihnen eine befriedigende Antwort. Nein, ganz im Gegenteil – in all den Gedankensplittern werde ich Kanten und Schneiden erkennen, die den Zwillingen in meinem Innerstraum, dem Geist und der Seele, nie gut bekommen. Denn der eine, der nach vorne, nach außen Fiebernde und von diesem Zugfieber voll und fest Gepackte, wird sich bei seinem Vorwärtsdrang gestört fühlen durch den anderen Zwilling, der unlösbar in der Vergangenheit verwurzelt ist, der als Warnender auftaucht, der mit seiner Neigung nach innen das Heimweh bestärkt und bestätigt. Wie soll ich, Gefäß der beiden und gleichzeitig auch Insasse des Gefängnisses Körper, es in der engen Zelle aushalten, wenn jene Zwillinge so heftig auseinanderstreben?

Ich vermag die Borsten und Disteln, die aus mir herauswuchern, nicht zu zähmen. Sie kratzen und stechen mich. Ich könnte es Erkenntnis nennen oder auch Selbsttadel. Doch kommt es schließlich nicht auf die Benennung, sondern auf das Ding an. Und dieses Ding heißt Zweifel. Ja, ich habe ihn erstmalig in mir erfühlt, nachdem ich den Hass meiner Kollegen, die mir dabei auch Gefährten, Freunde, sogar Geschwister hätten sein können, so derb an eigener Haut habe verspüren müssen. Später habe ich nach dem Grund jenes Hasses gefahndet und bin zum Schluss gekommen: Zuerst war es Neid, weil ich Dinge habe sehen und lernen dürfen, die sie nicht durften. Dann bekam jener Neid noch Dornen und Schneiden und verwandelte sich in Hass gegen mich. Dies wohl, weil ich auch manch andere herkömmliche Gewohnheiten ablegte, wie Bäume ihre Blätter, Hirsche ihre Geweihe abwerfen, und mir dann andere, fremde Gepflogenheiten aneignete und zudem darum kämpfte, sie anderen Menschen nahezubringen.

Seit der Stunde des Scheiterns mit meinem durchaus gut, ja, zutiefst patriotisch gemeinten und ganz und gar selbstlos ausgetragenen Vorhaben im eigenen Land lebe ich mit jenem Zweifel, nicht anders als ein Wild mit einem Kugelsplitter im Fleisch. In ein vereinfachtes Schema gesteckt, könnte man sagen: Der einmal schwelende Konflikt war anfangs durch die Standfestigkeit meinerseits und die Rückständigkeit der anderen Seite fast unlösbar. Als ich mit der Zeit auch Schuldenanteile bei mir selbst erspürte, schien er sich langsam in Richtung der Lösbarkeit zu bewegen. Mehrere Entdeckungen, die auf meine Mitschuldigkeit hindeuteten, berührten mich recht schmerzhaft.

Reichlich drei Jahrzehnte später werde ich sie voll als eigene Jugendsünden zugeben. Ja, ich war übereilig und naiv. Ich glaubte, die behäbigen Mongolen mit dem Überschuss an Selbstzufriedenheit wie auch Gastfreundschaft in ihrem Blut germanisieren zu müssen und zu können, um sie so schneller an den globalen Fortschritt heranzuführen.

Das muss jedoch weniger mit meiner Bildung als mit meiner Veranlagung zu tun gehabt haben. Denn ich weiß mittlerweile, dass ich eine äußerst explosiv veranlagte Natur bin, bei welcher das Gefühl mehr Raum einnimmt und so auch über mehr Macht verfügt als der Verstand. So weit kenne ich schon mich und meine Grenzen.

Doch etwas anderes kommt hinzu. Das zu gestehen, fällt mir schwer, ja, es schmerzt mich in der Seele: Das zauberhaft edle Retter- und Spenderwesen Germanien hat mir auch geschadet!

Wieso nun das?

Weil es mir so manche Schuppen und Flechten abgestreift hat, die dort überflüssig, zum Teil sogar lästig, hierzulande aber schier unentbehrlich sind. In meiner urvertrauten und emporgewachsenen Weltecke war ich, als ich den Heimatboden endlich wieder betrat, ein Beschnittener, ein Fremdling! An die berühmt-berüchtigten, aber auch vergötterten Tugenden Ordnung, Sauberkeit, Pünktlichkeit, Genauigkeit, Gründlichkeit und viele mehr habe ich mich drüben gewöhnen müssen, und dies wohl gern und so hingebungsvoll getan, dass ich schließlich anfing, von dieser und jener abhängig zu werden. Gerade dies wurde mir zum Verhängnis. Denn all jene wunderbaren Lebensgewohnheiten, die ich durch harten Drill habe lernen müssen, erwiesen sich im kommunistischen Steppensippenreich mit seinem Totalitarismus, ohne ein winzigstes Ausguckloch in die andere, größere Welt hinaus, zu

Stolpersteinen auf meinem Weg. Sie machten mich in den spähenden Augen und horchenden Ohren der teils machtberauschten, teils verängstigten Mitmenschen verdächtig, ja, unerträglich!

Jener Abend in der einladenden Jurte und ansteckenden Gegenwart der beiden Einträchtigen, unter dem betörenden Duftsturm des gewärmten Fleisches bereitete mir einen Startboden zu solchen Einsichten. Denn die Nacht, die diesem Abend folgte, erwies sich als eine besondere – den Himmel über meinem Geist schien die hellste Sonne zu erleuchten. Lange lag ich wach und vermochte dabei entlang mancher Arme meines Lebensflusses hinaus Ausschau zu halten und deren Fließrichtungen, wie es sich später herausstellte, recht gut voraus einzuschätzen.

Zu zwei wichtigen Erkenntnissen gelange ich in jener Nacht: Erstens, in mir muss ein klitzekleiner, hitziger Weltmeister im Über- und Untertreiben hausen und hoffen. Und zweitens, meine Stärken und Schwächen sind nur wechselnde Benennungen ein und desselben, unterschieden lediglich durch ihre Mischung in mir und durch die Haltung der Beurteilenden. Die unbeantwortete Frage vom Vorabend stößt mir die Tür zur Selbsterkenntnis auf. Denn ich merke, dass die Pfeile, die ich bislang, meistens unbewusst, doch zielsicher, in alle Himmelsrichtungen abzuschießen beliebte, dabei sind, in die Gegenrichtung zu sausen. Das trifft mich verdammt scham- und schmerzhaft. Doch tut sich in mir unter der Scham und dem brennenden Schmerz ein heller Raum auf. In dessen Lichte erschlaffen und ermatten die Sinne, während der Geist klarer wird. Mir ist, als wenn ich eine Schrift lese, ohne dabei sagen zu können, wo sie denn genau stehe und ob sie aus Buchstaben bestehe.

Später werde ich mich fragen, ob es sich um eine Vorstufe zur berühmten Erleuchtung handelte. Wenn ja, dann will ich das gern teilen und Mut machen: Auch Dir steht frei, eines Tages jenem großen Erlebnis zu begegnen, halte daher in Dir die Tür zum Wunder ständig auf! Jedenfalls werde ich dem Himmel, den Gastgebern und allen guten Geistern dankbar sein, dass solches nicht nur den Auserkorenen verschiedener Religionen, sondern auch einmal einem Normalsterblichen wie mir hat zuteilwerden dürfen.

Aber noch einmal muss ich meine Denkzellen anstrengen: Warum hat mein Hirn diese lebens-, ja, für meinen augenblicklichen Zustand: überlebensnotwendigen Gedanken gerade hier und jetzt abgesondert?

Nach einiger Suche glaube ich, auf die Antwort zu stoßen: Unter der lärmigen Enge der Stadt tags und in der betäubenden Nähe der Frau nachts ist es mir bislang unmöglich gewesen, den Gedanken so viel Freiraum zu lassen wie nun, in der vom Filz vielfach gedämmten Jurte, ebenso vielfach umschlossen von Weiten, Fernen, Schnee und Nacht inmitten der Steppenödnis. So wurden alle Kanäle meines Inneren von den Erschütterungen der pausenlos ineinanderprallenden Stunden der letzten Zeit aufgeschlossen und entschlackt.

Trotz des weichen, warmen Nachtlagers wieder einmal stundenlang des Schlafes beraubt, stehe ich am nächsten Morgen zeitig auf und fühle mich körperlich zwar etwas ermattet, geistig aber gefestigt, denn wie bestätigt in meiner Gehrichtung.

Und nehme mir zudem vor: ab sofort weniger denken und dementsprechend auch weniger reden!

Der Gastgeber kehrt von draußen in die Jurte zurück: »Der Unnennbare, der bisher jeden zweiten Tag ein Schneemeer über uns heruntergekippt hat, scheint, dieses Gleichmaß endlich ein wenig lockern zu wollen. Die gefürchteten Wolken sind nicht mehr da.«

Sosehr ich mich über diese Nachricht freue, vermisse ich doch an seiner Stimme die vormalige Leichtigkeit, die ich als fortdauernde Jugendlichkeit an ihm so bewundert habe.

Während des feierlich stillen, gemeinsamen Morgentees mit jenem einzigartigen Geschmack, der zustande kommt, wenn darin sorgfältig dünn abgeschnittene, fettbunte Scheiben vom fest geronnenen bis leicht gefrosteten Restfleisch vom Vorabend nun wieder rahmweich aufgetaut schwimmen, erwische ich mich immer wieder dabei, dass mich Gedanken ereilen, die nicht dazugehören. Nichts hilft, die Gedanken sind nicht zu stoppen!

Dann kommt der Abschied. Er geschieht in feierlicher, ja sogar wehmütiger Stille. Da merke ich, dass das Nichtreden manchmal mehr auszudrücken vermag als das Reden in schalen Worten. Als ich den beiden stumm die Hand gebe und mich schon umdrehe, um ins Fahrzeug zu steigen, entschließt sich die liebe, die schöne Büdshin, auf mich zuzueilen und mir einen sanften Kuss auf jede Backe zu drücken. So verabschiedet sie mich: »Wo du auch seiest, lieber, kleiner Bruder, unsere guten Wünsche werden dich und dein Volk ständig begleiten!«

Wie sehr mich diese Worte rühren! Ein heftig ziehendes Gefühl von der Spitze bis zur Wurzel der Nase droht mir Tränen aus den Augen zu treiben. Da kommt auch noch der Mann herbeigeeilt, steht dicht neben mir, sodass ich erstmalig so richtig zu spüren bekomme, über was für eine gewaltige Körpergröße er verfügt – durchaus verdient, dass er als Elefant geehrt wird! In solch unmittelbare Nähe mit solcher Größe gestellt, komme ich mir zwerghaft klein, so armselig winzig vor, Himmel! Doch im nächsten Bruchteil eines Wimpernschlags werde ich mir bewusst, dass diese Größe nicht da ist, um mich zu vernichten, sondern um mir beizustehen. Denn da spüre ich die schwielige, dennoch so wunderbar warme Haut seiner einen Handfläche sanft über meine Wange fahren. Dabei ruht das gehörige Gewicht seiner anderen Hand auf meiner Schulter, und die Quersumme beider Wahrnehmungen ergibt dieses beruhigende Gefühl. Und dies, noch bevor die Worte fallen: »Die meisten heutigen Menschen scheinen ihre Fähigkeit, selbstständig zu denken, verloren zu haben. Sie führen lediglich fremde Befehle aus. Und wie schwer fällt es ihnen, einem Vorgesetzten, selbst auf der niedrigsten Stufe, auch bei offensichtlichstem Unrecht Widerstand zu leisten! Doch du und ein Teil deines Volkes habt euch nicht gescheut, den staatlichen Behörden zu trotzen. Was ich bewundere und weshalb ich euch allen von ganzem Herzen Erfolg wünsche. Dabei möchte ich dir persönlich eines nur sagen: Lerne Kühnheit von Leichtsinnigkeit unterscheiden, um dich und deine Fähigkeiten für dein Volk, und dann wohl auch für die Mongolei in späteren, besseren Zeiten zu erhalten!«

Ich bin sprachlos und außerstande, im Gegenzug aus mir etwas hervorzubringen. Wohl gerade deswegen vermag ich die Worte in mich aufzunehmen und ihnen auf längere Dauer hin eine sicherere Bleibe zu sein.

Endlich steige ich ein. Dröhnend und zögernd und die Zurückbleibenden in eine brodelnde Dampfwolke einhüllend, setzt sich das eiskalte Fahrzeug in Bewegung. Ach, wie bleischwer fühlt sich in diesem Augenblick mein Magen an! Und wie deutlich spüre ich daraufhin dennoch Erleichterung mit jedem vergehenden Zeitbruchteil und jedem zurückgelegten Streckenstück! Mir ist, als wenn meine Mitreisenden das Gleiche fühlten und sich darum nichts sehnlicher wünschten, als noch schneller vorwärtszukommen.

Unser Gastgeber hat mit seiner Wettervorhersage recht gehabt. Denn wir nehmen, während wir mit unseren dicken Fäustlingen in die dicke Eisschicht an den blinden Scheiben winzige Flecken reiben, einen strahlend hellen, spiegelklaren Splitter Himmel wahr. Was jedem von uns den Blick schärft und die Seele aufhellt.

8

Wir bewegen uns auf der kahl geschabten Spur durch die knietiefe Schneewand langsam, aber unaufhaltsam vorwärts, allerdings ohne zu wissen, wie lange sie uns noch weiterführen und wohin sie uns schließlich bringen würde. Dabei fällt mir einiges auf, was ich fest ins Gedächtnis einzuprägen versuche. Die freigelegten Grasbüschel, die diese Spur anfangs einem goldgelb besprenkelten Teppich haben ähneln lassen, wirken längst nicht mehr so anziehend wie gestern. Denn die Viehherden haben nicht nur die leuchtend gelbe Decke abgefressen, sondern auch ihren frischen Kot zurückgelassen. In den vergangenen Stunden ist auch Raureif gefallen, und zwar so üppig, dass die mickrigen Perlchen und Pilzchen davon bedeckt sind und so aus dem grell strahlenden Weiß nur dumpf-dunkel hervorschimmern. Diese beiden Beobachtungen lassen aus meinem Hirn, das immer noch nicht aufhören kann zu denken, so manche Überlegung sickern: Wie gering ist doch das Ergebnis dieses mühseligen und teuren Einsatzes von Technik! Lohnt es sich denn überhaupt, so kostspielig Zeit und Kraft vergeudend vorzugehen?

Nun, vom Zweifel gepackt, verdüstert sich meine Stimmung immer mehr. Bis ich mir schließlich dessen bewusst werde und versuche, nach etwas Lichtem in mir zu suchen, so wie ich es mir in schweren Zeiten angewöhnt habe. Da erscheinen sogleich die Gesichter der beiden, die soeben in der Dampfwolke unseres schwerfälligen Fahrzeuges verschwunden sind, vor meinem geistigen Auge. Sie scheinen mir die Antwort auf jene lästigen Fragen zu sein. Auch glaube ich, ihrem Blick ein Zeichen zu entlocken, das ich in die Aussage verwandle: Alle sollten arbeiten und leben wie wir zwei, dann wird dieses Land selbst mit dem Dsudd besser umgehen können!

Auf diese selbst gesponnene Aussage antworte ich mir: Ja, dort, wo die beiden wohnen, habe ich nicht viel gemerkt von dem, was hier ringsum tobt und wütet. Mir schien sogar, als lebten sie auf einer wohl beschützten Insel, getrennt von dieser schwer und schrecklich Not leidenden Steppenwelt.

Oder übertreibe ich schon wieder?

Wie gut oder auch wie schrecklich letzten, bitteren Endes doch, dass ich mir diese Frage zur Selbstvergewisserung gestellt habe! Denn da fällt mir etwas ein, das mich mit einem Schlag erstarren lässt. Ein Fehler, den bedauerlich, peinlich, beschämend zu benennen, eine gewollte Verharmlosung, eine beabsichtigte Verfälschung wäre! Die Wahrheit will lauten: ein unverzeihlicher Fehler, der glattweg reicht, mich schon wieder für dienstuntauglich zu erklären und davonzujagen. Ich habe das Allerwesentliche, die Viehherden, mir nicht angeschaut! Zwar habe ich von außen einen flüchtigen Blick auf den Viehstall geworfen, aber bin nicht auf den Gedanken gekommen, hineinzuschauen. Sicher werden darin Tiere gewesen sein, und sicher werden sie auch munter ausgesehen haben. Aber einer, der sich Sonderkorrespondent nennt, der Aug, Ohr und Gewissen der Partei zu sein hat, muss das unbedingt tun. Schließlich bin ich doch gerade deswegen gekommen, o Schwertblauer Himmel, o Schlundschwarze Erde! Mir wird speiübel.

Aber: Ist das denn wirklich so schlimm, dass ich alle Hoffnung aufgeben muss? Bin ich schon wieder meiner Urschwäche, dem Übertreibungswahn, verfallen?

Sogleich merke ich, der Atem wird ruhiger. Dann lenke ich die Zügel meiner Gedanken dem nach, was geschehen ist. Erstens habe ich mir die Herden der ruhmreichen Familie nicht angeschaut. Zweitens habe ich das Anwesen nicht fotografiert. Was noch? Eigentlich nichts! Sollte es wirklich nötig sein, könnte ich auf dem Rückweg dort wieder vorbeifahren und das Verpasste nachholen.

Ich bin kein Fotograf, ich bin ein Schreibender! Der Gedanke wirkt auf mich wunderbar befreiend. Bin wohl wieder einmal gerettet!

Ich schäme mich vor allem vor Awirmid. Denn hat er schon so manche Reporter begleitet und weiß, wie sie ihren Dienstpflichten nachgehen. Warum hat er mich nicht daran erinnert, da er doch weiß, ich bin ein Neuling in der Gilde und dies ist meine erste Landfahrt?

Ich überlege hin und her und entscheide mich schließlich dazu, vorsichtig die Wahrheit zu ergründen: »Ich nehme an, Ihr habt Euch darüber gewundert, großer Bruder, dass ich noch wenig Erfahrung habe und daher manche Unsicherheiten in der journalistischen Praxis aufweise. Meine Bitte an Euch wäre, bitte steht mir ein wenig bei!«

Worauf er sofort antwortet: »Nein, kleiner Bruder. Nicht unsicher, sondern anders! Deine Art, an die Gesprächspartner heranzugehen, fiel mir von Anfang an auf. Deine Stärke ist es wohl, dich vor jedem, der dir zuhört, bedenkenlos zu eröffnen. Dadurch fällt zwischen euch jene unsichtbare Trennwand. So fühlt sich dein Gegenüber nach dem Prinzip des Gebens und Nehmens unbewusst verpflichtet, sich dir gegenüber auch zu eröffnen. So habe ich selbst wieder und wieder Dinge gehört, die mir bisher unbekannt waren, obwohl ich diese Menschen schon lange kenne. Daher bin ich auf das, was du bald an deine Leserschaft bringen wirst, sehr gespannt. Ich bin überzeugt, es werden Berichte einer ganz neuen Art sein, nicht zu vergleichen mit denen, die zu einer Hälfte aus Statistik, zur anderen aus politischen Parolen bestehen.«

Nach kurzem Innehalten ergänzt er sachlich kühl: »Freilich kann diese Stärke dir letzten Endes auch schaden. Denn was ist, wenn ein Paar der dir lauschenden Ohren zu einem gehört, der Böses im Schild führt?«

Sosehr mich diese Aussage eines Menschen schmerzhaft trifft, der mich erst seit zwei Tagen kennt, so wirkt sie auch erleichternd.

Ich werde mutiger und gestehe ihm meine Versäumnisse offener. Sage, dass ich nicht daran gedacht habe, mir die von der offensichtlichen Vorzeigefamilie des ganzen Landkreises betreuten Herden anzuschauen und ihren Umgang mit den Tieren festzuhalten.

»Stimmt, das haben wir versäumt. Du hast es von selber nicht getan, und ich habe dich daran nicht erinnert«, pflichtet er mir sogleich bei. Dabei klingt seine Stimme ernst. Dann jedoch entweicht ihr ein verdächtiger Nebenton, wie wenn ein Span anfängt, unter den Hieben einer Axt abzusplittern. Seine Stimme klingt immer unnatürlicher, je länger er redet: »Jede der Berühmtheiten sollte unter jeden Arm ein Lämmchen klemmen und in die Kamera lächeln, in unsere strahlende Zukunft blicken. Noch richtiger wäre: die beiden in Seidentracht, die Brust stolz gereckt und voll geschmückt – der Elefant mit all seinen goldgelb beschrifteten, grellroten Siegerbändern und die Abgeordnete mit all ihren Orden und Medaillen, nicht wahr?

Vorbilder für die Volksmassen, die Führung brauchen. Und einen kräftigen Schein von Glanz und Wohlstand. Wegen unserer Sache, die um jeden Preis erfochten werden muss, nicht wahr?«

Worauf er so laut losprustet, dass ich einen Schreck bekomme. Dann erst begreife ich, dass er gelästert hat. Er machte sich über eine festgefahrene journalistische Manier lustig. Nur, in meinen Ohren wirkt das beleidigend für die ganze Gilde, zu welcher ich schon zu gehören glaube. Dann halte ich es ebenso beleidigend für den Staat.

Diese Gefühlswallung überrascht mich selbst! Seit wann pflege ich so staatsbürgermäßig, ja, parteilinientreu zu denken? Habe ich all meine Unebenheiten, die mich bislang immer gehindert, in die vorgegebenen Gussformen hineinzupassen, nun endlich losbekommen?

Da fällt mir mein Vorsatz aus der letzten Nacht wieder ein. Ich reiße den Gedankenfaden gewaltsam ab. Doch da fliegt schon der nächste Gedankenpfeil wie aus einem unsichtbaren Bogen heran: Hat denn das Lästermaul keine Bedenken, dass der Fahrer das, was vorhin über seine Lippen kam, weitermelden könnte?

Doch da meldet sich der Weggefährte schon: »Wenn ich vorhin zu gemein gelästert haben sollte über die Arbeitsweise reisender Reporter, dann wäre ich bereit, um Entschuldigung zu bitten. Ich habe die Kritik zu allgemein auf die ganze einheimische Journalistenarmee gerichtet. Denn es gibt da auch großartige Könner. Und eine Handvoll andere, die meistens gut lesbare Beiträge liefern. Ich wollte dich nur davor warnen, in die längst ausgelatschten Bahnen zu rutschen. Immer die gleichen langweiligen Überschriften, die gleichen gestellten, steifen Fotos, die gleichen schwulstigen, billig patriotischen Sätze. Du hast inhaltsvolle Gespräche geführt, aber keine Bilder geschossen. Was wäre auf ihnen zu sehen gewesen? Wintermüde Tiere, liegende, stehende Schafe, Ziegen, Rinder, und einer von den Hirtenleuten dazwischen. Tausende solcher Bilder sieht man Winter für Winter in jeder Zeitung!

Ja, ein Schreibender hat dem Leser die Gehrichtung nicht mit leeren Worten, sondern mit seinem Geist, mit deren Leucht- und Nährkraft zu vermitteln. Große Meister haben das in allen Ecken der Welt und zu allen Zeiten vermocht. Also hat auch hier und heute keiner das Recht, wenn er wirklich die Öffentlichkeit erobern will, dieses ungeschriebene Grundgesetz nicht zu achten. Wenn einer das nicht will und nicht wagt, dann werde ich dieser menschlichen grauen Maus sagen: Du bist hier fehl an deinem Platz! Mach ihn frei für andere, die Begabung und Schneid haben. Arbeite, wo du besser taugst und uns nützt, vielleicht als Bäcker oder Schuster, und sollten sich diese Posten als zu schwer erweisen, dann als Lauscher oder Politiker!«

Ich bin beeindruckt. Aber meine Gefühle sind gespalten. Einerseits Bewunderung, andererseits etwas, das ich nicht zu benennen vermag, das aber sehr dazu neigt, sich dagegenzustellen.

Da aber nimmt der Professor seine Rede wieder auf. »Du bist weder Fotograf noch Tierarzt. Versuche nicht, sie zu ersetzen. Es genügt, wenn du gut schreibst. Was die Herdenbesichtigung betrifft, du hast keinen Grund, das, was der Hirte dir erzählt hat, zu bezweifeln. Also bestand keinerlei Notwendigkeit, dir die Herden anzuschauen wie ein Kontrolleur.«

Das überzeugt mich sofort. In mich kehrt wieder der Friede ein, den es braucht, sich zwischendurch erfreuen zu können. Ja, abgesehen von der Übermenge ist der Schnee eigentlich etwas Wunderbares. So auch die Kälte. Denn die beiden erwirken mit den Strahlen der Himmelssonne gemeinsam das reinste Wunder. Milliarden lohend-lodernder, glitzernd-gleißender Kristallsplitter, die von allen Seiten her blinken, bilden ein großartiges Naturschauspiel. Es begeistert mich so, dass mir fast der Atem stockt. Was bin ich für ein Glückspilz, weil ich dauernd Dinge erlebe, die zu erleben nicht jedem gegeben sind. Gewaltige Dinge, die in meinem Gedächtnis bleiben.

Die Erlebnisse in diesen härtesten Bewährungstagen, nicht nur für das Nomadenvolk, sondern auch für das ganze Land, das letztendlich schon immer von den Nomaden gelebt hat und es auch in ferne Zukunft hinein tun wird, werden mich durch all die mir vom Himmel gewährten Jahre in ungedämpfter Farbe begleiten. Je mehr Zeit verstreicht, umso kräftiger werden sie aus der Menge des Überstandenen hervorleuchten. Gerade jene Tage und Nächte haben mich zu Erkenntnissen bewegt, die mich ermutigt, aber auch meine Schwächen bloßgelegt und mich zur Vorsicht und Wachsamkeit gemahnt haben.

Doch recht bald holt uns die Wirklichkeit des Dsudd mit Schreckensbildern wieder ein. Wir stoßen auf verendete Tiere, die steif gefroren entlang der kahl geschabten Spur des Traktors liegen. Gestern müssen sie noch gelebt haben, denn sie sind zumeist noch ohne die Spuren der Wölfe, Füchse, Iltisse oder Wiesel. Nur die Vögel haben sie schon entdeckt, haben die Augenhöhlen leer gehackt und auch an Maul- und Ohrpartien Zerstörungsspuren hinterlassen.

Wir nähern uns einem Winterlager, das aber mit dem, das wir soeben verlassen haben, keinerlei Ähnlichkeiten aufzuweisen scheint. Als Erstes springt uns eine beträchtliche Tierherde ins Auge, die jetzt, mitten am Tage, die nächtliche Liegehürde aus einem halbwegs viereckigen Steinwall noch nicht verlassen hat. Der Wall wirkt niedrig, ist da und dort eingestürzt.

Schadhafte Stellen sind mit Baumstämmen notdürftig geflickt. Um diese ruinenhaften Hürden und die Tierherde stehen drei recht unansehnliche Jurten. Die Ofenrohre ragen wie leblos in den Himmel, ohne Rauch, bar jeglichen Lebenszeichens.

Dann entdecken wir ganze Haufen aus toten Tierleibern, die uns entgegenstarren. Hier neben dem Aschehügel, da in einer Mulde und noch weiter am Fuße einer felsigen Anhöhe. Das sind die Schafe und Ziegen, offensichtlich zusammengetragen und zueinandergelegt. Die Rinder- und Pferdekörper dagegen liegen vereinzelt da und dort. Man hat sie dort liegen gelassen, wo sie gerade den Geist aufgegeben haben. Für die selber abgemagerten und ausgelaugten Menschen waren sie wohl einfach zu schwer.

Ich frage mich, ob ich nicht ein paar Fotos schießen soll. Mancherlei Gründe veranlassen mich dazu. Ich brauche Belege für die Folgen der Katastrophe, die ich vermutlich ausführlich beschreiben werde. Und auch für mich selbst, als Erinnerung an meine erste Landfahrt. Vielleicht auch als Zeitdokument für die Zukunft, wenn wir einst, wer weiß, so stark ausgerüstet dastehen werden, dass die Natur mit ihren wechselhaften Launen uns und unseren Herden nichts mehr anhaben kann und die Nachwelt den Begriff dsudd nicht mehr kennt – wie schön wäre das!

Mir fällt schwer, auf die Hirtenleute zuzugehen, die von verschiedenen Seiten hereilen und sich zusammenscharen, wie aneinander Halt suchend und sich wahrscheinlich im Flüsterton verständigen, schüchtern dastehen wie Kinder, die etwas verbrochen haben. Wir tauschen nur undeutlich gemurmelte Grüße. Ich frage nach den Menschen, Kindern wie Greisen in der Gemeinschaft, ob wenigstens sie alle heil und gesund durch die schwere Zeit gekommen seien. Worauf eine bejahende Antwort fällt.

Dann muss ich das wunde Thema mit den Herden angehen. Ich versuche, jegliche direkte Frage zu vermeiden, und schicke lieber ein Zeichen des Mitgefühls: »Wir sehen, was geschehen ist. Ich finde ganz einfach kein Wort dazu. Denn ich bin selber unter Staubwolken von Herden groß geworden …«

Der Mann, vielleicht ein gutes Jahrdutzend älter als ich, oder aber so alt wie ich, nur müde und ausgelaugt, haucht mit brüchiger Stimme und gesenktem Blick: »Ja, so sieht es bei uns aus, und ich als Gehilfe des Ältesten in diesem Ail finde erst recht kein Wort zu dem, was mit unseren Herden geschehen ist.«

Ich bringe es nicht fertig, diesen Menschen, die mit ihrer zottigen, verlumpten Bekleidung, ihren versehrten, düsteren Gesichtern und niedergeschlagenen Blicken das Bild des Elends, den personifizierten Jammer darstellen, in die Augen zu schauen. Sie sind dazu verpflichtet, die Herden verlustfrei zu halten und sie auch noch zu vermehren. Nun aber liegt ein beträchtlicher Teil in toten Haufen herum – wer würde da in ihrer Haut stecken wollen, keiner! Bestimmt hat ein Teil der krepierten Tiere ihnen selbst gehört. Ich weiß, wie es einem zumute ist, an ein krepiertes Tier heranzutreten und es anzufassen, geschweige denn einem Fremden, der darüber landesweit berichten wird, gegenüberzutreten.

Doch muss ich meine Arbeit machen. Auch die jämmerliche Viehhürde mit den weggesperrten, vor Hunger und Bewegungslust geplagten, dauerlärmenden Ziegen und Schafen fotografiere ich, und den Hirtenmann samt allen verschreckten Mitgliedern dieser sichtbar heruntergekommenen Gemeinschaft. Ich hole Notizblock und Schreibstift aus meinem Brustlatz und stelle Fragen an den Verantwortlichen, der immer häufiger zu stottern beginnt und dessen Stimme immer leiser wird.

Ich sehe seiner gequälten Haltung an, dass er am liebsten weglaufen würde, um nicht antworten zu müssen. Zu seinem Pech war der Älteste gestern in den Ssumm geritten, um die Leitung zu benachrichtigen, dass die Herde neues Heu brauche.

Weshalb die hungrigen Tiere jetzt, mitten am Tag, hier zurückgehalten werden?

Gestern habe man sie auf die frei geschabte Traktorspur gebracht. Kaum hätten sie ein wenig von der frei gewordenen Grasschicht geschnappt, seien viele Tiere verendet, wie von innen her abgemurkst. So habe man beschlossen, sie lieber in der Hürde gesperrt zu halten.

Wie lange würden die Tiere es so aushalten?

Bis neues Heu käme, hoffentlich.

Wenn aber kein Heu käme, ganz einfach deshalb, weil der Ssumm keines mehr hat?

Der Mann senkt die Augenlider und schweigt.

Da begreife ich, weshalb vorhin die Leute zusammengelaufen sind: Sie haben das Motorgeräusch vernommen und angenommen, ein mit Heu beladenes Auto würde kommen.

Mein Mitgefühl droht in sein Gegenteil umzuschlagen. Jede weitere Antwort bestätigt meinen Verdacht. An allem sind andere schuld. Der Himmel mit seinem verspäteten Regen, dann der verfrühte Schnee, die ungewöhnliche Kälte, die säumige Kreisleitung. Diese Unart, alles fix und fertig auf die ausgestreckten Hände gelegt bekommen zu wollen, während man selber unerträglich einfältig bleibt und der Katastrophe tatenlos zuschaut!

Um den Groll, der sich in mir zusammenbraut, zu dämpfen und mich wenigstens für eine kurze Weile der köstlichen Erinnerung an meine frische Bekanntschaft hinzugeben, erzähle ich, dass wir gerade von dem Elefanten Najintae kommen und dass seine Herde bisher verlustfrei über die Runde gekommen sei. Und was muss ich darauf hören?

»Ach, der Elefant, der und seine Frau, das sind sowieso besondere Menschen!« Und dies nicht etwa in einem bewundernden Ton, nein, ganz im Gegenteil, in einem abschätzigen.

Oh, diese scheußlich mongolische Faulheit, die mit der Dummheit vermählt ist und daher nichts Besseres als Neid gebiert! Ja, so denke ich in dem Augenblick – und werde mich in späteren Zeiten innerlich oft dafür entschuldigen. Denn da werde ich weiter in die Welt hinausdürfen und diese hässliche Eigenschaft auch bei anderen Völkern feststellen müssen – sogar bei den von mir angehimmelten Germanen.

Ich spüre einen Drang in mir, diesem Unglücksort so schnell wie nur möglich den Rücken zu kehren. Daher frage ich Awirmid, der die ganze Zeit keinen Schritt von meiner Seite gewichen und dabei mucksmäuschenstill geblieben ist, ganz entgegen seiner Art, ob wir nicht lieber weiterfahren. Er nickt sofort.

Den Grund für sein merkwürdiges Verhalten werde ich erst vor unserem Abschied erfahren, als er mich aus seiner Fürsorge entlassen muss: Früher hat er einmal eine der Frauen dieses Dorfes geliebt.

Wir sind wieder auf der Piste und stoßen auf den Traktor. Er ist stehen geblieben, steht schweigend und still, wie tot. Nach der verwehten Menge des Raureifpulvers zu urteilen, muss es am gestrigen Tage passiert sein. Also müssen wir wenden, auch mit unserem Vierradantrieb kommen wir hier nicht weiter. Man will glauben, es müsse doch im Innenraum ein wenig wärmer geworden sein unter dem Gemisch von Atemwolken dreier Lungen, aber der lähmende Hauch des eisig eisernen Frostes dringt immer wieder durch unsere dicke Kleidung.

Später werde ich auf der Frontseite der Zeitung *Neues Deutschland* in fetten Lettern entdecken: »In Australien 40° Hitze, in der Mongolei 60° Kälte«.

Nach diesem Bericht schlugen die mongolischen Ideologen Alarm. Die Meteorologen, die diese Temperaturmeldung durchgehen ließen, wurden zur Verantwortung gezogen und bestraft. Wetterberichte wurden ab sofort als Staatsgeheimnisse behandelt. Die Messwerte von Kälte und Hitze, Windstärke, Niederschlag und die Folgen von Katastrophen wurden fortan verschlüsselt an die Zentrale gereicht. Dort wurden sie bearbeitet, bevor sie den Massenmedien freigegeben wurden. Die Begründung: Der Klassengegner darf es nicht erfahren. Also der Weltkapitalismus, mit den amerikanisch-englisch-französischen Imperialisten und den westgermanischen Chauvinisten an der Spitze, und natürlich auch die reaktionäre maoistische Führung Chinas!

Später, als ich einigermaßen gefestigt im journalistischen Sattel sitze, schickt mich der Chefredakteur hin und wieder ins Haupthaus des Staats zum Wochen- oder Monatstreffen von Vertretern der Medien. Dort tritt der Chef der Propagandaabteilung des Zentralkomitees oder sein Stellvertreter mit einer Rede auf, in welcher grundsätzliche Einschätzungen über unsere Arbeiten und Richtlinien der künftigen Arbeit gegeben werden. Da werde ich erfahren, dass zu den heiligen Staatsgeheimnissen nicht nur die Wetterberichte gehören, sondern fast alle statistischen Angaben. Also werde ich mir merken, bei Zahlenangaben sehr aufzupassen. »Genossen, lernt doch endlich, prozentual zu verfahren!«, wird der Chefideologe, sonst ein rechtschaffener und verständiger Mann, sagen, mit einem Lächeln, das die einen als gütig und andere als schlau bezeichnen würden. Doch auch da muss man wach bleiben. Eine ältere, für ihre kniffligen Fragen bekannte Journalistin wird erzählen, dass sie gerade von einer Landreise zurückkomme und dabei erfahren habe, dass in der Ecke die Sterblichkeit von jungen Müttern und Kleinkindern wieder zugenommen habe. »Meine Frage: Kann ich schreiben, dass die Sterblichkeit in den letzten fünf Jahren um fast 10 % zugenommen hat?«

»Selbstverständlich nicht!«, wird der Chef, leicht errötend, antworten und dann in seiner kollegialen Art fortfahren: »Liebe Genossen, wessen Herz für unsere Sache schlägt, der wird doch auf Schritt und Tritt wissen, was uns hilft und was dem Gegner. Selbst zu der genannten bedauerlichen Tatsache lassen sich doch in unserer reichen Muttersprache so viele Ausdrucksmöglichkeiten finden. Warum schreiben: ›10 % zugenommen‹? Da ginge doch auch: ›leicht zugenommen, anstatt abzunehmen wie in all den Jahren zuvor.‹ Oder: ›Immer noch nicht erwartungsgemäß abgenommen.‹ Parteilichkeit im Journalismus heißt: Nicht an den Äußerlichkeiten kleben, sondern den inneren Kern aufdecken! Denkt an die Berichterstattung von den Kriegsfronten. Die Verluste, die von beiden Seiten angegeben werden, decken sich niemals. Dass das so sein muss, liegt in der Natur der Sache. Denn es ist doch Krieg! Und genauso hier, wir stecken in einem Krieg, dem Kalten Krieg, Genossen!«

Kehren wir aber wieder auf die gewaltsam durch das Eisschneemeer geschabte Piste zurück. Wir sind auf dem Heimweg. Ich bin nicht gerade begeistert. Was ich gesehen, vor allem aber dokumentiert habe, kommt mir ein wenig zu mager vor. Aber was soll ich machen, ich bin auf die Mauer der Unmöglichkeit gestoßen. Dennoch habe ich manches gehört, erfahren, auch selber herausgefunden. Beim Schreiben und Überlegen dürften noch weitere Kleinigkeiten hinzukommen. So müsste es irgendwie reichen für den Bericht.

Da werden wir einer Tierherde ansichtig, die wir zunächst für Rinder oder Pferde halten, denn sie sieht kunterbunt aus. Dann, ihr näher gerückt, erkennen wir die roten und schwarzen Schafe. Also sind Kasachen mit ihren Herden bis hierher vorgedrungen. Sie haben eine Vorliebe für diese dunklen Fellfarben, sie halten sie für kältetauglicher. Doch unsere Leute, die mit den Kasachen Wand an Wand wohnen, scheinen davon wenig zu halten und bestehen weiterhin auf der weißen Farbe, weil für sie weiße Filzwolle wohl wichtiger als alles andere ist.

Für diese Vermutung spricht auch, dass unsere Sprache das Wort hara, schwarz, im aussetzenden, ablehnenden Sinne verwendet. So auch, wenn von den »schwarzen Kasachen« und ihren »schwarzen Schafen« gesprochen wird. Damit kann die Minderwertigkeit der schwarzen Wolle gemeint sein. Oder an anderer Stelle die Befürchtung, wenn sich so eine dunkelbunte Herde nähert, die zwei Herden könnten sich vermischen und eine Menge unnötige Arbeit verursachen.

Dass unsere Sprache den Nachbarn die schwarze Farbe zugedacht hat, hatte wohl zunächst einen harmlosen Grund: Sie steckten zumeist in rabenschwarzen Lumpen, als sie, arme Heimatlose, in jener schicksalhaften Stunde ihres Rettungstages unseren Lebensraum betraten, sich dann unseren Leuten zögernd näherten, scheu vor ihnen stehen blieben und sie dabei aus der Tiefe ihrer leiderfahrenen Augen Hilfe suchend anblickten.

Ein Menschenalter später ging es jenen Heimatlosen so gut wie keiner anderen Völkerschaft ringsum: Die Ureinwohner, die sie damals so ohne Weiteres aufgenommen, ihnen mit allem, was sie selber hatten, geholfen haben, werden nun fast vollständig überrollt von ihnen. Noch heute stecken die Kasachen auf ihren opulenten Festen weiterhin in Schwarz, allerdings in tiefschwarzen Samtkutten mit goldgelb gestickten Säumen.

Während mein Hirn solche Gedanken absondert, rollt das Auto langsam durch die Herde, die gierig nach den noch verbliebenen Grashalmen schnappt und leicht scheuend zur Seite weicht. An den Hintern der Schafe erkenne ich die Kreuzschwanzrasse – also aus der westmongolischen, aus unserer Ecke!

In einiger Entfernung kommt jemand langsam durch das Schneemeer auf die Herde zugeritten. Das Pferd erscheint mir auffallend niedrig, obwohl ich natürlich weiß, es steckt fast bis zum Knie im Schnee. Wenig später erkenne ich in dem Reiter eine Frau und höre aus den Grüßen, die wir wechseln, heraus, sie ist eine Halh-Mongolin mit jener gewandten Aussprache, die einem alttürkischen Muttersprachler zeitlebens unmöglich zu bleiben scheint, gleich, wie lange dieser sich auch unter Kernmongolen aufhalten mag. Meine Neugier ist geweckt. Doch nicht nur das. Etwas Herbes und Raues, irgendwie Männliches scheint von ihr auszuströmen.

In meinem Kopf war die ganze Zeit: Du hast zu wenig Rohstoff zum Bearbeiten! So kam mir die Herde sogleich wie ein Geschenk des Himmels vor, noch bevor ich ihren Hirten entdeckte und wusste, es ist eine Frau.

Außerdem ist mir, als wenn ich diesem Frauenwesen irgendwo schon begegnet wäre. Ich ziehe sie in ein Zwiegespräch, indem ich kleine anstachelnde Bemerkungen in den Raum schicke, die sie, zu meinem Glück, sogleich annimmt und mir quick kecke Antworten zukommen lässt. Was auch als eine lockere Interviewart bezeichnet werden könnte.

»Wie merkwürdig du vorhin ausgeschaut hast, Schwesterseele, wenn du nur wüsstest: eine thronende Hünin im Sattel über einem zielstrebig durch das endlose Eisschneemeer daherstapfenden Ross!«

»So? Wie niedlich du in diesem Augenblick ausschaust, und ahnungslos auch, Bruderherz. Wenn ich es dir verraten darf: nicht viel anders als der Prinz Gautama im Lotosgarten des Schlosses von seinem königlichen Vater!«

»Oh! In der Steppenhünin scheint eine Manduhae, die Weise, zu stecken?«

»Viel zu hoch gegriffen! Wir sollten besser wieder von vorn beginnen und nicht gleich mit dem Du beginnen. Ich würde dich wohl einen Hass'r, den Tapferen, nennen. Will ich aber nicht. Denn vorher sollst du mir zeigen, was in dir steckt!«

Ich fühle mich irgendwie verschmäht. Meine Lust an dem reichlich albernen Spiel droht zu verfliegen. Ich versuche jedoch, den neckenden Ton vorerst beizubehalten: »Gut. Dann möchte ich dir als Korrespondent der Zeitung *Hödölmör* ein paar Fragen stellen, ehrwürdige Steppenhünin auf dem silbernen Zwergross!«

»Wie ungerecht, dass Ihr, bevollmächtigter Zeitungskorrespondent, mich zu einer Hünin macht, mein Pferd aber zu einem Zwerg. Wie Ihr seht, trägt es mich, oder?«

»Verzeihung, wenn ich dein gutes Pferd einen Zwerg genannt habe. Doch das kam von meinem ersten Eindruck. Im knietiefen Schnee versunken, hat es wirklich unverhältnismäßig niedrig und mickrig zu seinem Reiter gewirkt. Nun sehe ich natürlich, es ist ein gut gewachsenes Tier, sogar eine Spur edel, weil mit ungewöhnlich starken Lippen gesegnet.«

In ihren Augen leuchtet eine kleine spitze Flamme auf. Was meine männliche Eitelkeit irgendwie angefacht haben dürfte. Denn mit einem Mal höre ich mich von nasigen Recken und lippigen Rossen reden, die bei meinem Volk bevorzugt würden.

Und dass ich in jungen Jahren meinem Vater beim Abrichten so mancher Pferde zum Wettrennen geholfen und auch selber auf Rennstrecken geritten sei. Was keinesfalls gelogen ist, immerhin. Doch hätte es genügt, sie wissen zu lassen, ich bin vom Land.

So dauert das eigenartige Steppeninterview an und scheint unser Inneres entgegen der äußeren Kälte immer weiter anzuheizen.

»Wie viele Schafe hast du?«

»333. Brauchst du noch genauere Angaben?«

»Wie meinst du das?«

»Vielleicht willst du wissen, wie viele davon Lämmer und wie viele ausgewachsene Tiere sind? Womöglich auch getrennt nach Geschlechtern?«

Ich prüfe ihre Miene, um zu sehen, ob sie vielleicht mit mir ihren kleinen Scherz treibt. Das Gesicht, nicht schön, aber gewiss ausdrucksvoll, verrät keinerlei Zeichen.

»Gern, wenn es bei euch so üblich ist.«

»Üblich ist es hierzulande noch nicht. Aber ich dachte, das könnte dich und die Leserinnen deiner Zeitung interessieren.«

»Nein, das interessiert mich nicht. Ich brauche andere Angaben. Als Erstes: Wie sieht es mit dem Verlust bei deiner Herde aus?«

»Sollte sie welchen aufweisen?«

»Könnte ja sein.«

»Dann kann ich dich wenigstens halbwegs beruhigen: Es ist bisher keinerlei Verlust an der Stückzahl zu beklagen. Aber an Gewicht schon. So abgemagert wie heuer haben die Tiere um diese Jahreszeit noch nie dagestanden.«

Wie mich diese Nachricht erfreut und auch berührt! Sprachlos, doch mit einem begeisterten Blick schaue ich ihr erneut ins Gesicht, das diesmal meinem Gefühlsausbruch nicht standzuhalten scheint. Was sogleich bewirkt, dass sich meine zurückgehaltene Begeisterung in Worte löst: »Das ist ja einfach toll. Vermutlich hast auch du einen wunderbaren Mann zur Seite stehen!«

Sie hält inne und scheint eine kleine Weile zu überlegen. Dann fragt sie: »Du hast ›auch‹ gesagt. An welche glückliche Frau hast du dabei gedacht?«

»An Büdshidmaa, die viel gerühmte Schönheit.«

»Ach, du meinst die Frau von dem Elefanten. Warst du bei ihnen?«

»Wir haben die letzte Nacht in ihrer Jurte verbracht.«

»Kanntest du die Familie schon vorher?«

»Nein. Ich habe sie erst gestern kennengelernt.«

»Naj'ntae-guae ist in der Tat ein wunderbarer Mensch, nicht wahr?«

»Auf alle Fälle! Auch seine Frau fand ich bewundernswert tüchtig.«

»Haben auch sie die Dsudd-Zeit bisher verlustfrei überstanden?«

»So gut wie. Vier schwache Tiere mussten notgeschlachtet werden, erfuhr ich.«

»Du hast richtig beobachtet, weil du zu seiner Frau die drei passendsten Worte nanntest: viel gerühmt, schön und tüchtig. Also scheint in dir doch wer zu stecken.«

Worauf sie mich, wie es mir vorkommen will, zum ersten Mal offen und direkt anschaut. Wobei auch ich sie im Blick behalte und feststelle: Das Gesicht wird milder, scheint sich um eine weitere Hautschicht abgeschält zu haben. Was bewirkt, dass in mir mit einem Mal ein Licht aufgeht.

Ja, jetzt weiß ich, woher ich sie kenne – aus einer der

Landschaften, die irgendwo in mir verborgen liegen und auch mir selbst nur hin und wieder bewusst werden. Es muss vor etwa anderthalb Jahrzehnten gewesen sein, da habe ich einen so heftigen Traum gehabt, dass ich ihn mir, wie nur seltene Male zuvor, noch traumdämmerig und schlaftrunken, aufgeschrieben habe. Damals war ich ein Jüngling, vogelfrei und unerfahren, verglichen mit heute. Ist sie mir nun, nach fünfeinhalbtausend Tagen und Nächten, wieder begegnet? Was müsste und könnte ich da tun? Ich weiß es einfach nicht.

Ich versuche, meine Fragen noch zielstrebiger zu stellen, und erfahre einiges über sie. Sie stammt von nomadischen Eltern aus unserem Nachbarbezirk im fernen Westen, als einziges Mädchen unter vielen Jungen. Während sie an der Universität Physik studierte, wechselten die Eltern den Wohnort. Sie haben wohl ihre Nähe gesucht. Da einer der Brüder einen großen Laster fuhr, war es möglich, nicht nur die Jurte, sondern auch die Schafherde der Eltern herüberzubringen. Der Vater hatte sich schon vorher für eine Herde mit rot- und schwarzbunten Fellfarben entschieden, da diese Rasse sich kältebeständiger zeigte. Vor fünf Jahren war der Vater verstorben. Da keiner von den Brüdern sich bereit zeigte, die Elternjurte mit der allein gebliebenen Mutter und der Herde zu übernehmen, tauschte die Tochter ihre Arbeit an einem Forschungsinstitut gegen den Schäferberuf, um die alte Mutter aus der Nähe zu versorgen. Aber auch, um den anderen zu beweisen, dass Forschungen genauso von der Jurte aus zu betreiben seien – auf der Viehweide, in der freien Natur.

Ich frage weiter: »Und lässt sich hier die Forschung tatsächlich betreiben?«

»Ja, schon. Aber nur in gewissen Grenzen. Denn für Forschungen braucht man Messinstrumente.«

»Stellt dir deine Arbeitsstelle diese nicht zur Verfügung?«

»Nein. Dieses und jenes habe ich mir schon angeschafft.«

»Auf eigene Kosten?«

»Selbstverständlich. Es ist nicht leicht, das Geld nur schon für ein Thermometer zusammenzubekommen. Doch ist das Geld nicht das Entscheidende. Ich könnte manches kaufen, indem ich ein, zwei Schafe oder Rinder verkaufe. Das Schwierigste ist, dass die meisten Geräte nur auf offiziellem Wege, nach genehmigter Bestellung einer staatlichen Organisation aus dem Ausland kommen.«

»Darf ich annehmen, dass du jetzt auf dieser Piste deiner Forschung nachgehst?«

»Würde ich die Frage bejahen, wird es sich in manchen Ohren schon wieder verdächtig anhören. Wollte ich sie verneinen, würde ich mich eine Lügnerin strafen.«

Dieser Satz, der nach Stimmenthaltung klingt, sagt mir viel.

»Du hast gesagt, eure Herde hat keinerlei Verluste aufzuweisen. Auch sehe ich hier weit und breit kein totes Tier liegen. Also hat das frei geschabte Gras deinen Schafen offensichtlich nicht geschadet.«

»Wieso sollte es ihnen denn schaden?«

»Sag das nicht! Ich habe gestern mit eigenen Augen gesehen, dass so manche Tiere, kurz nachdem sie angefangen hatten, hier zu weiden, tot umfielen.«

»Das habe ich nicht gewusst. Sonst hätte ich die Herde nicht herübergebracht. Nun wird es mir aber bange! Gestern habe ich bis zum Einbruch der Nacht mit meinen Ochsen geschuftet, wir haben behelfsmäßige Verbindungsspuren von zu Hause bis hierher gezogen. Damit keiner sagen kann, es sei unmöglich, bis zu uns zu fahren, wenn ein Auto mit Heuladung hier vorbeikommt. Heute Vormittag habe ich auf der selbst gezogenen Schneise meine Herde herübergebracht.«

Der anfängliche kecke Ton in der Stimme ist verschwunden. Aber der warme Farbhauch mit den weichen Zügen auf dem Gesicht ist immer noch geblieben.

Das Benehmen meines Reisegefährten kommt mir auch hier seltsam vor. Zunächst ist er in einiger Entfernung von uns stehen geblieben, schließlich steigt er ins Auto, das bei laufendem Motor wartet. Ich bitte meine Gesprächspartnerin, deren Namen ich immer noch nicht weiß, sich vorerst ihren Tieren zu widmen, und gehe selbst zum Auto. Sobald ich einsteige, will der Fahrer den Gang einlegen. Ich sage schnell, er soll damit warten, und wende mich an Awirmid, will ihm kurz erzählen, was ich erfahren habe.

Doch er unterbricht mich mitten in meinem eiligen Bericht: »Tut mir leid, dass du auf eine kranke Person gestoßen bist, Genosse Reporter ... Das ist ein schizophrener Mensch. Alle hier wissen es. Also lass uns bitte schnell von ihr wegkommen!«

Die rechte Hand des Fahrers fährt sogleich zur Gangschaltung, bleibt jedoch vorerst auf dem Knauf liegen, auf das Ja aus meinem Mund wartend.

Ich bin sprachlos. Dann fasse ich mich und sage: »Sachte, sachte! Ich habe die Frau anders erlebt. Gut möglich, dass sie sich zuweilen von ihren schroffen Seiten zeigt. Aber sie kann denken und ist auch ein Arbeitstier. Ich will ihr Winterlager besichtigen und sehen, wieso auch sie ihre Herde verlustfrei hat erhalten können!«

»Die Piste verlassen?!«

»Ja.«

»Das ist unmöglich!«

»Doch. Das wird gehen. Sie hat eine Fahrschneise eingerichtet.«

Awirmid versucht ein gekünsteltes Gelächter. »Und Ihr habt es ihr geglaubt?«

Oho, wenn ein Chef vom kollegialen Du zum offiziellen Ihr übergeht, so ist das immer verdächtig! »Warum sollte ich es nicht glauben, wenn ein erwachsener Mensch mir das und weitere durchaus verständliche Sachen erzählt?«

Jetzt lacht Awirmid echt und laut und der Fahrer auch.

Ich werde unsicher. Vielleicht erliege ich tatsächlich einem Wahn?

»Die Leute in diesem Landkreis nennen sie die Verrückte von der Teufelsecke. Das ist eine Kette von sieben Hügeln, die vom Volk gemieden wird, da entlang ihrer Südhänge seit Urzeiten die Toten bestattet worden sind. Schon der Vater der Frau, ein ebenso querköpfiger Mensch von unbekannter Herkunft und mit merkwürdigen Angewohnheiten, soll gegen alle Warnungen dort eine Winterbleibe für seine merkwürdig dunkle Herde ausgesucht haben und nach Jahren darauf auch selber gestorben sein. Die Verwaltung kennt diese Person durch ihre Spinnereien längst als einen Plagegeist. Sie hat Wahnvorstellungen und bettelt um Hilfe für irgendwelche Geräte, die sie für ihre angeblich so wichtigen Forschungsarbeiten braucht. Und nun hat sie unseren verehrten Reporter so wunderbar zu bezirzen gewusst, ha-ha!«

Ein dröhnendes Gelächter gleich aus zwei Hälsen.

Ich werde noch unsicherer. In diesem Augenblick trifft mein Blick einen Schöps, dessen Fellfarbe mit schön gesträhnten Wollmassen mich sogleich an den letzten, zäh klebenden Strahl der untergehenden Sommersonne in den Bergen des südlichen Altai erinnert. Nun gähnt er so ausgiebig, dass ich alle acht

Schneidezähne wie aus nächster Nähe erkenne und mich in Gedanken fragen muss, wie ein hungriges Tier mitten in dieser Dsudd-Zeit so genussvoll zu gähnen vermag. Aber nicht nur das. Das gute Wesen schüttelt sich so heftig und gründlich wie nach morgendlichem Aufstehen zu Sommerszeiten.

Ich fühle mich gefestigt und sage: »Zumindest könnten wir ja nachschauen, ob es am linken Rand der Piste irgendeinen Schlitz, einen Durchlass gibt.«

Der Reisegefährte dämmt die letzten Stöße einer heftigen Lachsalve mühsam nieder und sagt: »Gern, aber ich sage dir schon jetzt, mein jüngerer Bruder, dass du vergebens nach deinem Schlitz Ausschau hältst!«

Beglückt darüber, dass er mich wieder duzt und mir ein großer Bruder sein will, steige ich wieder aus und gehe auf die Hirtin zu. Sie ist sichtlich erleichtert über meine Rückkehr, schaut mich mit einem Blick an, der mich verlegen macht. Denn dieser Blick aus dem Paar recht schmaler, doch wacher Augen kommt mir so sprechend vor, als würde sie mir sagen: Ja, ich weiß schon Bescheid.

Ich frage sie nach ihrem Verbindungsweg.

»Drei, vier Steinwürfe weiter vorne.« Sie deutet mit dem Kopf in die Fahrtrichtung.

Gut, denke ich erleichtert. Da lässt es sich ja recht bald herausfinden, wer gelogen hat und wer nicht!

»Ich möchte zur Winterbleibe fahren, wo deine Jurte und die Hürde deiner Herde stehen«, sage ich. »Dabei könnte ich vielleicht auch deiner Mutter Guten Tag sagen. Lässt sich das machen? Du stehst hier ja auf dem Wachposten, und es ist noch zu früh, um die Herde schon heimzutreiben.«

Sie überlegt kurz. »Sicher lässt es sich machen. Ich reite euch vor. Unser Winterlager ist nicht weit weg, höchstens zwanzig

Minuten von hier. Dort angekommen, werde ich meinen Sohn herüberschicken. In der kurzen Zeit wird mit der Herde kaum etwas passieren, da die beschwänzten Räuber sich um diese Tageszeit weiter weg im Gebirgswald versteckt halten.«

Jetzt bin ich noch weiter beruhigt – so sicher lügen kann kein Mensch. Wenn irgendetwas eine Schwachstelle aufzuweisen gehabt hätte, wäre das für sie die letzte Gelegenheit gewesen, sich herauszuwinden.

Ich gehe zum Auto zurück, zu den beiden, denen der Missmut auf den Gesichtern abzulesen ist. Ich kann nur ahnen, worüber sie hinter meinem Rücken gesprochen haben. Mit trotzig fester Stimme eröffne ich ihnen meinen Plan. Da vernehme ich nicht nur das Schweigen, das den Raum füllt, sondern spüre auch die Betroffenheit dahinter, nicht weniger leibhaftig als einen frostigen Luftzug.

Die Frau kommt angeritten, trotz ihrer dicken Kleidung flott im engen Sattel sitzend. Dabei steckt das gute Tierwesen von Kopf bis Schweif in Raureif und Eis. Das grelle Sonnenlicht, das darauf fällt, lässt alles gleißen und glitzern.

Die Frau beugt sich nach vorne, versetzt dem Pferd einen angedeuteten Peitschenhieb und treibt es auf diese Weise zu schnellerem Gang an. Es fällt sogleich in einen flinken Trab, ganz wie in wärmeren Jahreszeiten, da alles entspannter ist und auch die Muskeln und Gelenke des Tieres zu jeder Bewegung fähig sind. Wir folgen der Reiterin in einem Abstand von zwei, drei Fangstangenlängen. Dabei bleibt es im Auto mucksmäuschenstill, nun aber noch deutlicher drückend.

Da neigt die Reiterin sich auf einmal mit dem Oberkörper nach links, worauf der dichte, buschige Pferdeschweif, an beiden Flanken weiß und in der Mitte dunkel gestreift, nach rechts schwenkt. Im nächsten Moment werde ich des Erwarteten ansichtig: der Durchbruch am Eisschneedamm von fast einer halben Menschenhöhe!

Oh, wie heftig schlägt da mein Herz!

Doch da höre ich den Fahrer heftig und voll Widerstand in der Stimme ausrufen: »Nein! Da hinein fahre ich nicht!« Und schon hat er den Fuß vom Gaspedal genommen. Das Auto rollt aus, immer langsamer werdend.

Ich versuche, ihn zu beruhigen: »Was ist bloß in dich gefahren, Mann? Du hast ja noch gar nichts gesehen! Sie hat mir erzählt, dass sie den ganzen Weg von hier bis zu ihrem Winterlager von vereisten Schneemassen befreit und fahrbar gemacht hat!«

»Nein! Wie kann so ein hirnkrankes Weibsstück durch diesen Eisschnee einen kilometerlangen Weg fahrbar machen? Ein paar Meter vielleicht. Aber bis zum eigenen Winterlager – das ist das Gespinst eines kranken Hirnes! Was ist, wenn ich stecken bleibe! Da bin ich verloren, und ihr beiden seid es auch! Nein, nein und noch mal nein!«

O Himmel! Bitte, steh mir bei! Ich versuche auf verschiedene Art und Weise, mich im Zaum zu halten. Zuerst zähle ich bis zehn, dann bringe ich es bis zwanzig. Dabei halte ich die eine Hand mit der anderen fest und beiße auf die Zunge. Doch nichts hilft. Als ich zum zweiten Mal vom kranken Hirn höre, muss ich dem Druck, der sich in mir längst aufgestaut hatte, nun doch nachgeben.

Ich platze los: »Halt die Klappe, du Wasserkopf! Was quatschst du wieder und wieder von einer Hirnkranken, wo du die Person noch gar nicht kennst? Bist ja schlimmer als ein blinder Welpe, der kläfft und ins Leere schnappt, weil er nebenan einen Hund knurren hört! Ich habe mit der Frau eine Zeit lang über

Verschiedenes gesprochen und weiß, dass sie über ein kerngesundes und dazu noch, im Unterschied zu dir, über ein aufgewecktes und mit Wissen gefülltes Hirn verfügt. Ich verbiete dir, einen unschuldigen Mitmenschen zu verleumden! Und ich warne dich: Das ist laut Gesetz eine strafbare Tat!«

Mit diesen Worten, die ich auf ihn losfeuere, will ich ihm Angst einjagen. Aber ich sehe keine Spur davon – im Gegenteil, er verzieht angewidert die Lippen und wirft einen spöttischen Seitenblick in meine Richtung. Was wohl der sprichwörtliche Ölspritzer auf das Feuer ist, das in mir schon brennt und flammt. Ich stemme mich gleichzeitig nach unten und oben, sodass mein Körper steif und bedrohlich aufragt, wie ein Riesenknüppel über dem Sitz. Meine Linke schnellt nach seiner Rechten, reißt die schmalen, dürren Finger vom Steuerrad und drückt sie zusammen wie ein Bündel Stroh.

Er erschrickt arg, bremst scharf, und sein Körper erstarrt. Dann kreischt er wie am Spieß: »Auaah, au!« Es muss ihm sehr wehtun – vielleicht ist einer der Finger beringt? Doch was kümmert mich das schon! Ich brülle: »Du weißt doch, dass zurzeit landesweiter Ausnahmezustand herrscht und dass die Gesetze der Kriegszeit gelten! Wir drei Männer sind wie drei Soldaten an der Front, sind dabei, einem Auftrag des Mutterlandes nachzugehen! Und du hast den Auftrag, mich, den Frontberichterstatter, dahin zu fahren, wo die nötigen Berichte zu haben sind! Willst du es wagen, vor dieser Seitenpiste, errichtet von unseren Leuten, einfach stehen zu bleiben, ohne sie überhaupt betreten zu haben? Du Feigling kapitulierst schon beim fernen Echo des ersten Schusses! Ich befehle dir, deinen Auftrag zu erfüllen. Im Falle eines Widerstands mache ich mit dir das, was jeder Vorgesetzte auf dem Schlachtfeld mit jedem Versager macht, kapiert?«

Damit lasse ich die Finger los, die sich in meiner Hand so schmal und leblos wie das Überbleibsel einer zerquetschten Faust angefühlt haben. Mit Vergnügen merke ich: Das hat gesessen! Ja, sagt man denn nicht: Wer nicht zu hören gewillt ist, dem soll man das Fühlen beibringen? Das verschafft in mir wilde Lust, die Gewalthandlung noch zu steigern, sollte der Kerl es wagen, das leiseste Zeichen von Widerstand zu zeigen! Dies ist wohl jene Urkraft, die in dem grauen Steppenwolf die Kampflust vervielfacht, kaum dass er Schweiß und Blut wittert.

Und was macht der Typ? Er krümmt sich und bietet ein recht jämmerliches Bild der Hilflosigkeit. Dann schüttelt er die gequälte Hand und fährt ächzend und schniefend mit der anderen darüber.

Vonseiten des Wegführers kommt derweilen nur kühle Stille. Wie dankbar ich ihm bin, dass er sich in das raubtierhafte Handgemenge nicht eingemischt hat. Denn das hätte mich in der Gemütshitze, in welcher ich nun einmal stecke, aus meinem Gehäuse gerissen. Der Mensch tut mir irgendwie auch leid, da er mit seinen unbedachten Worten über die Frau einen Grund für den Zwist geliefert hat. Es müsste ihm in diesem Augenblick doch sterbenspeinlich sein!

Der Fahrer murmelt etwas vor sich hin, wovon ich eine Hälfte nicht verstehe. Was meine Ohren gerade noch abfangen und mein Hirn halbwegs auszuwerten vermögen, will wohl sagen: Er würde schon fahren, wenn er nicht solches Bedenken hätte wegen des geschwächten Fahrzeugs … Er will mich also wissen lassen, ihm ist in diesem Augenblick nicht mehr nach Streit, sondern nach Frieden.

Mit einem Mal fühle ich mich beruhigt und sage in einem noch vor drei Minuten undenkbar ruhigen Ton: »Du kannst es ja zumindest versuchen. Sollte es wirklich danach ausschauen, dass das Fahrzeug es nicht schafft, werden wir ja sehen, wie wir aus der Klemme herauskommen. Schließlich hat die Frau von einem Ochsen gesprochen, mit dessen Kraft sie den Eispanzer hat zerbrechen können und die Schollen aus dem Weg zu räumen vermochte.«

Das Vehikel setzt sich, laut brummend, mit einem heftigen Ruck in Bewegung und fährt auf die spürbar bucklige, aber von Hufabdrücken vieler Tiere sichtlich platt getretene Seitenpiste. Fährt langsamer als vorher auf der ebenen und von etlichen Reifenspuren schon ziemlich geglätteten Piste. Aber es fährt. Die Reiterin hat einen weiteren Abstand gewonnen und steckt in kräftigem Trab.

Da lässt Awirmid endlich seine Stimme hören. Es sind nicht unbedingt die richtigen Worte, die dem, was uns bevorsteht, dienlich wären. Denn er sagt: »Will die Verrückte uns tatsächlich ins Becken der Dämonen bringen?«

Ich versuche, meinen Widerwillen ins Heitere umzudrehen, indem ich sage: »Becken der Dämonen, oh! Das hört sich aber geheimnisvoll an! Haben wir endlich die goldene Gelegenheit, die persönliche Bekanntschaft jenes mächtigen Unwesens machen zu dürfen?«

Der gute Mann ist offensichtlich nicht gewillt, auf den Spaß einzugehen, und sagt ernst: »Ursprünglich hieß die Senke Wiege des Göttlichen. Diese ehrfürchtige Benennung kommt daher, dass die hiesigen Zu-Gott-Gewordenen ihre letzte Ruhestätte fanden. Doch seit diese Person aufgetaucht ist und dann die gewissen Pfiffe aus der Ecke hörbar geworden sind, hat das Volk sie umbenannt.«

»Gewisse Pfiffe? Es wird ja immer spannender!«

»Ich verüble es Euch nicht, wenn Ihr es mir vorerst nicht abnehmen wollt. Anfangs habe auch ich nicht geglaubt, was im Volk erzählt wurde, habe es für einen dummen Aberglauben gehalten! Doch wurde ich dann eines Besseren belehrt, als letzten Herbst bei einer Fahrt in der Gegend unseligerweise das Auto kaputtging. Wir waren zu viert, alles Erwachsene, einer von den Mitfahrenden war sogar ein Parteigenosse! Der Fahrer stocherte lange im Motor herum, vermochte jedoch die Panne nicht zu beheben und gab es schließlich auf. Zum Glück war es erst im Spätherbst, die Tage und Nächte waren noch fast lau. Also versuchten wir, im Auto sitzend, ein wenig zu schlafen und den Morgen abzuwarten. Vielleicht käme ein Auto vorbei, dachten wir. Doch es kam keines. Stattdessen kam gegen Morgen ein Schnee, es war der zweite der vielen Schneefälle zu Anfang des Übels, das uns heute im Griff hat. Irgendwann stieg einer aus dem Auto, um seine Blase zu entleeren. Und kehrte verängstigt zurück: Pfiffe wären zu hören. Ein anderer bestätigte die Aussage. Also beschloss ich, selber auszusteigen und es mit meinen eigenen Ohren zu überprüfen. Und ich hörte es tatsächlich: nicht nur ein Piff, nein, ein ganzer Chor von Pfiffen! Es klang, als würden sie von verschiedenen Ecken und aus unterschiedlichen Entfernungen kommen. Mir lief es kalt über den Rücken, ich eilte schnell ins Auto zurück, in die Nähe lebender Menschen. Erst nachdem ich gefragt wurde, erzählte ich, da seien wohl irgendwo Hirtenleute mit ihren Herden. Alle wussten, dass ich etwas anderes sprach, als ich dachte. Ich wollte mich als Führungsmitglied heraushalten aus dem Gerücht, das wenig später, einem Steppenbrand gleich, durchs Volk ging. Ab dann verließ nur selten einer das Auto, und immer nur für kurze Dauer, und darauf war lediglich ein knapper Bericht über den Wetterzustand zu hören. Jedenfalls war, bis wir dort endlich wegkommen konnten, von Pfiffen keine Rede mehr.«

Awirmid scheint sich ausgesprochen zu haben. Er fällt ins Schweigen und lässt ein halbwegs unterdrücktes Stöhnen hören. Indes sind wir um ein beträchtliches Stück vorangekommen. Die Reiterin hat ihren Schwung etwas gebremst, dreht sich öfters um, zweifelsohne wartet sie auf uns. Ich habe keinen Grund, das, was der Mann soeben erzählt hat, zu bezweifeln. An das Pfeifen und Toben von Geistern, herausgeschlüpft aus Gräbern, will und kann ich jedoch nie und nimmer glauben. Denn mir, dem Wandernomadensprössling, der, als er aufwuchs, von mehr Toten als von Lebenden umringt war, ist bekannt, dass von den Gegangenen aller Zeiten keinerlei Gefahr entweicht, während dagegen der eine oder andere von den Lebenden mir durchaus gefährlich gesonnen sein kann. Hinter jenen Pfiffen muss etwas ganz anderes gesteckt haben, weshalb es auch gälte, dahinterzukommen. Ich bin erfüllt von einer freudigen, ahnungsvollen Erwartung. Immer wieder geht mein Blick zur Gestalt der Reiterin, die hüpfend und zuckend uns voraneilt und in mir die Vorstellung weckt, sie wäre die endlich heimgekehrte Buktug Girisch, jene edle Heldin aus dem viele Winternächte füllenden Epos meines Volkes. Nun schnellt sie, leicht gebückt über die fahnengleich flatternde Mähne ihres beflügelten Rosses Ajdosch, das armselige Vehikel im Abschlepp, durch die verhexte, im Eisschnee erstarrte Steppe voran. Diese Vorstellung lässt einen in einem Zustand schweben, in welchem man sich von Geheimnissen und nicht von Gefahren umringt fühlt!

Da passiert es. An einer schiefen Stelle schleudert das Fahrzeug mit den hinteren Rädern harsch nach rechts und bleibt augenblicklich stecken. Der Motor stößt einen kurzen, schrillen Laut aus und geht unter dem nächsten Wimpernschlag aus. Der Fahrer fummelt hastig am Zündschlüssel und Gangschalter. Nach etlichen Versuchen erst springt der Motor mit einem würgenden Laut wieder an. Doch das Vehikel kommt nicht vom Fleck. Die Räder drehen leer. Wir steigen aus. Dem Fahrer entfährt ein leiser wehklagender Laut, sobald er sieht, was geschehen ist: Beide Hinterräder stecken bis zur Mitte im Eisschnee.

»Spaten her! Wir zerbrechen den Schnee ringsum und legen den Weg nach vorne frei!«, sage ich.

Was muss ich da hören? »Kein Spaten!«

Ein Fahrer, der durch das mongolische Land fährt und keinen Spaten bei sich hat! Das ist ganz einfach unvorstellbar, sträflich dumm. Was würde ein Vorgesetzter in Kriegszeiten machen? Und hier und heute herrscht mongoleiweit der Ausnahmezustand, und da gelten Gesetze wie zu Zeiten des Kriegs! Da wird nicht gebeten und diskutiert, sondern befohlen und gefolgt!

Ich drohe von Neuem und erst recht aus der Haut zu fahren. Doch mein Verstand scheint noch so weit zu reichen, dass ich weiß, dass es nichts nutzt, diesem Nichtsnutz eine Ohrfeige zu verpassen. So sage ich: »Zum Vehikel muss doch wenigstens ein Kurbeleisen gehören!«

Wortlos geht er, kommt damit zurück und fängt an, damit den Innenrand der Eisschneemasse zu klopfen, in welcher die Räder stecken. Schon mit dem ersten Schlag verrät er sich als ein schwächlicher Kerl, nicht gewohnt, seine Muskeln und Sehnen anzustrengen.

Ich versuche, ihn anzutreiben. Dann wechsle ich ihn ab und merke zu meinem Schreck, so einfach, wie ich es mir vorgestellt habe, ist es doch nicht. Der vereiste Schnee ist härter als gedacht. Das Eisen hat zu wenig Gewicht. Und in der Kälte ist jede kraftvolle Bewegung anstrengend.

Awirmid löst mich ab. Der Mann vom Land weiß wenigstens, wie man an so ein Hindernis herangeht. Der Eispanzer ist in kleine und größere Brocken zerbrochen. Der Fahrer versucht, an einem größeren Stück zu rütteln. Es gelingt ihm aber nicht, es abzubrechen. Es muss wohl noch zertrümmert werden.

Da ertönt eine befehlende Frauenstimme: »Geh hier weg!«

Die Reiterin ist gekommen, ohne dass wir es gemerkt haben. Sie eilt mit stürmischen Schritten dorthin, wo der Fahrer sich abmüht, und scheint ihm einen Heidenschreck einzujagen. Auch wir erschrecken. Denn sie bückt sich, einen spannenlangen und zungenbreiten Dolch in der Hand. An ihrer rechten Hüfte sehe ich die Scheide baumeln, die wie kupfern aussieht. Also trägt sie, wie die Menschen bei uns vor etlichen Jahrzehnten, immer noch einen Dolch am Gürtel! Immer mehr wird sie mir zur Heldin des Epos.

Mit dem Messer fährt sie unter den sperrigen Brocken, stochert eine Weile herum. Mit der Dolchspitze sticht sie ein paar Mal nicht sehr kräftig zu. Oh, diesen Trick kenne ich. So zwingt man selbst mit dem kürzesten Messer einen riesigen Eisklumpen in Brüche, so haben wir in schneearmen Wintern Eis aus dem großen Fluss gebrochen und in Körben und Säcken zu unserer Jurte in den Schwarzen Bergen gebracht, als Trinkwasser.

Das schwere Stück zerspringt, die Frau wirft die Brocken, sitzend, so schwungvoll zur Seite, dass ich für sie einen kindischen Stolz empfinde.

In diesem Augenblick erwischt mein Gehör, was Awirmid zum Fahrer flüstert: »Gelingt es uns, hier freizukommen, dann sehen wir zu, dass wir, solange es noch hell ist, umdrehen und zurückfahren. Wer weiß, was alles auf uns da draußen noch wartet!«

Schnell und laut sage ich mit einem bedrohlich auf ihn zielenden Blick: »Nein, Genosse Gewerkschaftschef! Wenn Euch die Angst vor Tod und Teufeln da vorne so arg erwischt hat, dann bleibt Ihr hier und wartet auf uns. Denn über das Auto verfüge ich. Ich werde hinfahren, um mit eigenen Augen zu sehen, was Sache ist!«

In einem Ton, der gescherzt sein könnte, fahre ich fort: »Noch bevor ich weiß, wie mein Seitenabenteuer ausgehen wird, kann ich Euch, lieber Genosse, feierlich etwas versprechen: eine beißende Satire, deren Hauptgestalt ein Darga ist, der sich vor Teufeln fürchtet und daher unter dem Volk, das er leitet, Verwirrung stiftet.«

Darauf höre ich eine Antwort, die mich von Mal zu Mal, wenn sie mir wieder einfällt, immer tiefer begeistern wird. Sie zeugt von der Güte des Stoffes, aus dem dieser Mann gemacht ist. In der heiklen Lage tut er genau das Richtige. Er greift schleunigst nach dem Saum des Scherzes und rettet alles: nicht nur sich selbst, sondern auch mich, den schon wieder rückfällig gewordenen Hitzkopf, und unsere wacklige Brücke zueinander: »Wenn der große Reporter aus der Hauptstadt, der natürlich über den Dienstwagen verfügt, es so zu entscheiden geneigt ist, dann fürchtet meine Wenigkeit weder den Tod durch den eisernen Griff der Kälte noch den in den Krallen der Teufel. Ich fahre mit, wohin Ihr zu fahren gedenkt, mäuschenstill, hahaha!«

Nun entkommt das Fahrzeug dem Eis und bringt uns ohne weitere Vorfälle zum Ziel. Es ist ein recht bescheidenes Winterlager, bestehend lediglich aus einer eher kleinen Jurte und einem schulterhohen, ovalen Steinwall, der Spuren emsiger Arbeit und geschickter Hände aufweist. In der Mitte des Walls wird ein Mensch sichtbar. Es ist ein Junge von etwa zehn Jahren. Seine Haltung lässt mich schmunzeln, drückt jedoch auch auf meine Tränendrüse. Denn ich werde jäh an das Wesen erinnert, das ich einmal gewesen.

Es ist ein kecker Bursche. Er steht vor einem dunklen Haufen aus glänzend frischem, körnigem Schafdung, in der Pose eines schwer schuftenden und nun sich, an den langen Griff einer Schaufel gestützt, ausruhenden Erwachsenen. Die Frau ruft ihn mit dem Namen Bürnee zu sich, also muss er sich von seiner zu langen Stütze lösen und kommt bereitwillig herbeigeflitzt. Die Frau verkürzt in gekonnten Griffen beide Steigbügelriemen und hebt ihn schwungvoll in den Sattel, woraufhin er auf unseren Spuren losreitet, die Peitsche mit dem kurzen Griff hoch schwingend und sichtbar bestrebt, sie knallen zu lassen, wie ein richtiger Mann.

Wir betreten die Jurte. Die Luft fühlt sich gemütlich warm an und riecht nach geschmolzenem Schnee. Ein Dungfeuer brennt im runden Herdofen, darauf sitzt ein gewaltiger gusseiserner Kessel. Eine ältere Frau ist dabei, dessen Inhalt mit einer ebenso gewaltig wirkenden Kupferkelle in einen Kübel zu schöpfen, der ebenso unverhältnismäßig groß zur Jurte, dem Ofen und der Frau wirkt. Auf unsere Grüße antwortet sie mit verhaltener Stimme, ohne aufzuschauen und sich von ihrer Beschäftigung ablenken zu lassen. Es muss die Mutter sein.

Während die Heimkehrende ihre dicken Wintersachen ablegt, befreien wir drei uns lediglich von unseren Kopfbedeckungen und lassen uns, wie alle, die eine fremde Jurte betreten, auf die ausgebreiteten Tierfelle nieder. Unsere Blicke huschen durch die Jurte.

Hier scheint alles merkwürdig gemischt zwischen alt und neu. Über den beiden Truhen, wohin in der Regel zwei verglaste Bilderrahmen mit einem Spiegel in der Mitte gehören, ist ein Wandregal gespannt, das mir sonst nirgends begegnet ist: ein klafterlanges, ellenbreites Brett, an beiden Enden gesperrt und nach oben offen. Es ist durch dünne Sprossen in drei Fächer geteilt. Das mittlere ist von Gegenständen für kultische Zwecke besetzt, während die beiden anderen mit Büchern und Kästchen gefüllt sind. Das Regalbrett ist unten mit beiden Enden auf je ein senkrecht gestelltes Brett gestützt und hängt oben mit zwei Schlaufen an der oberen Gabelung des Wandscherengitters. Ich finde diese Lösung einfach genial und lebensfreundlich. Das Licht meines Innerstraumes weitet sich noch ein wenig mehr vor einer so hellsichtigen Vorreiterin auf dem Pfad in Richtung Zukunft.

Die beiden Truhen müssen schon so manche Nagelproben und Hagelschläge abbekommen haben, auf ihren Wegen und Stegen durch Raum und Zeit, wo Hitze und Kälte, Leid und Freud, Leben und Tod ständig dicht verschlungen gelegen haben. An den Ecken sind sie abgestoßen und haben ihre einst fröhlichen Färbungen fast vollständig verloren.

Wir sitzen in veränderter Rangordnung. Dazu ist es so gekommen: Awirmid hat sich stumm, aber überdeutlich geweigert, als Ältester und darum Erster die Jurte zu betreten. Da er mich vor sich her in die Jurte schob, ist mir nichts anderes übrig geblieben, als auf dem Ältestenplatz zu sitzen, ganz oben und vorne. Ich verstehe das als eine stumme Vergeltung für meine spitzen Machtworte von vorhin. Ich komme mit der aufgezwungenen Rolle gut zurecht und beschließe, mich so frei zu benehmen wie ein heimgekehrter Sohn der Familie.

Also versuche ich zuallererst, ein Gespräch mit der Mutter zu knüpfen. Ich richte an sie belanglos klingende Fragen, die aber für mich wichtig sind. Ich frage sie nach ihrem Befinden, der Herde, der Aussicht der Wetterlage für die nächste Zeit. Ich frage sie auch nach ihrem Alter. Das darf man nach dem ungeschriebenen Gesetz nomadischer Benimmregeln. Man muss es sogar tun, wenn man mit einem älteren Menschen in ein

Herzensgespräch kommen möchte. Aber es gilt, den passenden Ausdruck zu wählen, in diesem Falle: nass ssüüdür. Eigentlich sind es zwei Worte, die voneinander weit weg zu liegen scheinen: das erste – Alter, das zweite – Schatten. Zum Ausfüllen eines Fragebogens reicht nass allein. Für ein vertrauliches Gespräch dagegen braucht es unbedingt beide. Denn von der ziemlich mutwillig erscheinenden Wortreihung geht Ehrfurcht aus. Unausgesprochen wird die Ausdauer, Weisheit und Lebensleistung des Befragten benannt, der nun auf der Turmhöhe eines Menschenalters steht, das einen weit und breit sichtbaren Schatten wirft. Ebenso unausgesprochen bleibt im Raum auch die andere Hälfte des Ganzen, das Wort ger'l, Licht, hängen. Was in der Nomadenwelt, wo das Alter als ein Segen gilt, jedes neue Lebensjahr als ein Gewinn dankbar angenommen wird, jeder leicht versteht.

Auf diese Weise stelle ich die Frage an die mir noch fremde Frau: »Bei welchem Alter seid Ihr gerade angelangt?«

Ihre Antwort lautet: »Die siebzig ist bereits überschritten.«

Ich bemerke, also gehöre sie zur Generation meiner Eltern, und präzisiere: »Vater ist im Jahr des Drachen geboren und Mutter in dem des Schafes.«

Sie sieht erstmals von ihrer Beschäftigung auf, richtet sich hoch, schaut mir direkt ins Gesicht und sagt mit erkennbarer Freude: »Dann ist dein Vater mein Gleichaltriger!« Somit ist zwischen uns beiden jene innere Brücke gespannt, die dringend notwendig wäre zwischen allen menschlichen Wesen.

Weitere Fragen folgen von selber. Nun gibt sie willig und immer ausführlicher Auskünfte. Manchmal fragt sie mich nach diesem und jenem, was mein Leben, meine Umgebung, meine Arbeit betrifft. Sie erzählt, nun ungefragt, was ich vorher von der Tochter erfahren habe. Da sagt sie: »Mein Alter ist vorvoriges

Jahr genau bei seinem Siebzigsten gestürzt.« Was heißen will, er sei verstorben. Dann erzählt sie von ihrer Tochter: Sie sei das einzige Mädchen unter lauter Jungen. Sei auch die einzig Hellhirnige unter lauter Fresssäcken. Da und auch sonst sei sie ihrem Vater nachgeraten: eigenwillig, direkt und ein Arbeitstier. Dennoch sei sie mit einem weichen Gemüt bestückt. So habe sie als Einzige unter all den Geschwistern beschlossen, sich um die mutterseelenallein gebliebene Mutter zu kümmern. Sie als Mutter komme sich oft schuldig vor ihrer Tochter vor, weil die ihren ordentlich bezahlten und auch hoch angesehenen Posten, aber auch ihren Mann, habe verlassen müssen. Daher bete sie oft zu allen Gestirnen da oben und zu allen guten Geistern hier unten, dass wenigstens der Mann zu seiner zwar außen rauen, innen jedoch weich beseelten, lebenstüchtigen Gefährtin und seinem so goldigen, ebenso tüchtigen Kind zurückkehren möge.

Von sich selbst erzählt sie, im Unterschied zu Mann und Tochter sei sie ein verschlossener, ein vorsichtiger Mensch.

Von wegen verschlossen und vorsichtig! Ach, diese nomadisch-mongolische Offenherzigkeit! Der Gedanke löst in mir mit einem Ruck eine ungeahnte, schmerzende Sehnsucht aus, nach all dem, was ich habe zurücklassen müssen: die Berge und Steppen des Altai, die Eltern, vor allem die Mutter, o Himmel! Wie immer erweckt diese scharf ins Fleisch meiner Seele schneidende, schmerzende, schöne, schwere Sehnsucht nach der Mutter vor meinen Augen ihre knubbelige, kleine Gestalt zum Leben, ihr gütiges, rundes Gesicht mit den so wachen Augen. Dann auch ihre großwarzigen Brüste, platt gewalkt und in die Länge gegangen vom Druck des harten Hirtenlebens und vom Sog der daher und dahin strömenden Zeit.

Ich bin ein Brustkind, was davon gekommen sein könnte, dass ich mit drei oder vier Jahren unerwartet mit der Notpflicht betraut wurde, die prallvollen Brüste der Mutter zu leeren. Sie hatte gerade ihr neuntes Kind zum Leben herübergetragen. Nur, aus der Frucht wurde nichts. Das Reitpferd der Mutter setzte der guten Hoffnung ein jähes, böses Ende. Ausgerechnet unser sonst so gütiges Pferd, dem ich zwei Jahrzehnte später mit der Kurzgeschichte *Das Ende des Bruders Rappe* ein Denkmal setzen werde. Es machte eine heftige Kopfbewegung, sicherlich ohne böse Absicht, und der pralle Bauch der Hochschwangeren wurde gegen den steinharten Sattelknauf aus dem Wurzelholz einer Rotbirke gerissen. Es kam zu einer Fehlgeburt, ein voll ausgewachsener Junge, aber leblos.

Bezüglich dieses Unglücks schwelt in mir ein schweres Schuldgefühl, eigentlich mein bewusstes Leben lang. Denn die Mutter hat mich am Morgen des Umzugs von der Sommerheimat, auf den Höhenwiesen im Süden, zurück in das niedriger gelegene Tal des milchweißen Flusses Ak-Hem im Norden zu sich auf den Sattel heben wollen. Doch ich habe gequengelt und wollte nicht mit ihr, sondern mit dem Vater reiten. Dies, weil ihre Aufgabe während des ganzen Umzuges, wie immer, lediglich darin bestand, die Kette von den sechs schwer beladenen Kamelen, verbunden durch einen Nasenstrick, zu führen, während Vater sich um die Yakherde kümmerte, die in Sichtweite zur Karawane blieb. Wegen der schwer beladenen Kamele musste sie auf ihrem Pferd den ganzen Weg im einschläfernden Schrittgang bleiben, während der Herdentreiber über jede Bewegungsfreiheit verfügte. Er durfte mal zurückbleiben, mal die Führung übernehmen. Wenn fremde Yaks, meistens Bullen, auf den Tross zugerannt kamen, galt es, sie wegzujagen. Also wurde da auch in schnelleren Gängen geritten, was mich, den vorne sitzenden Mitreiter, in hellstes Entzücken brachte.

An dem Tag erreichten wir unser Ziel nicht. Am Abend musste Vater die leise vor sich hin wimmernde, zitternde Mutter aus dem Sattel heben. Dann beeilten wir uns, die Kamele von der Last zu befreien und aus drei Scherengitterwänden und einem Dutzend Dachstreben eine Not-Jurte aufzubauen. Später bekam ich Mutters weinerliche Stimme zu hören: »Ich habe doch den Jungen zu mir nehmen wollen als Polster wegen des spitzen Sattelbugs! Aber das verhätschelte Ding hat wieder einmal gequengelt …«

Sooft sich in meinem Herzen das Echo dieser Stimme meldet, komme ich mir wie der Mörder meines kleinen Bruders vor. Dann versuche ich zu denken, dass jenes Kindswesen, das ich damals war, unmöglich schuld daran sein kann. Wäre hier überhaupt ein Platz für Schuld, dann käme das harte nomadische Leben infrage. Aber mein Bewusstsein will und kann jenes Heiligtum, das mein Zuhause, Paradies und Schule gewesen, in nichts beschuldigen.

Der Erzählung dieser bejahrten Nomadenmutter zuhörend, schicke ich einen verstohlenen Seitenblick in Richtung der Tochter. Sie sitzt gebeugt auf dem Bettrand und starrt auf einen dicken Schreibblock. Die Haltung ihres bezopften, schwer wirkenden Kopfes scheint auszudrücken, dass sie dem Wortschwall ihrer Mutter keine weitere Bedeutung beimisst. An die hin und wieder entfesselte Mitteilungslust der alten Mutter hat sie sich wohl gewöhnt, die doch so selten dazu kommt, überhaupt Gehör bei einem Außenstehenden zu finden.

Indes sprudelt die Erzählung weiter und betrifft jetzt den Ort, wo wir uns alle befinden, das Winterlager: Dieser Flecken Erde sei ihrem seligen Mann gleich auf den ersten Blick ins Auge, ins Herz gesprungen. Dabei dürfte der klangvolle Name auch das Seinige getan haben – jedenfalls habe seine Stimme so feierlich geklungen, als er ihn ihr verriet: Burhantiin höndii, das Becken der Götter! Auch sei er Feuer und Flamme gewesen, während er seinen zwar immer noch festen, dennoch unter die Last der Jahre geratenen Leib mit dem Herbeischleppen all der Mauersteine abmühen musste. Daher vergesse sie nie den Wall und den Menschen, der ihn errichtet hat, wenn sie morgens die ersten Tropfen des dampfheißen Milchtees und der noch euterwarmen Milch verspritze, in alle vier Richtungen und acht Winkel des Himmels, alle guten Geister des Alls in Gedanken herbeirufend. So benetze sie Morgen für Morgen die segensreichen Steine, an welchen der Geruch des Schweißes und der Wille des Mannes immer noch hafte, der ihr ein halbes Jahrhundert lang Gebieter und Stütze gewesen, mit dem zusammen sie eine ganze Kinderschar auf die Welt hat setzen dürfen und eine Hälfte davon in der Erde hat vergraben müssen.

Während sie das alles erzählt, bleibt sie immer beschäftigt, schöpft gemächlich das Schmelzwasser ab, nimmt den riesigen Kessel vom Herdofen und verstaut ihn ins Küchenregal. Den frei gewordenen Platz auf dem zahme Flammen und kaum sichtbaren, doch deutlich riechbaren Rauch speienden Herd bestückt sie wieder mit einem kleinen Kessel, füllt ihn halb mit Wasser, gibt Salzkristalle und Teeblätter bei. Bis das Wasser zu kochen und dampfen beginnt, gibt es noch genug zu tun: die Tür des Ofens öffnen und nachlegen, eine wohl selbst gemachte flache Holzschüssel vom Regal nehmen und mit dem hängenden Zipfel eines Sacks, der hinter einer Dachstrebe klemmt, abwischen. Dann zum Schrank humpeln, sich davor ächzend niederhocken, die mit einem Strick gebundene Tür öffnen und aus dem untersten der drei Fächer einen ellenlangen, handspannbreiten fettgetränkten

Lederbeutel hervorziehen, daraus mit bedächtigen, aber festen Griffen Aaruul nehmen und damit die Schüssel füllen. Dann aus dem Fach darüber aus einer schwarzen Holzschale Gerstenmehl nehmen.

So sehr erinnert sie mich an meine Mutter. Ich denke: Wie dumm und ungerecht, dass manche Städter die Nomaden für rückständiger und dümmer halten als sich selbst! Hier sieht man doch, welch eherne Ordnung in ihrer Welt herrscht!

Nun ist es erst einmal so weit, und wir trinken den Tee, in welchem so viel menschliche Arbeit steckt und auf welchen ein jeder, mit der eigenen Ungeduld ringend und dabei Speichel schluckend, hat warten müssen. Der so ersehnte Tee ist aber ohne Milch. Wo hätte man unter dem eisigen Griff des Winters die Milch auch hernehmen sollen? Doch er schmeckt hervorragend, weil die anderen beiden Kostbarkeiten, die einem richtigen Tee nimmer fehlen dürfen, beigefügt werden können: Butter und Gerstenmehl.

Und, denke ich, Erinnerungen zugewandt: Er ist, während er köchelte, ausgiebig umgerührt und geschöpft worden!

Ja, meine Großmutter, jene Alte mit dem geschorenen Haar, pflegte zu sagen: »Ein weder umgerührter noch geschöpfter Tee ist kein Tee, sondern Sud. Ist ein milchloser Tee dreimal umgerührt und dreiunddreißig Mal geschöpft worden, gleicht er dem mit Milch. Ist er gar dreiunddreißig Mal umgerührt und neunundneunzig Mal geschöpft worden, dann kann er jenes reinste Lebensgetränk, die Hammelbrühe, ersetzen!«

Warum gerade diese beiden Zahlen?, könnte einer fragen. Weil sie, rein vom Sehen her, jeweils aus der Verdoppelung der guten Zahlen 3 und 9 entstehen. Und weil sie, von der aus ihnen hervorgehenden Wirkung her, die nächstliegende Vervielfachung – zehn-und-ein-mal –, Gerüste für zweierlei Mantras geben. Denn ein jedes Mantra ist im Grunde die möglichst vielmalige Wiederholung einer sinnvollen und wohlklingenden Aussage. Zudem sind sie einfach zu merken und muten auch noch spielerisch an. Hat Tschechow gesagt, die Schönheit rette die Welt, würde ich dem die Heiterkeit hinzufügen. O ja, der himmelgläubige Nomade, dessen Leben allzu oft zum Kampf um das Überleben wird, sichtet auf Schritt und Tritt nach jeder Helligkeit am Körper des Alls, um dieser möglichst viele helle Pünktchen für das eigene, arg befristete und hart bedrohte kleine Dasein abzuschälen. Er sucht die allzu fühlbare, dabei jedoch unsichtbare, namenlose Übermacht um sich herum zu kleinen Spielereien zu reizen. Dies vielleicht hat mich, den körperlich gewesenen, nun aber nur seelisch gebliebenen Nomaden, zur Behauptung gereizt, der Himmel gleiche einem dreijährigen Kind und liebe Spiele.

Meine beiden Reisegenossen wirken inzwischen aufgetaut, sie greifen zu. Wie könnten sie dem vereinten Duft des so wunderbar grob gemahlenen Gerstenmehls und der so tadellos sauber geschlagenen Butter auch widerstehen? Gleich nach der ersten Schale Tee gehen sie dazu über, Zamba zu rühren, auch hier wie um die Wette. Die Alte, die endlich dazu gekommen ist, auch sich selbst eine Schale Tee einzuschenken, fährt zusammen, legt ihre Schale ab und ruft schuldbewusst aus: »Ach, die vergreiste Alte hat ja den Zucker vergessen!« Woraufhin sie sich zum Schrank dreht, dessen Tür abermals umständlich öffnet und nach angestrengtem Bücken einen kleinen, recht neu wirkenden tiefblauen Stoffbeutel herausholt.

Die Tochter saß derweilen, wie geistig abwesend, über den Schreibblock gebückt, hat soeben nach einer Schale gegriffen, um sich Tee einzuschenken. Sie nimmt der Mutter mit flüchtigem Griff den Beutel ab, platziert ihn mit einer ebenso flüchtigen Handbewegung auf den niedrigen, fast vollständig gefüllten Tisch, vergisst dabei aber nicht, ihn so weit aufzuschlagen, dass der Inhalt sichtbar wird.

Awirmid, der mit Zamba recht erfahren zu sein scheint und es längst fertiggebracht hat, das Mehl in der fettschwimmenden Flüssigkeit zu einer festen hellbraunen Masse zusammenzurühren, muss davon schon gekostet haben. Denn er sagt: »Ich jedenfalls brauche keinen Zucker.« Mir scheint, das sind seine ersten Worte, seitdem wir in der Jurte sind. Ich nehme es erfreut zur Kenntnis und denke: Das schlechte Gewissen wird es gewesen sein, was deinen sonst so wachen Geist zu dieser langen Pause gezwungen hat, nicht wahr, lieber Freund? Und ich kann beim Himmel schwören, dass dieser Gedanke nicht einen Hauch Schadenfreude enthalten hat.

Auch ich bin bislang bei Aaruul, der, im Tee eingeweicht, wunderbar schmeckt, geblieben, greife nun aber zum Löffel und tue reichlich Butter in die halb leere Schale. Auch ich entscheide mich für einen nicht gesüßten Genuss des Gerstenmehls, das in städtischen Läden schwer zu bekommen ist in dem Zustand wie hier, direkt aus der Menschenhand. Dort gibt es zwar hin und wieder auch Gerstenmehl, aber meistens maschinell und viel zu fein gemahlen, sodass der ganze Duft weg ist. Nun nehmen meine Nase und mein Gaumen diesen ganz eigenen Geschmack wahr, und ich bin froh darüber, dass ich mich zu diesem etwas feineren und umständlicheren Schritt zur Verwöhnung meiner Sinne habe hinreißen lassen. Doch da nehmen meine Augen etwas anderes wahr: die ziemlich leer gewordene Schale. In mir regt sich die Scham, denn die fremdländische Sitte hat mich gelehrt, alles Angebotene nicht ohne Weiteres zu leeren, zu schnell und zu gierig zu schlingen. Diese Empfindung weckt eine weitere: Für die Leute, die in dieser Einöde, im Fange des Eisschnees stecken, ist das Essen bestimmt viel wichtiger als für uns, die wir aus Stadt und Siedlung mit Läden und Gaststätten kommen.

Fast zeitgleich mit diesem zivilisierten Gedanken in meiner Hirnschale wendet sich die Mutter in sichtbarer Eile dem Schrank zu, dessen Tür sie vorhin offen gelassen, und holt mühselig einen Stoffbeutel heraus. Sie rutscht näher an den Tisch, nimmt die Schale mit dem Restgerstenmehl herunter und füllt sie mit der Sorgfalt alter Menschen nach. Dann stellt sie die volle Schale wieder auf den Tisch.

Diese selbstlose Gastfreundlichkeit!, denke ich erschüttert vor Rührung, aber auch erfüllt mit Stolz.

Nachdem wir zwei Schalen Tee getrunken und dabei dies und das gegessen haben, wende ich mich an die Tochter, die nur eine Schale Tee getrunken hat und, schon wieder über ihren Schreibblock gebeugt, etwas schreibt, geübt, in leichten, flinken Zügen.

»Endlich solltest du mir deinen Namen verraten, liebe Freundin, nachdem ich in deinen Lebenskreis so tief habe eindringen dürfen«, sage ich in scherzhaftem Ton.

»Öödüs haben mich meine Eltern genannt«, sagt sie zögerlich und fügt dem einen Pulsschlag später hinzu: »Sollte der Name deine Ohren und die Augen der Leserschaft deiner Zeitung zu sehr belasten, darfst du mir auch einen anderen, wohlklingenderen geben, und ich werde ihn dankbar annehmen.« Doch einen weiteren Pulsschlag später ergänzt sie, nun tiefernst: »Aber dies nur unter der Bedingung, dass du auch darüber, was ich dir erzählen und zeigen will, zu berichten wagst!«

»Ich verspreche, ich werde es tun!«, sage ich schnell. »Dazu brauche ich nicht deinen Namen abzuändern. Er klingt in meinen Ohren sogar angenehm weich. Er verrät ach sofort, wo du herstammst: aus einer Nomadenjurte. Und auch, dass du bei der Geburt auffallend klein gewesen sein musst, ein Schnipselchen eben!«

In meiner eigenen Stimme höre ich eine Aufregung, höchst unangemessen in Gegenwart von Ohren, die bestimmt aufs Äußerste gespitzt lauschen. Die Aufregung kommt aus zwei Gründen zustande. Erstens erinnere ich mich, dass in jener Traum-Erzählung die Frau, von mir nach ihrem Namen gefragt, sagt: »Nenne mich einfach Die Hässliche!«

Zweitens fällt mir ein, dass mein eigener Name Dshurukuwaa, ins Mongolische übersetzt, Hödsün-maamuu, Fell-Baby, hieße, und Öödüs und Hödsün doch vom Lautlichen her manche Ähnlichkeiten aufweisen.

Ich versuche, nicht nur die Aufregung niederzuhalten, sondern auch den meinen Ohren wirklich sehr liegenden Namen wenigstens einmal auszusprechen: »Nun, Öödüs. Ich brauche auch die Namen deiner Eltern.«

»Vater – Dordshubat, Mutter – Bombugur.«

Ich muss schmunzeln. Denn der Letztere ist schon wieder so ein sprechender Name, wovon es bei den Nomaden mehr als genug gibt. Offenbar war die Mutter als Kind auffallend klein und von knubbeliger Gestalt.

»Wann willst du mir zeigen, wovon du sprachst?«

»Wenn ihr mit dem Teetrinken fertig und auch bereit seid, mit mir eine nicht ganz beschwerdefreie Fußwanderung zu machen.«

»Ich bin bereit.«

Ich drehe mich zu Awirmid, schaue ihn fragend an und sehe ihn verlegen werden.

Da höre ich die Frage der Mutter, gerichtet an ihre Tochter: »Die Leute werden doch hier übernachten?«

»Nein, keiner übernachtet hier!«, sagt die Tochter mit einer Stimme, die mir von ihr bisher unbekannt war.

»Ah, dann hole ich Fleisch von draußen herein«, antwortet die Mutter sofort und mit einer gewissen Ergebenheit in der Stimme.

Also will sie für uns noch ein Essen zubereiten, bemerke ich erschrocken, obwohl mir die nomadische Sitte, keinen Vorbeireisenden ohne ein warmes Essen über die Schwelle zu lassen, bekannt ist. Aber jetzt wird das Fleisch steinhart gefroren sein, und bis es aufgetaut und das Essen fertig ist, großer Himmel, wird es eine kleine Ewigkeit dauern. Die Sonne steht schon in der Neige, und wir müssen noch bei Tageslicht die holprige, schmale Piste hinter uns bringen und dann selbst auf der breiteren und ebenen Spur vorsichtig fahren!

Also will ich sie von ihrem Vorhaben abbringen. Ich rede sie mit Emee, Großmutter, an. Ganz zu Anfang unserer Bekanntschaft habe ich Egitsch ee, Tante oder Große Schwester, zu ihr gesagt. Da wusste ich noch nicht, wie alt sie war. Nun aber weiß ich, sie ist um ganze drei Jahre älter als meine Mutter, was mich verpflichtet, sie auf diese höher liegende Sprosse der Leiter zwischenmenschlicher Beziehungen zu erheben.

»Emee! Gerade haben wir ja einen echten Emee-Tee getrunken und dazu reichliche Mengen von Euren hervorragend zubereiteten Speisen gegessen. Sodass wir wirklich sehr gesättigt sind. Bitte, erspart Euch die Mühe und gönnt Euch dafür eine gute Weile Ruhe!«

Da sagt sie: »Das ist ja nur Tee gewesen, mein Kind, und dazu noch einer ohne Milch, o Himmel. Wo euch doch als Reisende in eiskalter Winterszeit euer gutes Gastrecht auf eine warme Speise zusteht, oder?«

Ich versuche, sie mit einem anderen Grund zu überzeugen –

dass wir noch bei Sonnenlicht von hier herauskommen und die glattere, breitere Piste erreichen müssen. Während ich mich auf Suche nach gewählten, höflichen Worten abquäle, fällt die Tochter in mein Gerede ein und richtet an mich mit erschreckend barschem Ton vernichtende Worte: »Was redest du denn vom Herauskommen? Seid ihr etwa in Gefangenschaft geraten? Kann der Bengel da auf dieser vom Schnee und Eis befreiten Piste mit einem Geländegänger, einem Armeefahrzeug, nicht fahren? Misch dich nicht in fremde Küchen ein! Wenn ihr euch fürchtet, das Essen könnte euch vergiften, braucht ihr es doch nur stehen zu lassen. Dann werden wir selber es zu vertilgen wissen!«

Mit der gleichen Strenge erteilt sie ihrer Mutter den Auftrag: »Ihr holt das Fleisch schon herein und steckt es ins kalte Wasser und fangt an, gleich zu feuern! Dann lässt sich bald eine aufgetaute Schicht herunterschneiden!«

Sie wendet sich erneut an mich und fährt in kaum gemildertem Ton fort: »Du wolltest doch sehen, was ich hier draußen treibe. Jetzt wäre die Gelegenheit. Doch ich muss dich vorweg warnen. Man muss eine Strecke gehen!«

Auf der Stelle erhebe ich mich und greife nach meiner Mütze und meinen Fäustlingen. Als ich fragend zu Awirmid schaue, scheint er mir verwirrt. Ich sehe, die Entscheidung fällt ihm schwer. Wofür ich randvolles Verständnis habe: Nach seiner vorgefassten Meinung von dieser Familie, insbesondere von der Frau, scheint sich jetzt das glatte Gegenteil von all dem Erwarteten zu zeigen. Einerseits ist es seine Pflicht, mich zu begleiten, andererseits ist da seine Angst vor den bösen Geistern. Also steckt er wohl in einer Zwickmühle.

Ich entschließe mich zu einem kleinen herben Scherz: »Da die Gefahr durchaus besteht, dass der Teufel von denjenigen, die an seine Existenz glauben, angezogen wird, wie jedes Metallkrümelchen vom Magnet, würde ich Euch, verehrter Darga, empfehlen, lieber hier, im Schutz dieser altehrwürdigen Jurte mit rauchendem Feuer und in Gegenwart von so manchen Heiligtümern des Lehrers Buddha zu bleiben!«

Ich sehe, dass der als kleines Auflockerungsmittel gedachte Scherz den guten Mann überaus hart getroffen hat. Sein länglich schmales Gesicht mit den kantigen Zügen erstarrt dermaßen, dass ich für einen Augenblick darüber eine zweite Haut, bar jeglichen Lebenszeichens, zu erblicken glaube. Das ernüchtert mich so prompt, dass auch meine, zum Lächeln verzogenen, Gesichtsmuskeln erstarren und mein mit guten Vorsätzen beladener Verstand sich schon den nächsten merken muss: nie wieder Scherze dieser Art!

Die Sache ist die: Die atheistische Erziehung mongolischer Menschen hört in dem Augenblick auf, in dem der Tod eintritt. Alle Rituale, verbunden mit der Bestattung des Körpers und der Begleitung der Seele, erfolgen nach buddhistischen Gepflogenheiten, auch dann, wenn der soeben Gegangene ein hoher Funktionär und dazu noch ein erklärter Atheist gewesen ist – das ist eine weitere aus der Unzahl mongolischer Kuriositäten.

Nach einer nicht allzu langen, aber unheimlich gespannten Schweigepause sagt er: »Ich komme mit!« Er sagt es mit Nachdruck, wie aus aufwallendem Trotz. Er sieht sich vor eine Prüfung gestellt: Wie wird er als Vorsteher der Gewerkschaft, deren Aufgabe es ist, die werktätigen Massen vor Übergriffen des diktatorischen Staats zu schützen, gegenüber dieser merkwürdigen Frau mit hoher Bildung und eigenem Willen verhalten? Er muss sich doch fähig zeigen, einem ungerechten Gerücht auf den Grund zu gehen und herauszubekommen, ob diese Frau wirklich mit bösen Geistern umringt sei?

Mein Gedankenwind streift nun ebenso die Frau zu meiner anderen Seite. Ja, dieses menschliche Wesen, mit dem ich mich irgendwie verbunden weiß, könnte deswegen in Spannung mit den Behörden geraten sein, weil sie ganz einfach mutig denkt und schöpferisch handelt. Denn Schöpferkraft und Führung kommen im seltensten der Fälle reibungslos miteinander aus. Ja, ein Ssumm ist schließlich ein Zwergstaat innerhalb des Großstaats, aufgebaut nach dem gleichen Muster, versehen mit derselben Macht und an dieselben Grenzen stoßend. Hier herrscht dieselbe Diktatur wie auch Tyrannei, die mir schon so erdrückend vertraut geworden sind.

Also verlassen wir zu dritt die Jurte und begeben uns auf den Weg, in die entgegengesetzte Richtung. Hier kommt mir der Schnee nicht so hoch vor wie entlang der Piste. Je weiter wir kommen, umso seichter wirkt er. Mit einem Mal werden sogar da und dort dunkle Flecken sichtbar, wie von einer schmetterlingsleichten Hand flüchtig hier gestrichen und gestreift, dort gesprenkelt und getüpfelt, sodass die Landschaft wirkt wie das ausgebreitete Fell eines scheckigen Urtieres. Was mir wie ein himmlisches Geschenk vorkommt und mich trotz der an Stirn und Nase betäubenden und an Backen und Kinn zwickenden Kälte leicht und fröhlich stimmt.

Wir kommen an einer steilen, eisbedeckten Säule aus massiven Steinbrocken vorbei. Öödüs wälzt einen lammgroßen, dunklen Felsbrocken an die Säule heran, tritt selber darauf, streckt sich nach oben und schaut lange mit angehaltenem Atem auf etwas.

Dann steigt sie herunter und sagt, wir könnten es mit eigenen Augen sehen. Awirmid schaut auf mich, was ich so verstehe, ich soll als Erster schauen. Ich steige auf den Felsbrocken, strecke mich, ihrem Beispiel folgend, in die Höhe und sehe eine

Gruppe von eins, zwei, drei, vier, fünf Gegenständen – alle befestigt auf einer satteldeckengroßen Fläche aus zusammengenagelten Brettern. Einen von ihnen erkenne ich als Thermometer und sehe darauf: Die Quecksilbersäule steht unten, neben der Zahl 43. Dann ist da noch ein größeres, rundes Gerät aus Glas und verchromtem Metall, worauf geschrieben steht: Barometer. Dann ein mittelfingerlanges Knäuel aus Blech, sichtlich selbst gebastelt. Unmittelbar davor eine kreisrunde, messerrückendünne und teeschalengroße Drehscheibe und daneben im verglasten Rahmen eine viereckige dunkle Platte, von der Größe eines Schulheftes. Ich kann mich nicht entsinnen, ob ich solches schon mal gesehen habe. Da merke ich, dass die Gläser wie auch der Blechknäuel von meinem Atem beschlagen werden. Mit einem leichten Schuldgefühl räume ich den Platz.

Awirmid tritt an die Säule heran. Lang, wie er ist, kann er vom Boden aus alles sehen. Er betrachtet das alles lange und aufmerksam.

»Nun haben wir die Gegenstände dort oben gesehen«, sage ich zu Öödüs. »Aber ich habe nur verstanden, dass es im Augenblick 43° Grad kalt ist.«

»Hast du die Angaben des Barometers auch noch gelesen?«, fragt sie mich mit einer Stimme, die überraschend weich klingt, wie verwandelt.

Ich antworte, gehorsam wie ein schwacher, aber ehrlicher Schüler: »Ohne die Beschriftung hätte ich nicht einmal gewusst, wie das Ding heißt. Auf alles andere habe ich nicht geachtet, da ich ja nicht weiß, wozu es gut sein soll.«

In diesem Augenblick merke ich auf ihrem Gesicht unverkennbare Spuren einer unterdrückten Enttäuschung. Was sich schnell auf mich überträgt, mehr noch, einem Pfeil gleich durch mich hindurchdringt, wohl bis ins Mark. Ja, ich bin von mir, meiner so lückenhaften Bildung zutiefst enttäuscht. Von wegen Absolvent einer ausländischen Universität! Von wegen Lehrer von vier Hochschulen! Von wegen all die Ansprüche, die ich mit mir herumtrage wie eine unheilbare Krankheit! Bin wie ein blinder Welpe bei Dingen wie Kybernetik und Elektronik.

Ich bitte sie, uns als Physikerin bei der Lösung des Rätsels beizustehen, vor welches sie uns ahnungslose Laien hingestellt hat.

Da glaube ich auf ihrem Gesicht eine feine Verwandlung zu erhaschen, die es fast zärtlich ausschauen lässt. Sie liefert mit angenehm weicher Stimme eine ausführliche Erklärung. Wovon ich so viel verstehe: Der Wind, der über die zentralasiatische Höhen- und Wüstensteppe geht, ist für die hiesigen Lebewesen, vor allem für die Pflanzenwelt, sommers ein Fluch, weil er die meisten Wolken wegfegt, ehe sie es schaffen, zu Niederschlägen zu gelangen. Aus dem gleichen Grund aber ist er im Winter vor allem für die Tierwelt ein Segen, denn es kommt nicht allzu oft zum Schneefall. Und wenn es doch geschieht, dann fegt der Wind die meisten Weideflächen frei und treibt die weggewirbelte Masse in die nächsten Mulden, Furchen und Becken hinein und stampft sie zu verharschten und vereisten Wechten fest – als Vorräte für das staubtrockene Frühjahr. Aber hin und wieder kommt es vor, dass nach einem Schneefall der Wind wegbleibt und stattdessen die Sonne über der Steppe brennt, bis der frische Schnee von oben anfängt zu schmelzen. Wenn dann die Kraft der Sonne nachlässt, oder spätestens in der Nacht, gefriert die geschmolzene Oberschicht wieder und bildet einen Eispanzer. Da ist es für jeden hilfreichen Wind zu spät, schlimmer noch, er festigt die Panzerschicht nur weiter. In so einem Fall folgt meistens das Dsudd.

Dieser Vorgang im Kreislauf der Natur ist dem nomadischen Volk bekannt. Nur ist bislang keiner auf die Idee gekommen, dem entgegenzuwirken. Außer diese weit und breit verrufene und verleumdete, der Teufeleien bezichtigte Frau, meine Heldin!

Sie wollte den Himmel zum Wind reizen. Kann man das? Sicher, dass der kleine, sterbliche Mensch dazu in der Lage ist, das weiß jedes Nomadenkind. Jeder Sprössling weiß sich zu helfen, wenn es ihm in Sommerzeiten zu schwül wird: Er braucht nur zu pfeifen! Er weiß sogar dies: Benötigt er nur eine kleine Brise, dann pfeift er leise und zwischendurch; will er aber einen richtigen Sturmwind haben, dann pfeift er kräftig und dauerhaft.

In unserem Falle ist ein Wind gefragt, der die noch flaumweiche Schneedecke der Steppe abschälen und aufwirbeln kann. Da hat die Physikerin Öödüs die Wissenschaft zurate gezogen und eine Dauerpfeife erfunden, deren Blaswindspenderin eine Drehwalze ist, angeschlossen an eine Fotovoltaikplatte.

Diese Idee scheint mir so einfach wie genial. Nur, warum schweigt jetzt die Pfeife?

Sogleich bekomme ich die Antwort: Nun sei jeder Wind nicht nur zu spät, sondern auch schädlich, da er den Eispanzer noch weiter festige. Daher habe sie die Anlage stillgelegt.

»Ich verstehe. Aber dürfen wir einen Augenblick lang die Spule in Bewegung sehen und die Stimme der Pfeife hören?«

»Das müsste gehen.« Ihre Stimme klingt sicher. Sie steigt erneut auf den Felsbrocken. Eine ganze Weile hantiert sie mit nackten Händen da oben. Doch es rührt sich nichts.

Jetzt hält sie ihre Hände in die Ärmel gesteckt und wartet, wohl den Geräteteilen Zeit lassend, sich warm zu laufen. Doch es bleibt alles, wie es gewesen – in eisiger Erstarrung. Auf ihrem Gesicht merke ich eine wachsende Unsicherheit. Auch mir wird es mulmig.

Da sagt Awirmid: »Ich glaube, wir müssen den Geräten aus

der Erstarrung helfen. Denn die Dauerkälte könnte selbst den leblosen Gegenständen gegenüber die Grenzen der Zumutbarkeit überschritten haben.«

Wahrlich der Philosoph!, denke ich anerkennend. Und ausgerechnet aus dem Mund dessen, der die arme Frau vorher geradezu verteufelt hat!

Ich trete Öödüs näher und hauche: »Das denke ich auch! Obwohl ich von der Sache wenig verstehe, habe ich öfters gehört, dass so manch feines Gerät aus dem Ausland unter unserer Kälte versagt. Gib mir eines von den beiden, und ich helfe dir, es ein wenig aufzuwärmen!«

Sie zieht ihre sichtbar blau gefrorenen Hände wieder aus den Ärmeln und streckt sie nach den Gegenständen. Ich bekomme die Platte herübergereicht und stecke sie mir in den Brustlatz. Durch die Lammfellweste, die ich über dem Unterhemd und dann auch noch dem Oberhemd trage, bekomme ich eine Kälte zu spüren, die durch die Hautporen stichelt und mir die ganze Brustbeingegend zu betäuben droht. Doch ertrage ich diese kleine Tortur gern und bin sogar froh darüber, dass ich auf diese Weise der guten Frau eine Hälfte der Last abgenommen habe.

Sie selbst schiebt die kreisrunde Scheibe, angebracht an einer Stange inmitten eines massiven Stückes aus Gusseisen, in den Brustlatz ihres dicken Deels aus lang behaartem Schaffell.

Sie wird darunter nichts weiter als ein bloßes Hemd tragen, denke ich. Und das dicke Gusseisen wird noch viel mehr Kälte als mein dünnes Plättchen aus Glas und Blech ausstrahlen! Doch weiß ich dabei auch dieses: Sie als eine durchs Landleben Gesiebte wird es ohne Weiteres aushalten.

Nun fängt sie ungefragt zu erzählen an, da wir nur warten können, bis die Gegenstände von ihrer Erstarrung hoffentlich ein wenig auftauen.

Wir erfahren, dass sie die fünf Jahre ihres Studiums an der Universität eine ziemlich mittelmäßige Studentin war. Dennoch habe sie sich regelmäßig an Forschungswettbewerben unter der Studentenschaft beteiligt und es dabei sogar zu Diplomen und Geldpreisen gebracht. Wahrscheinlich sei sie darum nach dem Studium gleich vom Forschungsinstitut der Akademie der Wissenschaften aufgenommen worden. Aber die Arbeit habe ihrer Erwartung überhaupt nicht entsprochen: wenig Forschung, aber viel zu viel Papierkram und politisches Gerede. Wenn es so jahrelang weitergegangen wäre, hätte sie vermutlich alles, was sie vorher gelernt, wieder vergessen. Da sei die schlimme Nachricht von zu Hause gekommen. Zuerst habe sie ihren Chef um die Genehmigung gebeten, als Fernmitarbeiterin des Instituts, von ihrem ländlichen Wohnort aus, einen Forschungsauftrag ausführen zu dürfen. »Ich hatte verschiedene Ideen im Kopf!«, sagt sie dazu, sichtlich bewegt, wie in Erinnerungen an jene Zeit versunken.

Doch die Antwort war: Nein, das gäbe es nicht. Dann habe sie um einen unbezahlten Jahresurlaub gebeten. Worauf wieder ein Nein kam, begleitet von giftigen Worten: Sie könne ja einen Antrag um ihre Entlassung stellen, sollte ihr die Arbeit inmitten des Kollektivs vom Institut so wenig bedeuten. Was sie dann tatsächlich gemacht habe. Sie habe einsehen müssen, dass ein jeder, der schöpferisch sein wolle, eine Art Robinson Crusoe sei, hinausgespült auf eine Insel, mutterseelenallein, und dieses Individuum müsse ganz einfach alles selbst erledigen, um nicht der Lächerlichkeit preisgegeben zu werden mit den eigenen unbescheidenen Ansprüchen, noch zu verhungern in dieser Welt, in der nichts umsonst zu haben sei.

Ihre leisen, aber heftigen Bekenntnisse gipfeln in den Worten: »Anstatt zu betteln, wie die meisten Menschen ringsum es zu tun pflegen, wollte ich lieber dieses und jenes, was sich bei manch einem aufgeblasenen Verwalter ganz einfach aufgehäuft hat, mitnehmen, ja, stehlen! Mit diesen Gedanken habe ich, als ich meinen Arbeitsplatz räumen und der Akademie der Wissenschaften den Rücken kehren musste, einige Kleinigkeiten, darunter eine Fotovoltaikplatte, mitgehen lassen. Das hat vielleicht nach einem Diebstahl ausgeschaut, wars aber nicht, denn ich werde eines Tages die Platte dorthin zurückbringen, wo sie einst lag, begleitet von meiner Entdeckung, deren Richtigkeit dann mittlerweile vom Leben ausreichend bewiesen sein wird!«

Auch den Zweifel gesteht sie ein, der sie hin und wieder befalle, warum sie dermaßen ihren Gedanken nachrenne und nicht nur sich selbst quäle, sondern dabei auch andere ärgere. »Ja, weshalb denn? Zum Wohle des Mutterlandes, oder aus Ehrfurcht vor der Wissenschaft, wie die ganz Großen? Oder vielleicht auch aus Eitelkeit und Geltungsbedürfnis? Vielleicht von allem etwas. Aber der Hauptgrund könnte die Neugier sein. Und ein wichtiger Nebengrund: der verletzte Ehrgeiz – der Wunsch, allen, die mir nicht glauben wollten, eines Tages zu beweisen: Hier, das ist es, was ich damals meinte! Ich habe diese Entdeckung gemacht, als Hirtin, ohne dabei einen Groschen vom Staat zu verschwenden – und ihr, die ihr in all diesen Jahren Monat für Monat vom Vater Staat dick bezahlt worden seid, was habt ihr gemacht?«

Diese letzten Worte haucht sie geheimnisvoll leise. Dann folgt eine Pause. Ich finde keine Worte. Auch Awirmid schweigt.

Unglaublich, wie kräftig die Sonne noch strahlt. Es ist, als wenn die Strahlen einen Regen aus lauter Pfeilen bildeten, die von der Himmelshöhe schräg und heftig herüberfliegen und mit ihren feinen Spitzen in alle Poren der Gesichtshaut hineindringen. Dabei die Öffnung einer jeden Pore trotz der Kälte, die da lastet, um ein Winziges zu versengen vermag. Diese grimmige Kälte und doch durch diese hindurch die versengend heißen Spitzen der Strahlen – wie merkwürdig!

Nun klingt ihre Stimme ruhig: »Die Schäbigsten halten es am längsten aus, heißt es doch im Volk, nicht wahr? Ich werde es aushalten, bis zu dem Tag, da ich meiner Mitwelt zeige, dass ich keine Spinnerin bin. Ja, ich werde durchhalten!« Daraufhin entfährt ihrer Kehle ein merkwürdig gluckerndes Lachen.

Dann sagt sie, wieder völlig sachlich: »Die Dinger dürften jetzt genug aufgewärmt sein.«

Ich hole die Platte aus meinem Brustlatz und spüre dabei, dass der Gegenstand, der vorhin mich mit seiner Kälte gebrannt hat, sich jetzt fast lauwarm anfasst.

Öödüs klettert erneut hinauf und hantiert. Nach gezählten, langen und schweren Pulsschlägen fängt die Spule mit einem Mal an zu rotieren. Ein Hurraruf entfährt meiner Kehle, und sogleich fangen auch meine Hände zu klatschen an. In diesem Augenblick sehe ich auch Awirmid klatschen. Freilich hört sich unser dumpfes Geschrei durch den dicken Wollschal und vor allem das Klatschen mit Händen in Fäustlingen aus dickem Schaffell reichlich befremdlich an. Doch was macht das schon! Wichtiger ist die Freude, die sich unserer bemächtigt und der wir Ausdruck verleihen.

Doch sosehr die Spule surrt und gurrt und wir mit gespitzten Ohren lauschen, kein Pfiff kommt zustande. Das macht uns abermals stutzig. Da tritt Awirmid an die Säule heran, streckt seine langen Arme über die Anlage hinüber bis zu dem mühsam zusammengeknoteten Blechstück, aus dem pfeifendes Geräusch herauskommen soll. Zuerst legt er die Hände in Fäustlingen darauf, wartet eine beträchtliche Weile. Dann scheint ihm die Geduld auszugehen. Denn mit einem Ruck zieht er die Fäustlinge aus und legt die nackten Hände auf das Blech, das schon durch seine raureifblinde Farbe gefrierend kalte Flammen auszusenden scheint. Ich ziehe mich schaudernd zusammen, während ich mir vorstelle, wie schnell und arg die Kälteflammen durch seine Haut, das Fleisch und die Knochen der Hände schießen und alles, was sie dabei treffen, lähmen und betäuben werden! Doch die Hände, nackt und bloß, wie sie sind, mit den langen, knochigen Fingern, bleiben von einem peinlich langen Augenblick bis zum nächsten, übernächsten, eine ganze, schier unendlich lang währende Minute oder vielleicht noch länger wie festgeklebt. Schließlich lassen die von der Tortur entstellten, leichenblassen Hände von dem verfluchten Blech irgendwie doch ab, o Himmel! Und da geschieht auch das Wunder – es pfeift – großer Himmel!

Wir zwei jubeln und klatschen. Awirmid macht es richtig, mit freien Händen, er ist noch nicht dazu gekommen, sie in die Fäustlinge zu stecken. Und als meine ersten zwei, drei dumpfen Aufschläge den richtigen Beifall von nebenan zu verwässern scheinen, streife ich die Fäustlinge schleunigst ab und klatsche mit den nun befreiten Händen richtig: laut und lang.

Öödüs klatscht nicht mit, aber auf ihrem Gesicht zeigt sich zurückgehaltene Freude. Mit sicherer Stimme sagt sie: »Kommt mit, bitte, ich möchte euch noch etwas zeigen!«

Also folgen wir ihr. Nun müssen wir eine beträchtliche und dazu noch recht mühselige Strecke bewältigen.

Nach manchem Stolpern, Husten und Pusten kommen wir endlich am Ziel an. Es ist der Gipfel eines felsigen Hügels. Dies sei der höchste Punkt in der ganzen Gegend, erklärt Öödüs. Sie deutet auf den fast quadratischen Felsen vor uns. »Im Sommer bin ich darauf geklettert. Oben ist er völlig flach. Dort lässt sich eine kleine Wetterstation mit einem Windrad und einer ganzen Menge von Solarplatten anbringen. Eine solche Station ließe sich zu manchen Zielen einsetzen. Da würde die Anlage unten, die wir vorhin gesehen, mit einem Mal wie ein simples Kinderspiel aussehen.«

»Ja, so ist es mit jeglichem Ding im All, wohl auch in der Wissenschaft – alles hat irgendwann klein angefangen«, hören wir Awirmid philosophieren. Mir ist, als wenn daraufhin in den Augen von Öödüs ein Blitz zuckte. Oho, denke ich, ein weiteres Schrittchen, das diese zwei Menschenseelen im Nebel des Lebens einander näherbringt!

Stunden später, auf der Fahrt in die Stadt, werde ich noch einmal an diese Worte des Mannes denken, mit dem mich nunmehr eine erlebnisreiche Bekanntschaft verbindet, die, wer weiß, bei etwas Glück zu einer künftigen Freundschaft durchaus reichen dürfte. Wobei ich keinesfalls vergessen möchte, sie hätte bei etwas Pech, wie so oft, auch zu einer Feindschaft führen können. Denn es hat dazu wirklich beängstigend wenig gefehlt!

Da werde ich, doppelt gewiegt von der nächtlichen Finsternis draußen und dem gleichmäßigen Schaukeln drinnen auf dem ebenen Asphalt und so auch doppelt beschützt vor Ablenkungen jeglicher Art, zu dem Schluss gelangen, dass der Wert einer Unterhaltung nicht immer im Gewicht der gewechselten Worte liegt, sondern auch eine Frage des rechten Zeitpunktes ist. Ja, zum richtigen Augenblick ausgesprochen, kann ein simples Wort einen goldigen Ertrag zeitigen.

Tatsächlich kommt es nach dem philosophischen Satz von Awirmid zu einem Dreiergespräch, das einen jeden angeht und bei dem ein jeder auch mitredet. Es geht um die künftige Wissenschaft, die lebensnah und billig sein soll, weil sie so jedem nutze und sich auf unerschöpfliche Quellen stütze. Und diese

Zukunft erscheint mir recht nah. Der Gewerkschaftschef hat nun verstanden, dass Öödüs keine Spinnerin, sondern eine ernsthafte Forscherin ist. Er wird die Leitung überzeugen und umstimmen. Man wird ihr alle notwendige Unterstützung zukommen lassen, wodurch sie ihren Winderzeuger gut durchbringen wird. Denn das ist doch im Lebensinteresse der ganzen Gesellschaft!

Ach, ich denke wieder einmal überschwänglich! Aber ich glaube, dieses Hochgefühl mit Öödüs und Awirmid zu teilen …

Bei dem Gespräch, das einem jeden der Beteiligten eine ganze Herde von Glutkrümeln im Seelenherd entfacht hat, geht der ohnehin kurze Winternachmittag zur Neige. Die Sonne hat den Erdenrand erreicht. Die Kälte nimmt rasch zu. Wir sind auf dem Rückweg, dabei immer noch ins Gespräch vertieft.

Während Awirmid redet und Öödüs zuhört, kehren meine Gedanken von der so fantastischen Zukunft zurück und drehen sich um das, was unmittelbar bevorsteht: bis zur Jurte, ein Tee, das Essen … Dann muss ich das Gesehene, Gehörte, Gedachte wenigstens in Stichworten schnell aufschreiben … Es wird knapp, sehr knapp. Wenn wir einigermaßen fertig sind, ist es längst stockfinster. Also müssen wir doch hier übernachten …

Als ich dieses Ergebnis meiner Kopfrechnerei aus angelernter Höflichkeit unserer Gastgeberin mitteile, muss ich zu meinem Erstaunen erfahren, dass sie einer anderen Meinung ist. Sie sagt strikt, das käme nicht infrage. Verunsichert von so viel Ungastlichkeit, nenne ich zuerst das uralte, wacklige Vehikel. Abermals auf Widerstand gestoßen, bringe ich die Unerfahrenheit des Fahrers ins Spiel.

Sie zeigt sich von meiner Beweisführung unbeeindruckt und sagt: »Sollte euer Bengel etwa Schiss haben zu fahren, dann reite ich ihm voraus und bringe euch bis zu eurer von der Obrigkeit genehmigten glatten, breiten Straße!«

Ich bin unangenehm überrascht von so viel Hartherzigkeit auf mongolischem Boden. Ausgerechnet in dieser grimmigen Jahreszeit und zu nächtlicher Stunde, denke ich erschüttert, Reisenden gegenüber, die um Bleiberecht bitten!

Schließlich vermute ich hinter dieser Ungereimtheit etwas Heikles. Ich bitte meinen Reisegefährten, ein paar Schritte vorzugehen, und frage sie direkt nach dem Grund ihres so barschen Verhaltens.

»Gut, dass du mich fragst«, sagt sie erleichtert und fährt in unverkennbar gedrücktem Ton fort: »Du wirst, nehme ich an, recht bald den Volkstratsch über meine Person hören. Man dichtet mir alle möglichen Ungereimtheiten an. Überleg dir mal, was für tolle Geschichten die hiesigen Dreckmäuler erfinden, wenn es bekannt wird, dass bei mir, der Mannlosen, mit einem Mal drei Männer übernachtet haben? Du kannst Gift darauf nehmen, dass das schneller als gedacht bekannt wird!«

»Ein Übernachtender ist vielleicht verdächtig. Aber drei? Sie können ja bezeugen, dass da nichts gewesen ist!«

»Ach, Mann! Du kennst diese Ecke nicht. Denkst du, dass da alles nach der Logik geht? Nein, die Tratschmeister verdrehen alles nach ihrem Willen, das böse Gedankengespinst kennt keine Grenzen!«

Ich verstehe sie. »Also gut, ich verspreche dir, wir fahren.«

Wir kommen im Ail an und finden alles in Ordnung: Die Schafherde ist zurückgekommen, hat ihre nächtliche Bleibe schon bezogen im Wall, der sie wenigstens von den Seiten her vor den eisigen Luftströmungen schützt. Als wir die Jurte betreten, schlägt uns ein betörendes Gemisch von Düften entgegen – vom Rauch des verbrannten Dungs, dem Dampf des bereits gegarten und vorerst noch in der Brühe gelassenen Hammelfleisches und dem des gerade siedenden Tees mit Salz, Butter und Gerstenmehl. Die Behaglichkeit kommt auch von der lauschigen Wärme, die der Herd ausströmt, dem dämmerigzittrigen Schein der bereits angezündeten Butterleuchte und nicht zuletzt von dem eirunden und nestweichen Raum um all dieses herum, dem Inneren der Jurte aus wärmendem Filz und rauchgetränktem Holz.

Der siedend heiße Tee tut so gut! Nach den ersten zwei, drei Schlucken erst merke ich, wie sehr ich durchgefroren bin, denn ein leise zwickender Schmerz zieht mir durch den Mundraum hindurch, bis er langsam nachlässt – vielleicht ertrinkt er in der rasch geweckten und daraufhin wild steigenden Esslust. Denn der Fleischtrog mit dumpf glänzenden, helldunklen Brocken erscheint vor uns, noch ehe wir die erste Schale geleert haben.

Das Fleisch schmeckt auch ohne jegliche Zutat, ganz zu schweigen von Zwiebeln und Salzbrühe, die unerlässlich gewesen wären in unserer Ecke, wie auch bei mir zu Hause, wo eine Staatsköchin das Sagen hat. Die beiden Reisegenossen greifen auch zu. Was mich erfreut, schon aus einem ganz bestimmten Grund: Wo man seinen Hunger einmal gestillt, verliert man für tausend Tage das Recht, über die Jurte und deren Bewohner auch nur ein schlechtes Wort zu sagen. Hoffentlich hat keiner der beiden diese uralte Lebensregel der Nomadenwelt vergessen!

Je satter ich werde, umso mehr Ruhe fühle ich in mich einkehren. Bald spüre ich keinerlei Eile mehr im Bauch, ganz nach der Redewendung: Ist einmal die Nacht eingezogen, dann gibt es kein Spät mehr. Also beschließe ich, nach dem Essen mit Öödüs anhand des Gesehenen ein richtiges Interview mit möglichst vielen technischen Einzelheiten zu führen.

Gedacht, getan – oder lieber: versucht. Denn da merke ich bald, wie dürftig meine technischen Kenntnisse sind. Die Physikerin muss mir gar vieles geduldig erklären und scheint zwischendurch sogar ein anziehendes Lächeln zu unterdrücken, welches in mir Gefühl der Freude auslöst.

Awirmid kommt mir mehr als einmal zu Hilfe. Es bringt mich auf einen Gedanken, der mir zunächst wie ein einsamer, aber unübersehbarer Fußabdruck auf einem Lehmboden unter hohem Gras vorkommt. Später, ihn weiterverfolgend, werde ich weitere Abdrücke finden und zu einem Schluss gelangen, der recht ungünstig für mich ausfällt, mir wie eine Lektion erscheint, die mir bei meinem Weiterweg erhebliche Unannehmlichkeiten bereiten könnte: Ich, der ich mein Studium an einer Universität in einem europäischen Ausland für keinen Augenblick aus dem Sinn lassen kann und deswegen mich in Sachen Bildung jedem anderen meiner Landesleute überlegen fühle, bin in Wirklichkeit noch sehr unfertig. Was ich für Bildung halte, ist zum größten Teil lediglich Angelesenes, keine wirklich leuchtenden Lichter. Von der wahren Bildung lässt sich erst reden, wenn einer das Gehörte, Gelernte, Gelesene auch im Leben anzuwenden weiß. Diese Schwäche meiner Kenntnisse wird mich eines weiteren Tages zu dem herben Schluss führen, dass die Jahre im Ausland, wo ich vieles habe dazulernen dürfen, mir nicht nur Gewinn, sondern auch manchen Verlust beschert haben. Denn mir wurde dabei Fremdes gegeben und Eigenes genommen, sodass ich am einen Ende wachsen durfte und am anderen schrumpfen musste. Dem Land, in dem ich angefangen habe zu leben und in dem ich auch enden werde, wurde ich so entfremdet.

In dem als Interview gedachten Gespräch kehre ich noch einmal zu der Frage zurück: ob Tiere mit dunklen Fellfarben wirklich kältebeständiger seien als welche mit hellen.

»Das weiß jeder, der in das Abc der Physik eingeführt wurde«, sagt sie, sichtlich bemüht, mich nicht allzu hart zu treffen.

Da mischt sich in unser Gespräch erstmalig die Mutter ein: »Mein seliger Alter hatte unter den Kasachen einen guten Freund, der ihm das Geheimnis gelüftet hat, weswegen sie rote und schwarze Schafe zu züchten pflegten. Daraufhin holte mein Guter aus der Herde des Freundes ein Böckchen mit rotem Fell – schwarz getraute er sich damals noch nicht –, und sieh da, in den darauffolgenden Wintern merkten wir, der Nachwuchs mit roter Fellfarbe magerte nicht so heftig ab wie der mit weißer Fellfarbe. Später kamen schwarze Lämmer zu uns, die sich als noch kältebeständiger erwiesen. Und hier und heuer ...«, der guten Frau stockt der Atem. Sie verdreht ihre schmalen Äuglein, die unter den herabhängenden Lidern zu verschwinden scheinen, nach oben. Fast flüsternd spricht sie weiter: »Ja, wer weiß, was mit uns, unserer schmalen Herde geschehen wäre, wenn sie, wie die Hiesigen, aus lauter Weißen bestanden hätte? Nun stehen sie zwar arg abgemagert da, wie noch nie in den letzten Jahren, doch haben wir bisher – Dank sei dem großen Himmel! – kein Tier verloren.«

Schließlich wendet die Mutter ihren Kopf zur Tochter. Ihr Blick, der soeben wie erloschen wirkte, hat sich nun aufgetan und strahlt viel Wärme aus. »Doch will ich eines nicht vergessen. Was wären die Tierwesen bei diesem Unwetter ohne uns Hirten, ihre Beschützer? Dieser Gedanke ist mir immer wieder in den Kopf gekommen, sooft ich meiner armen Tochter bei ihrem so selbstlos harten Kampf um die Erhaltung der Herde zusah. Dabei ging durch meinen wirren, längst verbrauchten Kopf ein weiterer Gedanke: Also ist sie, unser einstiges, wahrhaft winzig geborenes Töchterchen, das Schnipselchen, jetzt meine, unser aller, muttergleiche Beschützerin und Ernährerin!«

Die Tochter senkt unter diesem Lob ihren Blick. Freut sie sich, oder schämt sie sich? Vielleicht ist beides im Spiel. Für mich, den forschenden Fremden, passt Öödüs einwandfrei in ihre Doppelrolle: Während sie als Mutter um die nomadische Tradition weiß, die Liebe zur eigenen Brut hinter einer rauen Schale zu halten, verträgt sie als Tochter den kleinen Ausbruch aus derselben Quelle geduldig. Und wieder rückt meine Heldin um einen weiteren Ruck tiefer in meinen Innenraum.

Außerdem habe ich von der Mutter nunmehr bestätigt bekommen, dass ihre Tochter nicht gelogen hat, als sie während unseres neckischen ersten Wortwechsels meine nicht gerade rücksichtsvolle Frage nach einem Tierverlust mit einer frechen Verneinung erwiderte.

Nun wollen wir uns endlich auf den Weg begeben. Da scheint der guten Alten etwas einzufallen. Sie macht eine hastige Bewegung, kommt aber nicht vom Fleck und sagt zur Tochter, sie solle schnell von draußen den Huruud-Sack hereinholen. Worauf diese ohne jegliche Widerrede die Jurte verlässt.

O Himmel!, denke ich betroffen, weil ich längst verstanden habe, was sie vorhat, dieses Mutterherzchen, wärmende, einende Mitte und leuchtende, wiegende Seele in einem jeden Obdach, wo das Herdfeuer des bedrohten Nomadentums immer noch glimmt!

Hastig suche ich den Geldbeutel im Brustlatz meines Deels. Finde ihn, entnehme ihm einen roten Zehner, gehe damit zur Großmutter und bringe ihn ihr wie ein Had'k beidhändig dar.

Sie schrickt zusammen. Ich sage: »Lasset Euch dafür einen Teeziegel kaufen, Großmutter. Bleibet gesund und bleibet noch viele Jahre lang Euren Kindern der Schutz bietende Gletscherberg vor möglichen Stürmen des Lebens!«

Sie schaut mich mit erschrockenen Augen wie ratlos an, dann nimmt sie mir den Schein mit zittrigen Händen ab und sagt schließlich mit ebenso zittriger Stimme: »Ja, das werde ich tun. Den Tee mir kaufen lassen. Ein ganzer Ziegel reicht bei uns für anderthalb Monate aus. Jedes Mal, wenn ich daran klopfe, werde ich an dich denken, mein Kind. An die Worte vor allem, die du soeben gesagt hast. Ja, ich werde mir Mühe geben, solange es geht, den Staub der Erde zu bewegen. Wegen meiner Kinder, vor allem aber wegen meiner einzigen Tochter …«

Hier bricht ihre Stimme, Tränen glitzern an ihrem Augenrand. Da geht die Jurtentür auf, und in eine weiße Dampfwolke gehüllt, tritt Öödüs herein. Sie legt recht bedächtig den nicht sehr großen Sack vor die Mutter hin. Mit verzerrtem Gesicht reibt sie ihre Hände aneinander, deren Fingerkuppen hellblau angelaufen sind.

Da bekomme ich von Großmutter ein Gegengeschenk. Es ist ein handspannenlanger, dreifingerdicker Brocken Quark, den ich an seiner sehr hellen Farbe als Spätherbst-Huruud erkenne. Sosehr ich mich über die gewichtige Gabe freue, muss ich in mir gegen mein schlechtes Gewissen kämpfen: Das wäre im bevorstehenden Frühjahr, das ganz gewiss sehr karg ausfallen wird, ein kleiner Schatz für sie mit ihren paar wackligen Zahnstummeln gewesen, denn solche Stücke zerfallen in milchig schmeckende Krümel, sobald sie in heißen Tee kommen. Nur weiß ich, dass die Spenderin dieser Gabe bitter beleidigt wäre, sollte ich mich weigern, den Brocken zu mir zu nehmen. Also füge ich mich stumm der uralten Gepflogenheit des Nomadentums, indem ich ihn beidhändig und tief gebückt entgegennehme und bedächtig, mit gesenktem Blick an die Stirne führe.

Auch Awirmid, der mit mancher Macht versehene Darga, bekommt einen Huruud. Zwar ein kleineres, aber immerhin ebenso milchhelles Spätherbststück. Allem Anschein nach hat er solches nicht erwartet. Auch der Fahrer wird nicht vergessen, der draußen das Fahrzeug vorbereitet. Öödüs nimmt das Stück zu sich und sagt der Mutter, sie würde es weitergeben. Sie würde uns ohnehin bis zur Hauptpiste geleiten.

Die Großmutter beriecht mich zum Abschied an beiden Schläfen. Da ist mir für einen Wimpernschlag, als wäre die, deren Händedruck ich an den Backen spüre und deren Atemzug mich am Ohr streift, meine eigene Mutter.

Nun verlassen wir die gastliche Nomadenjurte, mitten in der Nacht, in jenem kältesten Januar des Jahres 1977. Sosehr Öödüs uns zu Pferde bis zu der breiteren und glatteren Piste geleiten will, der Fahrer, wohl in seiner Ehre verletzt, setzt sich am Ende durch und lässt sie nicht dazu kommen, ihr trotzig stolzes Versprechen wahr zu machen. Mich freut es für sie und ihr armes Pferd, weil die nächtliche Kälte jetzt nicht nur kneift und betäubt, sondern zu stechen und zu beißen scheint. Andererseits hätte ich das Bild der Reiterin, die uns in der beschützten, rollenden Kiste voraneilt, durch Januarnacht und Eissturm mit ihrem unbeschützten, rotbraunen Gesicht, lebenslang im Herzen getragen!

Der Fahrer bringt uns ohne jeglichen Zwischenfall auf die ersehnte Piste. Überhaupt wirkt er wach. In mir erwacht ein Gedanke, der schnell Gestalt annimmt: Ich gedenke, wenn wir den Weggefährten zum Stab gebracht haben, die Heimreise anzutreten, noch in der Nacht!

Ich frage die beiden, was sie dazu meinen. Aus dem Fahrer kommt eine jungenhaft schnelle, begeisterte Antwort: »Ich bin bereit dazu!«

Der Weggenosse nimmt sich Zeit, mit seiner Meinung herauszurücken: »Der Himmel ist voller Sterne und sieht schön aus, solange wir, durch eine Wand aus Glas und Eisen beschützt, hier drinnen sitzen und das Fahrzeug fährt. Doch stellt euch mal vor, eine Kleinigkeit fällt aus und man muss danach schauen oder gar reparieren. Wie lange hält man es bei dieser Kälte draußen aus?«

Der Gedanken ist vernichtend richtig. Ja, ich habe mich darauf gefreut, noch in dieser Nacht zu Hause zu sein, die glühende Hitze der so wunderbar weichen Haut meiner lieben Hassaa an der eigenen zu spüren, auf meine schlafenden Kinderchen einen Blick zu werfen, ihre Scheitel zu beriechen, im aus ihren seidenweichen Haaren strömenden Duft meine väterliche Sehnsucht zu ersaufen und so eine kleine Ewigkeit lang in lohender Flamme des glücklichen Heimkehrers zu vergehen.

Ich lasse, einem geschlagenen Hund gleich, die Lage durch das Sieb des Verstandes rinnen. Und finde heraus: Bin trotz des jüngst gefassten Beschlusses vom Boden der Realität immer noch so weit entfernt.

Da spricht der Fahrer: »Ich werde von manchen Menschen für dümmer gehalten, als ich bin, weil ich noch jung bin. Und dieselben halten mein Fahrzeug auch für gebrechlicher, als es ist, weil es eben alt ist. Doch die Wahrheit ist, dass ich damit bisher nirgends liegen geblieben bin!«

Er klingt so gereizt, dass man jetzt lieber gut überlegen sollte, was darauf erwidern. Hinten, wo Awirmid sitzt, bleibt es still. Denn mit »manchen Menschen« ist natürlich er gemeint. Wohl auch Öödüs, die so bestimmt verkündet hat, uns vorauszureiten, um uns heil bis zur »Staatspiste« zu bringen. Da hat der Kerl, der bis dahin still und abgestumpft gewirkt hat, sich heftig gesträubt und schließlich auch durchgesetzt, ausgerechnet gegen die Frau, deren Starrsinn mittlerweile allen vertraut war.

Ich war nicht abgeneigt, mit ihm nach Hause zu fahren. So entgegne ich: »Alles stimmt. Du bist jung. Das Fahrzeug ist alt. In den drei Tagen zumindest, da wir zusammen waren, ist keine einzige nennenswerte Panne passiert. Das kommt, weil du bedächtig fährst, nicht wie manche Hitzköpfe, die nichts so gut können als Gas geben. Auch bist du gut ausgeschlafen, und gut gegessen hast du auch. Jetzt frage ich dich: Fühlst du dich wirklich in der Lage, wenn wir den Genossen Darga im Stab abgesetzt, das Auto getankt und vielleicht auch selber einen Tee getrunken haben, die Fahrt bis zur Stadt fortzusetzen?«

Fast schreit er es: »Ja, doch!«

Was mich so sehr erfreut, dass ich meine Augenränder heiß anlaufen spüre. Und meine Hassaa in weißem Nachtkleid, mit ihrem leicht zerzausten, langen, schwarzen Haar und die schlafenden Kinder mit ihren ausgestreckten Gliedern vor mir zu sehen glaube.

Darauf aber fühle ich ein schlechtes Gewissen gegenüber dem Reisegefährten, der hinten im Dunkeln sitzt und immer noch kein Sterbenswörtchen von sich hören lässt. Drei Männer sind eine gemeinsame Lebensstrecke gegangen, traurig wäre es, wenn sich am Ende einer ausgegrenzt fühlen müsste, denke ich und komme mir dabei wie ein Verräter vor.

In diesem Augenblick taucht im Rückspiegel ein Licht auf, kommt näher heran und zeigt an, wir sollten halten. Beide Fahrer grüßen sich. Sogleich beugt sich der Weggenosse von hinten über den Fahrersitz und ruft hinaus: »He, du Yakkopf!«

»Ach, du Giraffe?«, kommt die Antwort, und sogleich dröhnt auf beiden Seiten Gelächter. Nach einem kurzen Wortaustausch, bespickt immer wieder mit neckenden Bemerkungen, wie es unter der Landbevölkerung üblich ist, fragt Awirmid den uns Unbekannten, wie es bei ihm mit Sprit aussähe. Der Ersatzkanister sei noch voll, lautet die Antwort. Worauf Awirmid anweist: »Dein Kanister wird bestimmt nicht aus Gold sein. Gib ihn diesem Fahrer gegen seinen leeren, aber fabrikneuen. Der Inhalt geht dann auf meine Rechnung. Der junge Kerl hier hat vorhin gerade ein Eiltelegramm bekommen, dass seine blütenfrische Braut von einem Nebenbuhler geplagt wird – er muss noch diese Nacht nach Hause!«

Wieder dröhnendes Gelächter auf beiden Seiten. Unser Fahrer sieht sich gezwungen, den Spaß auf seine Kosten, doch zu seinem Nutzen, hinzunehmen. Leise lacht er mit. Darauf ist die Stimme des Fahrers draußen zu hören, wohl an den unseren gerichtet: »Na, dann gib mir deinen leeren, fabrikneuen Kanister her. Ich hole meinen alten, er ist randvoll!«

Ich frage Awirmid, wie es weitergehen soll.

»Ganz einfach«, sagt er mit einer Stimme, die in mir keinerlei Verdacht auf irgendetwas Böses aufkommen lässt. »Das ist der Fahrer vom Krankenauto. Er fährt zum Ssumm-Zentrum. Ich fahre mit ihm weiter. Und ihr biegt auf der ersten Autospur nach links ab, sie muss zum Asphalt führen. So werdet ihr hin und zurück mindestens zwanzig Kilometer Fahrt gespart haben.«

Ich denke: Zu Recht hat er uns vorhin gewarnt, in der Nacht zu fahren. Und jetzt rät er uns sogar, eine Wegkürzung zu nehmen. Warum denn?

Viele Jahre später, als der Sozialismus zu Grabe getragen wurde, wird mir eines Tages bewusst, dass ich auch diesen einen

Menschen, mit dem ich mich damals auf dem gleichen Ufer des Zeitflusses wähnte und mir meinen Weiterweg mit ihm zusammen vorstellte, den ich mir als Freund wünschte, ja, auch diesen Menschen mit dem Denkerhirn habe ich verloren. Da werde ich mir wieder und wieder vorwerfen, dass ich die wenigen Stunden bis zum nächsten Morgen nicht habe abwarten können. Dann hätte ich ihn womöglich nicht verlieren müssen!

Hassaas Schlaf muss sehr seicht gewesen sein. Denn nach wenigen Herzschlägen, nachdem ich recht sanft an die Tür geklopft habe, höre ich dahinter schlurfende Schritte und dann ihre Stimme, wer da sei. Ich bücke mich eilig und flüstere laut in den Schlüsselschlitz: »Ich bins, dein Alter!«

Oh, wie schnell da entriegelt wird und wie heftig die Tür aufgeht!

Vor lauter Freude vergesse ich, dass ich mit meiner eisig kalten Bekleidung ihr in ihrem hauchdünnen Nachtgewand eine Erkältung zufügen könnte, und umarme sie heftig.

Wie schön ist es doch, endlich wieder zu Hause zu sein! Unnennbar betörend, auf die schlafenden Kinderchen zu schauen, mit der Nase in ihrem weichen Haar zu wühlen, mit den Lippen über ihre zarte Haut zu fahren und ihr gleichmäßiges, friedliches Atmen zu vernehmen. Und die Nähe des heißen, weichen Körpers des geliebten Wesens mit allem, was einem gegeben, zu verspüren. Mir wird bewusst, es ist einer der Gipfelaugenblicke meines irdischen Daseins, weil mir alles Himmlische so nah erscheint. Ich fühle mich restlos glücklich.

Zwei Tage bleibe ich zu Hause, schreibe selig, wie in Trance. Bringe eine umfangreiche Reportage zu Ende und fange eine weitere an.

Mit der Ernte meiner ersten Dienstreise betrete ich am nächsten Tag das Revier der Redaktion, schwebend leicht vor Glück.

Die erste Kostprobe der Berichterstattung aus dem Schlachtfeld um das Überleben erscheint schon am nächsten Tag in der Zeitung. Es folgt die nächste Reportage. Nach den beiden eine dritte in der übernächsten Ausgabe. Jeder der Beiträge wird von den Kollegen stürmisch wohlwollend aufgenommen. Lobesworte fallen. Das gewichtigste kommt aus dem Mund des Chefredakteurs: »Endlich haben wir den Richtigen gefunden.«

Leserbriefe kommen. Anrufe von höheren Stellen. Auf einer Gildenberatung außer Haus soll mein Name lobend genannt worden sein. Was mich betrifft, bin ich erst einmal beruhigt. Bleibe stumm vor Dankbarkeit, gegenüber der Redaktion, gegenüber allen und einem jeden, gegenüber der Fügung, die mir diesen Weg vorbestimmt haben muss. Ich fühle mich aufgerichtet. Lebe mit hellen Gedanken und festen Schritten.

So schreibe, schreibe und schreibe ich. Und lese, lese, lese dabei auch.

Zum Jahresende wird mir der Hauptpreis der Redaktion verliehen. Nun, 1978, gelte ich schon nicht mehr als Neuling, bin ein Journalist mit Namen und dem ersten Batzen Erfahrung.

1979 wird für mich zu einem Gipfeljahr. Ich werde ganze drei Male mit Auslandsreisen belohnt. Ja, jede Reise ins Ausland gilt als eine hohe Belohnung. Damit wird einem erlaubt, für kurze Zeit aus dem Käfig Mongolei herauszukommen und etwas von der großen Welt zu sehen, und dies auf Kosten des Vater Staats.

Zuerst werde ich mit einem Kollegen zu einem Zwei-Monate-Lehrgang nach Moskau geschickt. Meine offizielle Funktion bei der Zeitung lautet inzwischen »Internationaler Kommentator«, was rang- und gehaltsmäßig eine Stufe höher liegt als der anfängliche »Literarische Mitarbeiter«. Oh, wie ich mich freue – endlich werde ich Moskau mit seinem berühmten Roten Platz, dem Kreml, der Tretjakow-Galerie kennenlernen!

Worterklärungen

Aaruul luftgetrockneter, steinharter Quark in mundgerechten Brocken als Dauernahrung
Aemik Bezirk
Ail Jurtengehöft, Jurtendorf
Darga Chef, Vorsitzender, Vorsteher
Deel mantelartige Nationalbekleidung mongolischer Nomaden
Emee Großmutter, Oma
Goldene Drei scherzhafte Bezeichnung für mittelmäßige Zensur bei Schülern
Großer Volks-Hur'l Parlament, wörtlich: Große Volksversammlung
Had'k ellen- bis klafterlange Schärpe als segnendes Geschenk
Hass'r jüngerer Bruder von Temudshin (später Dschingis Khan); Hass'r soll sich durch Tapferkeit und Körperstärke hervorgetan haben
Huruud großer Brocken von festgepresstem Quark als Winternahrung
Manduhae Königin aus der mongolischen Geschichte, gilt als sehr weise
Revsomol kommunistische Jugendorganisation
Schuurgun-Borr Sturm-Brauner (Pferd)
Ssumm administrative Einheit, Landkreis
Subbotnik unbezahlter, sozialistischer Arbeitseinsatz
Vereinigung hier: landwirtschaftliche Produktionsgenossenschaft

Im Land der zornigen Winde
Der tuwinische Erzähler Galsan Tschinag mit dem persönlichsten seiner Bücher. Im Austausch mit der Völkerkundlerin Amélie Schenk ist dieses außergewöhnliche Werk entstanden: eine Liebeserklärung an das Nomadenleben, ein tiefer Blick in die Geheimnisse einer untergehenden Kultur, eine rückhaltlose Bilanz der Wanderungen zwischen Ost und West.

Das Ende des Liedes
Alle, mit denen Schuumur spricht, meinen, dass es unklug sei, nach dem Tod seiner Frau mit den vier Kindern allein zu bleiben. Er jedoch flieht vor seiner Jugendliebe Gulundschaa und will seine Jurte so schnell wie möglich abbrechen. Aber seine dreizehnjährige Tochter, die zu früh erwachsen werden musste, hat genug von der Einsamkeit.

Die Karawane
Über zweitausend Kilometer führt Galsan Tschinag 1995 einen Teil seines in den Sechzigerjahren zwangsumgesiedelten Volkes zurück, zu den Weideflächen und Jagdgebieten im Hohen Altai: eine biblisch anmutenden Karawane. In Geschichten und Tagebuchnotizen berichtet Tschinag von der Verwirklichung seines Traums mit ungewissem Ausgang.

Tau und Gras
Galsan Tschinag erzählt hier die Geschichten, die der Stoff seiner Kindheit sind und die sich in seine Erinnerung eingegraben haben. Geschichten von seiner weitverzweigten Familie, von Festen, Heimsuchungen, Krieg und Liebe. Geträumte Wirklichkeit und als Realität erlebte Märchen verbinden sich und münden in einen Gesang an den Altai.

Dojnaa

Als ihr Ehemann eines Tages wegbleibt, entdeckt Dojnaa ihre Unabhängigkeit wieder und stellt fest, dass es nicht unbedingt die Ehe braucht, um Liebe und Glück zu finden. Dojnaas Geschichte, auf den ersten Blick fern und fremd, überwindet alle Grenzen und wird zur eindringlichen und heutigen Erzählung über die Sehnsucht nach Liebe und Erfüllung.

Auf der großen blauen Straße

Als der Junge aus der mongolischen Steppensiedlung in Deutschland ankommt, gibt es viel zu staunen und zu lernen … Nach Tau und Gras setzt Galsan Tschinag die Kette seiner Lebensbilder fort: funkelnde Geschichten, in denen er die Zeit und ihren Geist einfängt und die Menschen auf seinem Weg unvergesslich werden lässt.

Der singende Fels

Zum ersten Mal erzählt Galsan Tschinag über seine Arbeit als Heiler, der das Wissen seines Volkes nach Europa bringt. Mit Klaus Kornwachs, Technikphilosoph, tauscht er sich unter der Gesprächsleitung von Maria Kaluza aus. In diesem Trialog ohne Scheuklappen suchen sie Verwandtschaften und stellen die Unterschiede fest.

Der Wolf und die Hündin

Ein Wolf und eine Hündin haben sich zusammengetan, sind ein Paar, die Hündin ist hoch trächtig. Doch nun werden sie von Menschen verfolgt, von Jägern und Schamanen. Es wird eine lange, qualvolle Flucht, die, die beiden wissen es, im Himmel der Wölfe enden wird …

Der Mann, die Frau, das Schaf, das Kind

Ein Mann, eine Frau, ein Schaf – eine Begegnung, nicht auf dem Land, sondern im Hausflur eines großstädtischen Hochhauses. Die junge, gut aussehende Frau hat in einem Fernsehquiz ein Schaf gewonnen, doch was soll sie in ihrem schäbigen Wohnblock damit anfangen? Das Schaf ist am falschen Ort, aber sind es nicht vielleicht auch der Mann und die Frau?

Gold und Staub

In diesem funkelnden, ebenso heiteren wie nachdenklichen Roman führt Galsan Tschinag uns in den innersten Kreis seines Lebens in der mongolischen Steppe. Ein Jahrhundertgedanke hat sich in seinem Hirn festgesetzt: Mit einer Million Bäume will er die Steppe begrünen. Doch dabei tun sich zahlreiche Hindernisse auf.

Liebesgedichte

»Ein Gedicht lebt, wie jedes Kunstwerk auch, von einem inneren Bild«, schreibt Galsan Tschinag im Nachwort seiner Liebesgedichte. Mit seinen starken, poetischen Wendungen spricht er sein Gegenüber im Herzen an. Die meisten dieser Gedichte haben keinen Titel - Tschinag überlässt es uns selbst, den passenden zu wählen.

Tschingis Aitmatow, Juri Rytchëu, Galsan Tschinag
Die Kraft der Schamanen

Aitmatow, Rytchëu, Tschinag: Die drei großen Autoren der asiatischen Steppen und Berge haben sich – jeder auf seine Weise – mit der Realität des Schamanismus in ihren Ländern beschäftigt. Diese Anthologie versammelt aus ihren Werken Szenen von der Arbeit und Wirkung von Schamaninnen und Schamanen, die ihr Leben prägten.

Mehr über Autor und Werk auf *www.unionsverlag.com*

Mein Altai

»Altai, das sind die Himmel stützenden Berge, die sturzsteilen Schluchten, die ruhenden Täler. Das ist das Ineinanderfließen von Himmel und Wasser, Sonne und Gras. Altai, das ist der Reichtum unzähliger Generationen, das Schicksal der Tuwiner.« Galsan Tschinag erhebt seine Stimme zu einem Lobgesang auf seine Heimat, den Altai.

Kennst du das Land

In der Nomadenjurte aufgewachsen, ist dem jungen Studenten Galsan Tschinag in Leipzig alles fremd: das Essen mit Messer und Gabel, der Umgangston der Menschen und der Himmel über der grauen Stadt. Aber mit unbändigem Wissensdrang stürzt er sich auf alles, was er hier lernen kann. Lebhafte Szenen eines weltumspannenden Lebenswegs.

Kennst du den Berg

Nach Jahren in der Fremde kehrt Galsan Tschinag bang und freudvoll in die Mongolei zurück. Gänzlich gibt er sich einem neuen Leben hin, dass ihn durch die Lehrstätten seines Landes führt und durch politische Erdbeben leitet. Er bereist die Weiten der Steppe, begleitet von einem unstillbaren Wissensdurst und seiner Liebe zum Nomadentum.

»Galsan Tschinag ist der Dichter einer Landschaft, deren Extreme ihresgleichen suchen. Das Karge und auch das Liebliche prägen seine Steppen- und Gebirgsbilder. Ins Grenzenlose weiten sich seine Räume. Seine Nomaden erfahren sie in Gewittern und Stürmen als Experten der Ortlosigkeit.« *Badische Zeitung*